REISEABENTEUER

DUMONT

DENNIS FREISCHLAD

ÜBER ALLEM LICHT

EINE REISE INS GRIECHISCHE LEBEN

REISEABENTEUER

DUMONT

Gestaltung: Herburg Weiland, München
Umschlagfoto: Bildausschnitt, © Alex Webb / Magnum Photos / Agentur
Focus (Vorderseite) Katarina van den Wouwer (Rückseite)
Fotos: Dennis Freischlad, Katarina van den Wouwer
Karten: Dennis Freischlad, Gerald Konopik, DuMont Reisekartografie
Printed in Spain
ISBN 978-3-7701-8248-0

www.dumontreise.de

Für Hannah,
die es wusste.

INHALT

Die Mani. Peloponnes   9
Kreta   83
Die Kykladen   115
Athen   211
Delphi   239
Epilog   251

Quellennachweis   258
Danksagung   261

*» Was ists denn, dass der Mensch so viel will?, fragt ich oft;
was soll denn die Unendlichkeit in seiner Brust?«*

FRIEDRICH HÖLDERLIN, HYPERION

Die Mani.
Peloponnes

Am Anfang ist das Licht.

Der gesamte Saal ist grau und dunkel, einzig das Bullauge leuchtet. Sein heller Fleck legt sich in die Augen und stülpt sich über den Kopf. Ein weißer Himmel versucht, in der trüben Scheibe zu glitzern, aber erfolglos. Ich drehe mich auf den Bauch und versuche herauszufinden, ob mir warm ist oder kalt, reibe mir die Finger und puste in die Hände.

Die Augen wollen zurück in den Schlaf und wissen nicht wie.

Alles ist still.

Und draußen, draußen das Meer.

Ich liege noch eine Minute und lausche dem Brummen der Maschinen unter meinem Bauch. Mir ist kalt, aber das Bärenbrummen der Kolben, Scharniere und Ösen ist warm. Der ganze Saal schläft noch, auch Lisa und die beiden Schweizerinnen schla-

fen. Ausgestreckt liegen sie über der großen albanischen Decke
und atmen in ihre Schlafsäcke.

Ich stehe auf und steige über den Kerl, der gestern Abend
nackt bis auf eine Tennishose auf dem Gang lag. In der Nacht
muss ihm kalt geworden sein, denn sein Kopf lugt nun aus einem zerrissenen Schlafsack. Über seinem Gesicht liegt der auf-
geschlagene telefonbuchdicke *Hafenguide*, den er sich für den Gehalt seiner Träume über die Augen gelegt hat. Unter seinem Lid
zucken die Wasser der Erde. Ozeanbarken werfen ihn von Küste zu Küste, und tief in seinem Schlafstern verklingen die Namen seiner Städte, salzblaue Bilder, die ihm aus dem Buch in den
Traum schwemmen. In seinen Nussschalen stehend, in Königsse-
gel gefaltet, rauscht er um Smyrna, Lisboa, Manila und Iquique,
das stickige Kalkutta im Rücken und den Bug voll tunesischer
Minze. Seite um Seite weht sich ein neuer Horizont in sein lei-
nenloses Abermals, es warten vulkanschwarze Berge, die von
langen Nächten anschießender Erde prahlen, es warten Mada-
gaskarrot, Behring und Mistral, damit es weiter geht auf großen
Winden bis unter den Kautabakgaumen New Orleans. Schweiß-
gehörnte Bars und der Frauenschenkelblues sind treue Brüder,
seine Schwestern heißt er Liebe, Nacht und das Knochenmah-
len grundblauer Jahre. Überall hisst er seine türkisen Flaggen,
das Schlaraffenlandsegel aus wässriger Tinte, damit man gelebt
hat für an Seemannsgarn und große Sonnen verlorene Tage. Er
fährt und fährt, die Stirn voller Patschuli und Zimt, während sein
Körper hier rumliegt, klimaanlagenbestäubt, und taub ist vom
dunklen Blei der Druckerschwärze. Kinshasa, Reykjavik-Winter,
polynesisches Erz.

Nichts weiß er von seinem Glück, seinen sandnassen Füßen.

Grüß mir, sage ich ihm, deine hingetupften Inseln!

Nach vier Stockwerken stehe ich oben an Deck.

Vor uns liegt der große Anthrazitteppich und atmet.

Die ersten flachen Hügel tauchen aus der Dunkelheit auf, Silhouetten von Land und Ländereien, messerscharf aus dem Morgen geschnitten.

Alles ist nass von Wind und Tau.

Wer noch einen Schal dabei hat, wickelt sich darin ein.

Wir sind zu dritt. Eine junge Frau geht mit ihrem Hund spazieren, sucht sich eine trockene Stelle und schneidet sich Tomaten aufs Brot. Ein Mann, garantiert kein Matrose, Techniker oder sonstiger Mitarbeiter des Schiffes, klopft an eine Scheibe, auf der steht: Zutritt nur für Personal. Er kaut eine alte Zigarre herunter, die schon lange erloschen ist, und klopft und klopft und hat keine Lust, aufzuhören mit seinem Klopfen.

Der andere Mann steht neben mir, streckt den Finger über die Reling und sagt:

»Das ist Albanien.«

Dann schiebt er seinen Finger ein paar Zentimeter nach rechts.

»Und das, mein Freund, das ist Griechenland.«

Viele Stunden später steigt aus der höchsten Stunde des Tages eine Ansammlung von grauen Steinquadern auf. O Patras, vom Hügel ausgespuckt und ans Meer heruntergerollt, du bist unser Hafen!

Lisa und ich verabschieden uns von den Bekanntschaften, die wir an Bord gemacht haben, und befreien Elber, Lisas alten und treuen Passat, aus dem Autodeck. Wir gehen an Land. Das Erste, was ich sehe, ist ein Kerl, der seine Harley Davidson auf dem Mittelstreifen der Straße entlangschiebt. Rechterhand liegt ein verrostetes Schiff, alte Basketballplätze, Schrotthändler und Cafés und die üblichen Bars und Buden, helle Insignien der griechischen Vorortswirtschaft, die keinen angehen und niemanden interessieren. Sobald wir die letzten Ausläufer der Stadt hinter uns gelassen haben und anfangen, die zerstreuten Häuser und Dörfer zu passieren, steigt das Land in unser Auto.

Der erste Wurf gelber Zitronen.

Der Bambus mit seinen schlanken Fingern.

Das Artischockenherz, umrankt von Hornklee, Narzisse und Flieder.

Wir halten die Nasen aus den Fenstern und unter die Sonne, wir wissen, dass wir nun angekommen sind, genau so sollte es immer schon sein, genau so hatten wir das letzte Mal Abschied genommen von Griechenland, von Bergen, der Sonne, von Insel und Meer.

Wir fahren weiter Richtung Süden und durchqueren die Peloponnes.

Unser Ziel: die einsame, die wilde Mani.

Die Bar »No Name«, verlassen und geschlossen. Der »Club Envy«, verlassen und geschlossen. Ein Mann schafft es, beim Überqueren der Straße zweimal die Hände in die Hosentaschen zu stecken. Wo er ankommt, häutet sich der Rosmarin und streckt sich der Riesenfenchel in den weißen Oleander.

Lisa sagt: »Alles, was schön ist, passiert hier langsam.«

Wir fahren, bis wir die Berge erreichen und die Erde uns mitnimmt unter den Himmel. Endlich! Auf diesen Moment habe ich lange gewartet. Mein Finger lag bereits so oft auf den Landkarten und hatte seinen Namen berührt. Nun lag es uns zu Füßen, das Taygetos-Gebirge mit seinen graugrünen Buckeln und schweren, tausend Meter in die Höhe geschossenen Geheimnissen, die man, wenn überhaupt, mit den Feigenbäumen oder den Toten teilt. Früher, zu den Blütezeiten des benachbarten Spartas, warf man die Kranken und Schwachen unter den Neugeborenen in die namenlosen Schluchten dieser Berge. Hier würden sie schnell sterben. Oder hart und mächtig werden, falls sie überlebten.

Wir spüren es sofort, sobald ich Elber durch die ersten Serpentinen navigiere: Überall auf der Welt besitzen Bergbewohner diesen eigenen Reifegrad der Seele, einen gänzlich anderen Stolz als die Bewohner des Flachlands. Die Abgeschiedenheit knüpft sie vertrauter an Licht und Schatten, ihr Umgang mit dem allgegenwärtigen, okkulten Gehalt der Natur lässt sie drastisch werden bis hin zur Orthodoxie. Die Nähe zum Himmel lehrt Gottesfürchtigkeit bis ins Mark. Hier weiß man noch um tausenderlei Gnome und ginsterne Gestalten, die unter dem Farn hocken und einen in Ruhe lassen, bis man sie stört, Däumlinge von der Größe noch ungeborener Wälder, die auf keiner Karte zu finden sind und doch diese Berge regieren. Geburt und Tod sind so beiläufig wie Wolkenfelder. Liebe und Hass, Freundschaft und Tod – alles schön und gut, aber der Berg steht ewig und denkt nicht mehr an die Kräfte, die seine Gipfel unter den Himmel geschossen haben. Wer also will sich sorgen um das Brimborium der Welt, um den Klingelschönbeutel, der automatisch geleert wird, wenn einem ein für allemal der Atem ausgeht.

Ja, diese in dunkle Kleider und stumme Blicke gehüllten Menschen: Sturmerprobt und egal, ob satt oder hungrig, sind sie meist keiner weltlichen Herrschaft untertan, kein Kaiser oder Staat, keine Uniform hat hier auf lange Zeit das Sagen. Das gilt besonders für das Land hinter diesen Bergen. Ohne den Schutz des Taygetos, der eine natürliche Abschirmung gegen die übrige Welt ist, wäre die Mani nur ein weiteres Stück Griechenland. Nun war es aber schon immer so: In der Mani kann man schlecht gefunden – und somit auch schlecht belangt werden.

Lisa spürt, dass ihr Zuhause naht. Sie rutscht auf dem Sitz herum und erzählt von Joannis, ihrem Olivenmüller. Sie erzählt, wie ihre Liebe begann, erzählt von dem Dorf, das uns empfangen wird, von den gedeckten Tischen und den großen Festlichkeiten. Sie erzählt von Joannis' Mutter, die, wenn das Fest zu wild und ihr Herz zu groß wird, die Schränke aufreißt und mit Tellern um sich schmeißt. Je lauter der Tanz, desto größer der Scherbenhaufen.

Es sei reines Glück, sagt Lisa, das da entsteht.

Als es schließlich in die Mani heruntergeht und sich das weite, grüne Land unter uns ausbreitet, müssen wir anhalten, um unsere Herzen zu beruhigen. Das vom Taygetos aufgeräumte Licht schwebt in die Ebene und folgt den Olivenhainen, die nun als silbergrüne Wellen durch die Dörfer rollen und ihr Meer finden. Der Wind trägt seine große Stille über die Zweige, wir fahren unter ihnen her, wir passen nun ganz hinein in dieses Land und streicheln ehrfürchtig auf Elbers Armaturen herum, der es von Kiel bis hierhin geschafft hat, ohne ein einziges Mal zu murren.

Eine halbe Stunde noch, dann stehen wir vor den Fischkuttern von Agios Nikolaos, meiner Heimat für die kommenden Wochen. Ich steige aus, lege mich auf den Kai und stecke die Hände ins Wasser. Eine große Sonne macht die Bucht weiß. Es sind ewige Bilder, die ich mir über die Lippen zurück in die Brust stopfe. Ich sage: das Meer und der Wind und die Sonne. Ich sage: warm, sage: der Atem. Sage: Stein, das Salz und der Himmel. Es sind die einzigen Worte der Erde. Nach ihnen kommen, bereits fern und verwaschen, nur Töchter dieser ersten Sprache, kommt Hunger, Trost, Liebe, Sehnsucht, Gerechtigkeit, der Tag und die Nacht und die Hoffnung. Alles weitere ist Geschwätz und hat verklumpte Geschichten auf der Zunge.

Ich krame mein Notizheft hervor und schreibe, erneut, mein erstes Griechenlandwort: Licht.

Im Hafen dieser Buchstaben legen wir endgültig an.

Welch anderer Name, welch anderer Ort hat eine solche Geschichte!

Lisa sagt: »Warte eine Stunde, okay?«

Joannis ist in der Olivenmühle. Er muss noch arbeiten und hat leider erst am Abend Zeit, aber sie will ihn zumindest kurz besuchen fahren. Ich setze mich vor die Bar Limani, »Zum Hafen«, und bekomme ein Bier in einem eiskalten Glas. Das Bier ist so kalt, dass kleine Eisplatten darauf schwimmen. Ich bin der einzige Kunde. Den Wirt nenne ich Paulus. Auf der anderen Straßenseite sitzen die Alten und die Fischer, schlucken die Tage herunter und starren aufs Meer, das ihnen schon vor langer Zeit die Augen gestohlen hat. Sie wissen, dass die Ewigkeit sie betrügt mit Knochenhaut und süßem Wein, sie wissen, diese Ewigkeit ist ihr treuester Freund. Die warmen Mokkatassen klappern auf den Tischen, ihr Zauber gelingt: Die Männer klemmen sich den Himmel unters Kinn und ziehen sich ein Lied durch die Lunge, die nur noch ein Pfeifen hervorbringt. Alles fürs Heute, denn schon morgen, wer weiß es!, könnte die Sonne ein kalter Stein sein.

Paulus hat mir Bier nachgeschenkt und einem Fischer das Glas Wasser aufgefüllt. Genug Anstrengung, um sich erst einmal hinsetzen zu müssen. Unter seinen Achseln haben sich tellergroße Schweißflecken gebildet, er kneift die Augen zusammen. Die Haare, die auf der vorderen Hälfte seines Kopfes fehlen, hat er der Balance halber hinten lang wachen lassen. Ein runder, birnenförmiger, gemütlicher Bär, der sich bewegt, als lebe er unter Wasser.

Lieblingsort in Agios Nikolaos: Paulus' Bar »Zum Hafen«.

Selbst sein Doppelkinn hat ein Doppelkinn. Mit der Hand wischt
er sich über seine riesige Stirn. Seine Frau stellt ihm eine Dose Cola
light auf den Tisch und verschwindet wieder im Laden. Paulus' Augen aber sind so klein geworden, dass er es nicht bemerkt.

Ich laufe die Hafenpromenade rauf und runter, die, wäre sie mehr
als nur diese kleine, dreihundert Meter lange Straße mit einer
schläfrigen Handvoll Cafés und Bars, die Bezeichnung Hafenpromenade verdient hätte. So aber ist sie das Hafensträßchen, das
dem winzigen Hafenbecken mit seinen zerzausten Kuttern ein
Schmuckbändchen um den Hals legt. Hier sitzen die wenigen
Einwohner, schnippen ihre Gebetsketten, die Komboloi, die in
der Zwischenzeit ihre religiöse Signifikanz verloren haben und
vorwiegend der Entspannung und dem Zeitvertreib dienen, um
die Finger, fangen die Stunden ein und dösen mit faltergelben Augen. Diese Damen und Herrschaften, diese jungen, alten und vor
allem sehr alten Männer, diese Fischer von der milden Tiefe des
Ozeans: Sie bilden den Kern des Dorfes. Und ich brauche nicht
lange, um zu merken, dass die drei Männer mit Behinderung, von
denen Lisa mir bereits erzählt hatte, der flattrige Schwarm sind,
der um diesen Kern kreist.

Einer der Dorfältesten bekam vor langer Zeit die Syphilis; seine
Frau brachte sechs Kinder zur Welt. Drei Jungen und drei Mädchen. Die Jungen waren geistig behindert, die Mädchen nicht.
Die Schwestern und das ganze Dorf kümmern sich seitdem rüh-
rend um die drei, ohne die Agios Nikolaos ein anderes, ein unvoll-
kommenes Dorf wäre.
    Die drei Brüder besitzen ihre festen Aufgaben.
    Der Erste hat einen Hut auf und sitzt schon frühmorgens vor
den geschlossenen Bars und Cafés und abends so lange herum, bis
die Bars und Cafés schließen. Seine einzige Notwendigkeit ist es,
zu sitzen und dabei so gut auszusehen, wie es ihm nur möglich ist.

Er ist der Pate.

Der Zweite arbeitet als Rumschlepper in dem kleinen Kiosk-Supermarkt. Er schleppt rein und raus, verschwindet kurz und kommt wieder mit neuen Kisten. Er ist schnell und ganz bei der Sache seines Schleppens. Das Schleppen und Herumschwirren machen ihm Freude. Wenn er hübsch dasitzen würde wie sein Bruder, der nur ab und an den Finger in den Kaffee steckt, zerfiele ihm der Kopf zu tausend Kieseln. Aber weder er noch das Dorf könnten sich das leisten. Also schleppt er ausdauernd etwas herum, er ist der Schlepper.

Der Dritte sitzt den ganzen Tag vor den Cafés und raucht oder läuft herum und schnorrt Zigaretten. Er ist der Raucher. Er steht plötzlich neben jedem unschuldigen Kunden am Kiosk und befiehlt, gleichzeitig freundlich und vermessen, dass man ihm eine Schachtel kaufe. Die Zigaretten sind seine Gebete. Mit dem glühenden Ende der einen steckt er die nächste an. Der Raucher betet den ganzen Tag. In der Nacht, wenn er schläft, betet sein Traum graue Schlieren in seinen Kehlstein. Im Entenwatschelgang läuft er seine Erhaschungsorte ab, den Hosenbund auf Bauchnabelhöhe gezogen. Er grinst wie jemand, der nichts Böses tun will, mitunter aber Böses tut, riecht nach feuchtem Tabak und zerschlissenem Ledersandalen. Seine Hände sind salzverwaschen und voller Schorf. Jeden Morgen reicht er sie zur Begrüßung herum, weil er sich freut, wenn er jemanden begrüßen kann und er den Schorf nicht sieht und die pellenden Finger – und weil er hofft, dieser Jemand ließe eine Kippe in seiner Hand zurück.

Die drei Brüder dürfen alles. Beim Pinkeln die Toilettentür auflassen, Freunde anschreien, Fremde anschreien, sich öffentlich den Sack kratzen und grundlos mürrisch oder hocherfreut sein. Meistens aber sitzen sie, so wie jetzt, zufrieden herum oder wuseln umher.

Ja, es ist sicher: Ohne sie wäre Agios Nikolaos ein anderer, ein liebloserer Ort.

Lisa verschwendet keine Zeit.

Sie holt mich ab, quartiert mich im Nachbardorf bei einer befreundeten deutschen Hochzeitsgesellschaft ein, da der Bruder von Joannis das kleine Apartment, welches ich hätte beziehen sollen, anderweitig vermietet hat, und sagt: »Und nun, als Allererstes, zeige ich dir die Kapelle, von der ich dir erzählt habe!«

Die Stunde, in der das erste Abendgold über die Mani zieht, bringt uns hinauf in das Bergdorf Exechori. Manche der uralten Steinbauten sind noch bewohnt, andere schon lange nicht mehr. Die Höfe sind mit Dutzenden Blumen, Töpfen und Farben verziert, als Hinweis, dass hier gelebt und irgendwo hinter den breiten Mauern, über welche die leuchtenden Bäume ragen, von dieser und keiner anderen Welt geträumt wird. Andere Häuser hingegen bröckeln sachte auf ihre warmen Terrassen, wo sie zerfressen werden von Moos und all dem endlosen Wetter.

Ein schmaler Pfad bringt uns vorwärts. Wir kommen an einem alten Olivenmahlstein vorbei, dessen Fleckengesicht man gegen eine Wand gerollt hat, und verlassen das Dorf, wo es sich zu einem Trampelpfad von so viel Knospe und Blüte weitet, dass man nicht mehr weiß, was sich überhaupt noch von Knospe und Blüte unterscheidet in dieser Welt. Noch Meter über den Bäumen riecht der Salbei. Das Blüh-dich-Hin, das Zeig-mein-Licht: Der Kapillar- und Venenlauf jedes Gewächs gleitet uns über die Hände mit seinem großen Geheimnis, seinem unbekannten Namen. So ist alles vorhanden. Weiße Maulbeeren, Majoran, Pomeranze. Das Lied der Levkojen.

Ich pflücke einen der jungen Granatapfelkelche.

Lisa schüttelt den Kopf, zustimmend, und sagt: »Gleich sind wir da.«

Sie zeigt zwischen die Zweige eines Johannisbrotbaums, wo die Kapelle steht.

Blick von der Kapelle nahe Exechorie Richtung Meer.

Wir folgen dem Hang bergabwärts, um bald nach Norden abzu-
biegen. Zwischen den beiden mächtigen Flanken der Schlucht ist
der Gipfel, der nun unsere Füße trägt, derart vorzeigbar in die
Höhe geschossen, als habe man für die Fingerhutkirche extra einen Altar errichten wollen.

Die Kapelle selbst ist nicht mehr als ein weihrauchumhange-
nes Schiffchen aus Schiefer und Lehm. Hier hängen genau jene
feinen Ikonen, die dieser Ort verdient hat, Heiligenbildchen, welche eine unbebilderbare Welt repräsentieren. Vor allem der Heilige Georg ist in jedem Winkel anwesend, hoch auf seinem Ross
sitzend, das Schwert zum Kampfe gezückt und den Siegeslorbeer
bereits vor Augen, erfüllt von Drachenbezwingerei und einem
göttlichen Mut, dank dem er unter den Bergleuten die größte
Gefolgschaft zu verbuchen weiß.

Als ich wieder draußen stehe, merke ich, dass man hier oben
noch immer das dicke Summen der Bienen hört, die hangabwärts,
zu Aristaios Freude, von den reifen Maulbeerbäumen trinken.

Die Wolken malen ein immer neues Licht auf die Ostflanken des Taygetos. Auf der anderen Seite liegt das blaue Meer und zieht sich das Sonnenrad über den Horizont.

Lisa, ihre stahlblauen Augen ganz Kind und ganz Frau, blickt gedankenverloren hinunter ins Tal. Hier habe sie oft mit Heinz, ihrem Vater, gesessen, sagt sie, hier habe man in große Abende gefunden, die nie zu Ende gegangen sind. Um ihre gemeinsame Geschichte zu erzählen, beginnt sie mit dem Moment, als sie ihrem Vater zum ersten Mal begegnete. Lisa war elf. Damals fuhr sie allein nach Heidenheim und fand Heinz in dem Perserteppichladen seines Kumpels. Die beiden saßen herum und rauchten Pfeife. Als sie durch die Tür kam und urplötzlich vor ihm stand, sagte ihr Vater:

»Na, da bist du ja endlich!«

Es war Liebe auf den ersten Blick.

So folgte Lisa ihrem Vater nach Griechenland.

Die Heiligenbilder Griechenlands.

Heinz hatte bereits eine lange Reise hinter sich, als er das erste
Mal maniotischen Boden betrat und sich hier sein erstes Haus
baute. Geboren wurde er in Tarutino am Schwarzen Meer, zwischen den großen Weiten blaudunkler Berge. Kurz vor Ende des
Krieges mussten er und seine Familie nach Polen flüchten, von wo
sie erneut vertrieben wurden und in Halle an der Saale landeten.
Aus dem gelernten Lehrer wurde ein Kneipier, ein Wirtsmann,
der den »Gesellschaftsgarten« betrieb und zu einem Zentrum der
schönen Künste machte. Irgendwann hat er seinem Kollegen die
Schlüssel in die Hand gedrückt und sich abgemacht. In England
kaufte er sich ein Boot und segelte los, in der Mani fand er sein
Zuhause. Er brachte sich die Kunst der Ziegenkäseherstellung bei
und übernahm eine alte Steinmühle, um überdies bald eines der
besten Olivenöle des Landes herzustellen. Es wurde gelacht und
getanzt und getrunken und geraucht, und wenn es zu Ende ging,
begann es am nächsten Tag vorn vorne.

Ihr Vater, erklärt mir Lisa, war ein Nomade, sein ganzes Leben lang, bis zur letzten Stunde seines Lebens, bescheiden und
trotzdem ein König. Die Leute haben ihn an jedem Ort der Welt
festlich empfangen, wenn er zu Besuch kam, und ihm immer alles
geboten, obwohl er nur auf der Couch schlief. Und hier, hier in seinem neuen Zuhause habe er für jedermann aufgetischt, er kannte
das Brot, den Ozean und den Wein ganz Europas und mischte alles
ins Fleisch seiner Oliven, seines goldummundeten Öls.

Ich kenne Heinz von einem Foto. Ein wallender Grieche,
Hände wie ein Berg, die Augen voll dickem, kräftigem Licht, ein
respekteinflößender Ur-Mann und ja, ein König, der wahrlich in
diese Landschaft gehörte.

Üppige Schönheit, nennt es Lisa und fügt hinzu, dass sie schwer
zufrieden damit sei, im Nomadenstrom ihres Vaters zu schwimmen.

Mir wird klar, dass Heinz nicht nur seine Tochter, sondern
auch mich in die Mani gebracht hat. Ihm ist es zu verdanken, dass
ich hier oben sitze und ein ihm verlorengegangenes Bild erneuere,

hinunterblicke an das Ende der breiten Schluchten, wo das Meer funkelnd in seinen Abend rollt. Dank diesem alten Seemann beginnt hier und nirgendwo anders meine erneute Reise durch Griechenland und seine Geisteslandschaft, sein Licht, sein Blau, seine Menschen und alltäglichen Geschichten: Tragödien und Träume, die geschaffen wurden, uns das Wesen des Menschlichen zu offenbaren.

Mit Blick in diese griechische Landschaft ist es seltsam, dass man von Homer sagt, er müsse blind gewesen sein, um seinen inneren Reichtum als den der Welt sehen zu können. Denn gerade Homer musste doch – nebst allen anderen Griechen – vollkommen Mensch sein mit Augen und Haut und Ohren voller Wind. Leibhaftigkeit ist die Voraussetzung für irdische Götter. Plotin blieb ein Erdenmensch, den auch die banalsten Krankheiten heimsuchten, Aristoteles unterrichtete einen Massenmörder, und Sokrates ging von dieser Erde durch einen giftigen Schmodder, der seinem Körper das Lebenslicht davontrug. Epiktet seinerseits erwiderte, als man ihn köpfen wollte, er sei sowieso nur eine Schüssel aus Lehm mit ein wenig Blut darinnen.

Und Hesiod? Dem ewigen Hirten meckerten die Schafe und stach die Sonne Böotiens hart ins Gesicht, als ihn der Dichter- und Götterwille überfiel und sein Leben veränderte. Am kommenden Morgen stand die Sonne abermals über der Weide, und Hesiod machte große Augen. Alles Bekannte wurde ihm neu, und gleichzeitig blieb alles, was es war. Er sah die Bienen zu ihrem Honig fliegen, wischte sich Milch und Tabak vom Mund, freute sich seiner Freuden und bangte nachts um das Antlitz seiner Seele. Das genügte. In der Gegenwart war alles vorhanden. Niemals lebte er auch nur einen Zentimeter von der Erde entfernt. Wie Homer wusste auch er: Es gab keinen anderen Ort, auch im Himmel des tiefsten Innern nicht, an dem man sich sonst hätte aufhalten können.

Dies ist das Unheimliche in der Anmut der griechischen Landschaft: Sie macht es leicht, uns im Auffindbaren zu vergessen. Sie ist niemals das andere. Ein einziger Blick genügt, und schon stärkt sie die Sonnen in unserer Brust, erzählt in unserem Blut, nennt uns beim richtigen Namen und weckt die Erinnerung an uns selbst. In dieser vergeistigten Landschaft ist das Tier zum Menschen geworden, hier hat man eine Erde geschaffen, die auch im Himmel bestehen kann. Hier weiß der Mensch, dass Transzendenz lediglich bedeutet, an den Ort des Ursprungs zurückzukehren.

Und so wundern wir uns nicht, wenn wir uns dem Licht verwandt fühlen und vorhanden bleiben bei Wind, Zypresse und Meer. Genau hier soll nun aus dem Menschen auch ein Gott heranwachsen, weil sich eben jene Göttlichkeit nicht unterscheidet von den Mücken im Gras, sie nichts anderes ist als Sonne, Maulbeerfleisch und Augenschein.

Schönheit, schrieb Kant, sei die perfekte Form des Vertrauten.

Das Ideal der Griechen ist es, ganz und gar in ihr aufzugehen.

Die Seele Griechenlands, seine Erzählungen, Philosophie und vor allen Dingen seine Kunst sprechen also stets von der Menschwerdung des Tieres und den nunmehr zu weiterem Wachstum verpflichteten Organen, kommende Aufgaben und nächste Schritte, die im Menschen die Morgenröte der Götter verzeichnen. Aus diesem Grund begegnet man über peloponnesischen Platanen, kretischen Kermeseichen und dem Wasserzeichen der Ägäis auch immer diesem unermesslichen Licht, welches die Griechen stets als den Träger von Geist und Bewusstsein identifizierten.

Dass genau jene gestaltende Kraft ihre Macht nicht missbrauchte und die Welt durch Überschwänglichkeit nicht zur einen oder anderen Seite hin zerriss, ist laut Kazantzakis das wahrhaft griechische Wunder. Nichts durfte im Übermaß vorhanden sein und nichts zu gering ausfallen. Nirgendwo trieb sich eine der-

art gewaltige Kraft so feinfühlig aus, nirgendwo sonst steckt das
erhabene Wort Wachstum in dem noch kleinsten Leben als das
Gesamtversprechen der Schöpfung. In keinem anderen Land ist
das Ungreifbare zugleich die sinnliche, die dieswärts besprochene
Welt.

Dies ist also die Aufgabe, dazu besitzt man Zunge, Herzhof
und Gedanken an endlose Sonnen und nachtblaue Asche. Im Dä-
dalus-Flug vereinigte Griechenland die beiden großen Lebenskräfte, brachte Tiefe und Höhe, Chaos und Ordnung zu einem
Gleichgewicht zusammen, zu einem offenkundigen Ideal. Der
unbezwingbare Weltentrieb des Orients vermählte sich mit dem
Logos des Abendlandes. Indem der Himmel die Erde ergänzte
und Venus ihrem Mars die Stirn wachküsste, stieg ein allumfas-
sendes Licht in den Traum von Körper und Mensch, in das Spiel
des Werdenden. Die Natur wurde psychisch, weil sie es schon immer war. Auf allen Lippen lag nun das immerwährende Wort Za-
rathustras, das bebende, federleichte *amor fati*.

Apollon gräbt sein *Erkenne dich selbst* in die Herzen aller und
umschlingt seinen Bruder Dionysos, dessen Weisheit ihn wiederum mit einer großen Warnung erreicht:

Du großer Gott, o Licht, du Allesmacher: *Bleibe der Erde treu!*
Und so ging Griechenland seinen Weg.

ooo

Als ich aufwache, steht Pepe in der Küche und kocht Wasser.

Er erzählt von Katzenbabys, die er gefunden hat, und von de-
ren Bindehautentzündung, die er behandeln will. Der Fünfjährige
will Kamillentee machen, um es ihnen auf die Augen zu reiben.
Das soll helfen, hat man ihm gesagt. Die Katzen lägen zwischen
Haus und Höhle, der Schwalbenhöhle, in einem Raum ohne
Dach.

Ob ich sie sehen möchte?

Jetzt *sofort* sehen möchte?

Vom Balkon aus erkenne ich drei weiße Punkte im Meer, es könnten Schwäne sein oder Plastiktüten. Das endlose Wasser stopft sich sein Blau in die Taschen. Über uns kreisen Vögel durchs Licht. Pepe wird ungeduldig, zieht mich aus der Tür und zeigt mir die Katzenbabys, die tatsächlich alle mit zugeklebten, entzündeten Augen daliegen. Er pflegt sie, so gut er kann, während die illustre Flitterwochengesellschaft die Hauptaufgabe der kommende Woche beginnt: Auf der Veranda des Brautpaar-Apartments wird fünfzehnköpfig eingedeckt und aufgetischt, auf dass es uns an nichts mangeln werde und wir bestens genährt unser Tagewerk vollbringen, heute, morgen und übermorgen.

Wir gehen schwimmen und strecken uns auf die schieferblauen, riesigen Felsen von Katafigio. Die Steine sind schon heiß und verbrennen unsere Rücken. Dann fahre ich die wenigen Kilometer rüber zum Hafen von Agios Nikolaos und setze mich zu Paulus. Sein grauer Stoppelbart wächst ihm bis unter die Augen, die Haare hängen fettig von seinem Hinterkopf. Nur Gott weiß, ob es ihm gut geht oder nicht. Paulus selbst, irgendwo hinter seinen zusammengekniffenen Augen versteckt, wüsste es nicht zu sagen. Kaum etwas schwappt über den Tellerrand seiner Lippen. Er legt seine dicken Tatzen auf den Tisch oder schrubbt sich damit über die Stirn. Ob er sitzt, steht oder geht: Paulus achtet immer nur darauf, dass sein Bauch zwischen Kopf und Beckenknochen die rechte Haltung bewahrt, eine Haltung, die ihm den geringsten Aufwand von Herzkreislauf und Blutabfuhr verspricht.

Der Mann ist ein einziges langes Ausatmen. Zu seinen Freunden und Kunden – sie sind ein und dieselben – ist er aufmerksam in seiner schütteren Unaufmerksamkeit, die immer nur so viel wahrnimmt, wie sie muss. Im Laufe der Jahre hat er sich seiner Café-Bar angepasst oder umgekehrt. »Zum Hafen« existiert nicht für die werten Gäste oder den Broterwerb, sondern weil es sie so, wie sie nun mal ist, schon immer gegeben hat.

Auf den Tischen die ungeöffneten Briefe, Zigaretten und Kaffeebecher. Die Mittagshitze schleicht herein und klopft die Wände ab. Das Radio springt an. Jeder hat seinen Tisch und seinen Aschenbecher, es sind glückliche Stunden, die im großen Strom der Tage und Wochen verebben. Im Angebot: Stühle, auf denen sich die Fischer vergewissern, dass sie das Meer und vor allem ihre Fischwaage vor der Nase haben, ihren gusseisernen Goldengel, in dessen Armen der tägliche Fang abgewogen wird. Auf einer großen Marmorplatte wird hingeflatscht und ausgelegt und begutachtet und über alles Marine philosophiert. Stumm sitzt man im respektvollen Abstand beieinander und knibbelt sich die Haut von den Fingern. Dann ist die Aufmerksamkeit groß, wenn es einen Rotbarsch gibt, man einen Song im Radio erkennt oder eine schöne Sommerfrau vorbeizieht, die einer Zustimmung wert ist.

Till love tears us apart. Der Mann, zu dem diese Oberarmtätowierung gehört, schleicht in einer runtergetragenen Jogginghose über die Straße und schmiert sich Asche in den Bart. Seine Zigarette landet im Hafenbecken. Zeit für mich, im nahegelegenen Stoupa ein Motorrad zu organisieren. Ich finde eine Honda Enduro, perfekt für die geröllverschütteten, ungepflasterten Bergwege. Ich nenne sie Mariechen. Aber als ich mit ihr hoch in die Bergdörfer fahre, merke ich, dass ich einen Fehler gemacht habe. Ich taufe sie um. In Marie, ausgesprochen mit hartem M und ohne überflüssigen Zierrat.

Wir kommen durch ein Dorf, nur von schlafenden Katzen bewohnt, und durch ein Dorf, in dem die Hände taub werden vor Rosenstaub und Sonne. Die Dörfer sind menschenleer. Die einzigen Wächter sind die Katzen. Ohne sie würde alles verschwinden. Die Katzen liegen herum seit Tausenden von Jahren, sie halten die Häuser auf der Erde und das Leben im Dorf, wenn alle fort sind oder schlafen. Sie glauben nicht an den Quatsch der Menschen, die breitbrüstig und weniger träumend behaupten, das Dorf gehöre ihnen und die Katzen seien nichts anderes als tausendjährige Herumlieger.

So kommen wir durch hundert Dörfer, die alle eins sind und überall – wir zählen sie nicht.

Dann Milea: Dorf, Dorfplatz, Platane, Kirche. Die Katzen in den wärmsten Ecken. Kaum merklich spitzen sie die Ohren, als ich mich unter das Weinrebendach der einzigen Taverne setze. Sie schließen die Augen, und Milea ist verschwunden.

Wen könnte ich hier erwarten? Ich stelle mir eine dicke Köchin vor mit riesigen, walkenden Händen und dem großen Lachen der Berge. Eine Frau, die ohne zu murren elf Kinder zur Welt gebracht hat. Aber nein. Eva ist eine alte, kleine, liebliche und zur Buckligkeit neigende Frau. Sie besitzt eine Energie, die für hundert Lebensabende ausreichen wird. Auf ihrer Schulter sitzt ein weinrotes Lachen. Sie pflegt es mit Kirchenliedern und Brot. Auf der anderen Schulter wächst Pfeffer und körnt sich knisternd in ihre Pfannen.

Ihr Mann Timon stellt mir eine Karaffe Raki auf den Tisch. Ich brauche nicht lange, um zu verstehen: Weil diese beiden Menschen diese holz- und steinverschlagene Großmutter-Bergstube bewirten, ist es hier auch im Winter warm.

Wer kommt hier, wer geht? Alte Männer, ein ganzes Jahrhundert Wetter in den Gesichtern gelagert, schnipsen Papierkugeln von den Tischen, ihre Kraft verzimmert in ein Haus aus Knochen. Der Fernseher läuft, aber er interessiert kaum jemanden. Sie zappen von Talkshow zu Fußball und zurück, drei der vierundzwanzig Einwohner, die überhaupt noch in Milea wohnen. Wenn sie über die Nachrichten sprechen, dann bleibt es Geschwafel. Hier spricht man von wichtigeren Dingen: Dass der Oberschenkel zerrt. Das man einen Vogel gesehen hat. Dass man bald sterben wird, aber das Meer blau bleibt für die Augen der Enkel.

Eva schimpft halbherzig über die Türken, die laut den Nachrichten die gesamte Ägäis für sich beanspruchen. »Wir Griechen«, sagt sie, »sollen ihnen die Inseln schenken, damit sie aus dem Meer Öl holen können. Pah.«

Nicht im Bild: Die besoffene Wirtin und das Meer.

Sie wird nicht müde, mich darauf hinzuweisen, wie wenig
Menschen dem malerischen Dorf noch geblieben sind. Das wunderschöne, kastanienbraune Milea: Es ist dabei auszusterben.

»Hier«, sagt Eva und stellt ein halbes Dutzend Teller vor mir ab,
»hier iss, das ist der Käse, das ist die Knoblauchcreme, das ist Tsatsiki, das sind Gurken, das sind Tomaten und das ist Brot, wenn
du mehr Brot willst, dann sag es, an Brot soll es uns nicht fehlen,
wir haben genug Brot. Ich habe gehört, bei den Touristen auf Mykonos kostet ein bisschen Brot zum Salat sieben Euro, aber hier
gibt es Brot zur Genüge. Iss!«

Ich esse. Nach dem Essen gibt es Brot, Olivenöl, Salz, Ge-
würzgurken. Dann eine Wurst. Ich esse das alles ohne Hunger.
Dann Melonenstücke. Und als ich schon lange nicht mehr kann
und sage, Eva, es reicht, es ist genug, ich kann keinen Bissen mehr
nehmen – bringt sie mir Kirschen.

Und Trauben.

»Diese Kirche«, sage ich zu Timon und zeige quer über den Platz auf den uralten, verwaschenen Turm, »sie erinnert mich an indische Tempel. Sie ist keine gewöhnliche Kirche, oder?«

Timon nickt.

Der Turm scheint einige Jahrhunderte alt zu sein. Aus all ihren Poren wächst neues Leben, kleine Wurzeln und Blüten umringen den dunklen Stein. Als Verzierung sind noch ein Sonnenrad, ein Schiff, eine Frau, ein Vogel und ein Stern zu erkennen. Seltsam, dass diese Kirche hier einfach so mitten auf dem Platz steht. Man hat den Eindruck, sie zufällig entdecken zu müssen in irgendeinem Hinterwaldland, in dem man nichts vermutet, schon gar nicht Menschen oder Gotteshäuser.

»Warst du schon drinnen?«, fragt Timon.

»Nein«, antworte ich, »es ist abgeschlossen.«

»Kein Problem, warte. Wir haben den Schlüssel.«

Ich schließe die Kirche auf und trete hinein.

Vieles an der im 14. Jahrhundert erbauten Kirche ist erst kürzlich, wie eine vergilbende Infotafel berichtet, renoviert worden. Was für Wandmalereien! Eine bis in den letzten Winkel dekorativ ausgekleidete Höhle, Jesus wie in einem Mandala, im Rad von Leben und Tod, mit den zwölf Tierkreiszeichen und Sonne und Mond. Drum herum andere Heilige, die auf das glänzende Holz hinabschauen und die glänzenden Stühle und die glänzende, zum Sprechen kommende Stille.

Als sich meine Augen wieder an das Tageslicht gewöhnt haben, sehe ich in der Ferne, auf dem höchsten Punkte des höchsten Berges, ein Gebäude.

»Da, was ist das?«

»Ein Kloster«, sagt Timon.

»Wie kommt man da hoch?«

»Es gibt eine kleine Straße, eine schlechte Straße, eigentlich keine Straße.«

»Wo ist diese Straße?«

»Hier vorne. Nach der großen Kurve, in der die Oleanderbü-sche blühen, musst du von der Straße runter und rechts hinauf.«

Dann sagt Timon einen Satz, als stelle er mir ein Koan.

»Wenn man erst einmal weiß, wo es ist, ist es nicht zu ver-fehlen.«

Nach einer einzigen Kurve haben Marie und ich die gerade noch so bewohnte Welt hinter uns gelassen. Die Arme der Schlucht breiten sich vor uns aus und steigen in den Himmel. Auf dem stei-nigen Feldweg muss ich alle zehn Minuten anhalten, um die neu-en Ausblicke zu genießen. Marie schlägt sich tapfer, aber es dau-ert. Nach einer Stunde kommen wir an einem von Gewehrkugeln zerschossenen Schild an, an dem sich der Weg gabelt. Neben ei-ner Quelle hat ein Hirte seine Schafe untergebracht, die kürzlich geschoren worden sind. Ein großer Haufen Schafwolle liegt aufge-türmt da und flattert im Wind. Als ich nahe an ihn herantrete, be-

Mit Marie vor der Kirche in Milea.

wegt sich plötzlich der Haufen, und ein krankes Schaf kriecht aus dem Fellhaufen hervor. Sein Kopf ist komplett nackt. Es zittert. Die anderen Schafe dösen weiter herum, nachdem sie gemerkt haben, dass ich nichts zu essen dabei habe.

Ich folge der Straße und stehe bald auf dem höchsten Kamm des mir bekannten Taygetos, alleine gelassen mit Licht und Wolke und Grün. Zu beiden Seiten sieht man hinunter in die flimmernde Ebene und bis ans Meer nach Ost und West. Ich stehe auf dem Gipfel der Mani. Marie brummt. Direkt unter uns liegt das Kloster.

Zwei dicke Kühe nehmen Reißaus, als ich auf den Parkplatz biege. Umstanden vom ewigen Farbenspiel der Disteln und allerlei Katzensalbei prunkt die Klostermauer in der Leere und versucht, die Außenwelt abzuwehren.

Ich gehe zur Pforte, fasse den dicken Messingring und klopfe.

Bumm Bumm Bumm Bumm.

Ich warte.

Dann klopfe ich erneut.

Bumm Bumm. Bumm Bumm.

Mittlerweile sind die Kühe den Hang wieder hinaufgekommen.

Ich rufe.

Klopfe.

Bumm Bumm.

Aber keiner kommt, mir zu öffnen.

Als ich um das Kloster herumgehe, sehe ich an der Hinterseite das sperrangelweit offene Tor. Ein Pick-up steht auf dem Hof, über den es ins Innere des Klosters geht. Ich rufe, aber niemand antwortet. Eindrucksvoller Marmor, eine vom Taubenunterschlupf vollgeschissene Treppe und ein Brunnen, an dem ich, der ich ohne Proviant und Wasser losgefahren bin, lange trinke und mir den Kopf wasche.

Dann höre ich Geklimper und eine Stimme.

Ich rufe in einen hellen Gang hinein.

Die Stimme kommt näher und steht bald vor mir mit strahlenden Augen. Natürlich, das lange schwarze Gewand, die schwarze Bekappung und der graumelierte Hotzenplotzbart, alles eben so, wie es sich für die orthodoxen Diener der Mutter Gottes gehört. Aber was auch immer unternommen worden ist, um ihn alt und würdevoll erscheinen zu lassen, hat dennoch ein junges Gesicht und kindliche Augen nicht verkleiden können.

Er funkelt mich an.

»Komm mit«, sagt er, und hüpft voraus.

Auf einem Schränkchen präsentiert er einen Krug voller Wasser.

Ich versuche ihm klarzumachen, dass ich schon getrunken habe, und zeige auf den Brunnen.

»Ja, es ist gutes Wasser, trink ruhig.«

»Ich habe keinen Durst mehr, danke. Aber Fragen.«

»Nimm noch etwas Wasser, es wird dich erfrischen.«

»Ich habe schon, danke. Aber Pater, wie lebt es sich hier oben so nahe am Himmel?«

»Hier ist auch eine Süßigkeit, nimm. Sie ist sehr lecker.«

Er öffnet den Schrank und hält mir einen Mandelkeks hin.

»Danke. Ich habe mich schon immer gefragt, welche Farbe Gott hat? Weder in der Bibel noch im Koran oder sonstwo habe ich etwas dazu gefunden. Haben Sie es herausgefunden?«

»Nimm noch was Süßes, es wird dich für den Heimweg stärken.«

»Wohnen Sie ganz alleine hier oben? Das Kloster sieht sehr gepflegt aus, haben Sie jemanden ...«

»Nimm, es ist lecker, und danke, danke für den Besuch ...«

Er legt seine Hand auf meine Schulter, um mich in Bewegung zu setzen.

»Dein Heimweg ist bestimmt weit, und es wird spät, schon sehr spät.«

Sachte werde ich von der Verköstigung in Richtung meiner Heimreise geschoben.

»Ich komme die Tage wieder, wenn das okay ist, dann können wir uns unterhalten. Immerhin weiß ich ja jetzt, wo –«

»Natürlich, natürlich ...«

»Äh, auf bald.«

»Natürlich, auf bald.«

Er schubst mich sanft und lachend hinaus, die Liebe der höchsten Erkenntnis als göttlichen Schubskranz in seine Handfläche gelegt, und winkt.

Ich winke zurück.

Die sperrangelweit offene Tür.

Scheppernd fällt sie hinter mir ins Schloss.

Ich öffne den Tank und halte einen dünnen Ast hinein. Vielleicht hätte ich mir noch seinen Segen abholen sollen, denn ich denke nicht, dass der letzte Schluck Benzin noch bis zum Hafen reichen wird. Ich schiebe Marie auf den Kamm und rolle mit ausgeschaltetem Motor ins Tal. Der einsame, sonnenüberflutete Weg ist nun, da ich fast geräuschlos daherkomme, bevölkert mit etlichen Freunden. Eine Wildsau mit ihren Kleinen, die wie wild ins Gebüsch springt, um mich von da aus anzumurren mit ihrem dunklen Beschützerinstinkt, dass ich mich so schnell wie möglich davonmache. Weiter unten: Kühe, eine Echse, eine grüne Schlange, Schafe und Ziegen.

In Milea angekommen, brennen mir die Unterarme vom steilen, dauergebremsten Abstieg. Hier muss ich kurz den Motor anlassen, um Schwung zu nehmen bis nach Agios Nikolaos. Mit dem buchstäblich letzten Tropfen erreiche ich die Tankstelle. Am Hafen stellt mir Paulus das Bier mit den Eisstückchen hin, es ist später Nachmittag geworden, und das Licht klimpert über die Tische. Der Raucher kommt. Ob er eine Zigarette habe, frage ich. Ich bräuchte jetzt eine.

Benzinlose Rückfahrt vom Kloster zurück nach Milea.

Er wackelt herum. Als er versteht, dass jemand eine Zigarette von *ihm* will, schnippt er mir eine aus seiner Packung.

Als Dankeschön weiß er, was er von mir bekommt. Eine glänzende, frische, rote, wohlriechende, in Raschelplastik gehüllte und bis oben hin vollgestopfte Packung Kippen, gleich morgen früh, wenn die Sonne wieder über seinem Kopf steht.

Natürlich, natürlich: Ich verspreche es.

Ich weiß ja jetzt, ein Leben lang, wo ich ihn finde.

Von Nikolaos aus geht es am Katafigio-Felsen vorbei bis ans Ende der entsetzlich schönen Küstenstraße. Das letzte Dorf: Trachia. In der örtlichen Taverne, wo wir zum Abendessen eingeladen sind, kocht die Generation der heute Fünfzigjährigen unter der Aufsicht ihrer pensionierten Eltern. Die Mutter des Wirts sitzt auf ihrem angestammten Platz vor der Taverne, hat eine dickbauchige Spritzpistole in der Hand und verjagt jede Katze, die ihrer Katze zu nahe kommt, mit einem dicken saftigen Strahl. Es ist ihr größtes Vergnügen. Ab und zu nimmt sie etwas von dem Essen, das man ihr hinstellt, oder sie schaut in die Runde der Kunden, ob einer von den Zweifüßlern nicht auch eine Ladung verdient hätte. Der Gipfel ihrer Freude, das Ausmaß ihres noch verbliebenen Lebensglückes aber ist erreicht, wenn sie eine der Streunerkatzen frontal erwischt – derweil ihr Liebling, zufrieden schnurrend ob solcher Liebeserklärungen, unter ihrem Stuhl hockt.

Ich lerne Joannis kennen.

Joannis ist ein kleiner Mann, drahtig, das schmale, sanfttraurige Gesicht mit einem Vollbart überzogen. Er hat Wuselhaar, eine dicke Nase und eine große rollende Stimme tief aus der Brust. Kaum ein Gesicht könnte griechischer sein. Lisa klatscht in die Hände und sagt, na endlich lernt ihr euch kennen. Mit Stavros, einem nun ehemaligen Athener, den es wieder zurück in die Ruhe und den Frieden des maniotischen Dorflebens gezogen hat, und Adam, einem englischen Weltenbummler, ist unsere Gesellschaft komplett.

Mit den Händen, die den ganzen Tag tief in den Körpern des Felsens, im Meeresblau und in der Erde gesteckt haben, greifen wir das Brot und verteilen es über den Tischen. Das Brot weicht den Wein auf unseren Lippen, das Brot legt sich in den Mund wie Schlaf. Unter den Trompetenblüten leeren sich die Flaschen, oben ein Mond, Silberling mit kleinen braunen Flecken, der uns stumm macht am Ende der Nacht.

Als wir alle nach Hause aufbrechen, lerne ich am Dorfausgang noch die örtliche Polizei kennen. Den ganzen Abend saß der Polizist am Nebentisch. Er wusste es noch nicht, aber wir waren längst die dicksten Freunde geworden.

»Stop!«

»Hallo.«

»Hallo. Wo ist der Helm?«

Da Betrunkene immer die Wahrheit sprechen, sage ich, ich habe keinen Helm.

»Okay. Dann fahr langsam und vorsichtig.«

»Natürlich.«
»Gute Nacht.«
»Gute Nacht.«

ooo

Das erste Licht überm Meer. Pepe steht auf der Terrasse und bas-
telt mit Stroh, das er sonst woher hat. Wir kochen Tee, den wir
mit den Katzenaugen teilen. Dann fahre ich zum Hafen. Ich wollte, so früh es geht, kommen, bereits da sein beim Anheben der
ersten Stimme und Auslaufen des ersten Bootes.
    In der Tat bin ich früh genug. Mutterseelenallein und frierend
warte ich auf die ersten wärmenden Sonnenstrahlen und auch
sonst auf alles und jeden. Das Hafenwasser steht noch dick und
dunkel. Unter den Balkons haben die Schwalben ihre Nester Hölzchen um Hölzchen zusammengeklebt, ein runder Bau direkt am
anderen, als wollten sie sich warmhalten. Dass somit stets die
Wände und Fensterläden von Haus und Geschäft zugeschissen
sind, stört nicht. Es ist eine einfache Gleichung: lieber Schwal-
benscheiße als keine Schwalben.
    Der Erste, der auftaucht, ist der Pate. Mit ihm sitze ich eine
gute Weile lang auf den Baststühlen vor Limani. Unsere Kommu-
nikationsversuche scheitern grandios oder verlieren sich in Gesten, die lachend zwischen den Tischen versickern. Wir schweigen. Die Schwalben sind unser Dach. Kurz bevor der erste
Sonnenstrahl über den Taygetos klettert und die Hafenmauer
wärmt, erscheinen die ersten Fischer. Es sind die drei großen
Meereshüter der Mani.
    Der Alte.
    Der Walfänger.
    Und der traurige Pfau.
    Der Alte wird von seinem Sohn gebracht und auf seinen Stuhl
gesetzt.

Sein Blick kennt alles, was er sieht, und versucht verzweifelt, sich daran zu erinnern. Er hat sich dieses Haus, diese Hafenwelt einst gebaut. Nun findet er weder hinein noch hinaus, und wenn er es schafft, weiß er nicht, dass es sein Haus ist. Wie Odysseus sitzt er wieder an der Küste seiner Heimatinsel, erkennt sie nicht und glaubt, seine Reise gehe weiter. So wartet er auf sein Wasser und seine neue Sonne und den zwielichtigen Mond. Jahrzehntelang hat er hier gearbeitet, bis er nicht mehr konnte. Bis kein Saft mehr im Knorpel zurückblieb, sich das Geisteslicht zurückzog und die Jahre ihn nicht mehr mitmachten. Nun sitzt er hier, trüben und verwirrten Blickes, und knirscht mit den Zähnen: Er will wissen, was mit ihm geschehen ist, aber all seine Antworten verschwimmen, noch bevor sie den Kopf erreicht haben.

Ab und zu sieht er sich entgeistert um.

Er hätte schwören können, jemanden erkannt zu haben.

Neben ihm kramt der Walfänger in seiner Tüte. Weil er klein ist, ist er für Großes bestimmt. Seine Hutzelhaftigkeit muss sich beweisen. Der Walfänger hat den dicken, an seinen Enden leicht gezwirbelten Schnauzer eines Walfängers und die Statur eines alternden, vornübergebuckelten Beamten, der ein Leben lang die vor ihm erscheinenden Antragsteller kapriziös verachtet hat. Wenn er aufs Meer hinaustuckert, dann ist das weiß Gott nicht seine Arbeit – mit kalter Miene steuert er seinen Kahn, den schönsten des ganzen Hafens, um in den verdammten Krieg zu ziehen. Wale will er fangen, Blauwale, Buckelwale, Grauwale, und Haie, großgezahnte Ungeheuer der Meere, Riesenoktopusse, Seetangriesen, einen Orca! Auch will er sie nicht einfach nur in seinem Netz baumeln sehen, sondern sich dem Kampf stellen auf Leben und Tod und mindestens mit einem abgerissenen Arm wieder Anker legen vor den Augen und der Ehrerbietung aller. Er braucht eine Schlacht. Sein Raubtiermaul ist die Sehnsucht. Da nun aber wenig Wale auf ihn und seine geschliffenen Harpunen

warten, packt er sich täglich die üblichen Fische an Land und
raucht seine Zigaretten, um sich irgendwie in die Gleichgültig-
keit zu retten, die er uns allen auftischt. Als gäbe es überhaupt
keinen Hai und keinen einzigen Wal auf dieser Welt, und als sei
er nur der Fische fangende Hutzel von Agios Nikolaos!

Mit hastig in den Mund gestopftem Licht macht er sich ab, jeden Morgen, jeden Abend, und hebt die Hand nicht zum Abschied.

Walfänger, will ich rufen, lass gut sein!

Das Herz ist doch nur eine Nuss aus rotem Fleisch!

Der traurige Pfau hingegen ist der traurige Pfau, weil er ein
Poet ist. Wer mit vierzig kein Misanthrop sei, verkündete Nico-
las Chamfort, habe die Menschen nie geliebt. Der traurige Pfau
liebt die Menschen und die Tiere und das Meer und ist traurig darüber, weil aus all diesen Dingen nicht dieselbe Gegenliebe leuchtet. Weil andere Menschen nicht so viel Liebe kennen wie er.
Über diesen Umstand ist der Pfau traurig und älter geworden,
lehnt sich tapfer in seine letzten fünfzehn Erdenjahre und hält seiner Seele modisch die Treue. Mit seinem lila Shirt ist er stets ein
Ankerpunkt der Landschaft, oder mit seinem erdbeerfarbenen
oder wellensittichgelben. Er will mehr blühen, als er noch im
Stande ist. Seine Augen sind tiefmurmelblau. Auch diese Farbe ist
scheu geworden und hat sich zurückgezogen zu einem winzigen,
magnetischen Kreis, der die Pupille rahmt – und leuchtet wie eine
eigene Sonne.

Der traurige Pfau beweist es: Die Menschen werden zu der
Landschaft, in der sie leben, sie gerinnen zu den Elementen, die
uns stündlich umgeben und nähren und ausbrennen und stärken.
Gibt es einen Menschen, der vom Mittelmeerwetter großzügiger
gestaltet wurde als unser Herr Pfau? Sein Körper ist das Produkt
von Sonne und Wind und Wasser und weißem, überfließendem
Mond. Die eurasische Haut und die dunkelbraunen Arme verraten den Zauberstoff einer Erde, die in unserem Angesicht eine
neue Erde zu wettern vermag. Abends, wenn er nach Hause

kommt, kratzt ihm seine Frau das trockene Salz aus den Falten und küsst die riesige Knolle zwischen seinen Augen, seine Saufnase. Und morgens, wenn er erwacht, ist es der Geschmack von Traube und Licht, der sich auf seine Zunge legt und ihn nochmals hinaus in den Tag schickt.

Ich merke, was der traurige Pfau denkt. Er denkt über das Wasser nach. Warum es so viel Wasser gibt und was er damit anfangen soll, außer, dass er Fische daraus fischt. Warum das alles so schön ist und man es nie ganz fassen kann, dieses blaue, allzu tägliche Wunder.

Als sei mit diesem Gedanken ein Signal gegeben, fahren der Walfänger und der traurige Pfau aus und holen die Netze ein, die sie gestern Abend ausgeworfen haben. Als sie zurück sind, hat sich die Hafenstraße endgültig gefüllt. Ein Dutzend Schaulustige begutachten unter fachmännischem Gemurmel das, was die beiden ausdruckslos auf die Marmorplatte kippen.

Warten auf das, was der Walfänger und der traurige Pfau aus dem Meer zurückbringen werden.

Paulus kommt um halb neun, kaum schneller als eine nicht voll-
zogene Bewegung, und schließt auf. Als Erstes putzt er mit einem Taschentuch über die AEK-Tassen, die aus dem Souvenirshop seines Athener Lieblingsvereins stammen. »Putzen« ist
heillos übertrieben. Es ist ein seichtes wie unnützes Heran-, Um-
her- und Drumherumwedeln in Tassennähe, für das ein altes Taschentuch herhalten muss. Jetzt wird es mir klar: Jemand hatte
in den Heckscheibenstaub seines kleinen blauen Autos in krake-
ligen Riesenbuchstaben die Initialen AEK hinterlassen, und ich
bin mir sicher, dass er es selbst war. Es ist seine Art der Souve-
nirherstellung. Jetzt hat er ein AEK-Auto, das Einzige der ganzen
Peloponnes!

Als wir unsere erste Runde Kaffee bekommen, ist das Hafenwasser bereits glasklar geworden, es sieht aus, als schwebten die
Boote auf einer Schicht Luft. Paulus atmet aus.

Der traurige Pfau spuckt in die Geranientöpfe.

Der Walfänger murrt.

Vom Café nebenan höre ich die Unterhaltung zweier älterer
Frauen. Eine weint und erzählt die Geschichte ihrer Tochter, die
als Krankenschwester arbeitet. Alles habe sich geändert. Sie müsse nun mehr arbeiten für weniger Lohn, in welcher Welt sei so etwas gerecht. Wer bitteschön kann von siebenhundert Euro im
Monat leben. Miete, Leben, Essen, das Auto, Kochen. Siebenhundert Euro im Monat.

»Hilf Gott«, sagt ihre Freundin.

Die Frau erzählt weiter. Die Tochter versichert, noch sei es
okay, denn sie habe keinen Mann und noch keine Kinder, alleine
schafft sie es mit dem Geld. »Aber dann? Was macht meine arme
Tochter dann mit Kindern?«

Die Frau wirft die Hände in den Himmel.

»Aber dann«, wiederholt sie weinend.

Tränen, denke ich, die man am Morgen weint, Tränen noch
vor einem richtigen Frühstück, das sind die schlimmsten.

»Hilf Gott«, sagt ihre Freundin, und legt sich selbst die Hand auf die Brust.

Ein Tippen auf meiner Schulter.

Dann das breite, in sich verworrene, tabakbraune und laschhäutige Gesicht, in dem ein verrücktes Grinsen steckt.

Der Raucher.

Schlawiner, er hat mich nicht vergessen!

Jaja, sage ich, und hole ihm seine Schachtel.

Auch wenn seine Zigarette erst halb aufgeraucht ist, reißt er die neue Packung auf und zündet sich sofort eine an.

Was können die Priester aller möglichen Konfessionen noch predigen, wenn Glück so einfach zu bekommen ist!

Ich besuche Joannis in der Olivenmühle. Die Mühle ist keine aufgehübschte Steinhausanlage mit verwunschenem Interieur, das den Zauber von vergangenen Jahrhunderten und morschgelegenem Handwerk atmet. Die Mühle ist eine Halle, und in der Halle steht das Arsenal an edelgestahlter Maschinerie, das es heute zur Olivenölproduktion braucht. Joannis ist heute damit beschäftigt, alles zu warten und seine Saubermachlappen in die Ecke zu schmeißen und eine Kippe nach der anderen zu rauchen. Er gibt mir eine Tour und erklärt, was alles geschehen und welchen Weg das Olivenfleisch gehen muss, bis am Ende der rund zwanzig Etappen, am Ausgang der Becken, Filter, Wannen, Fließbänder, Rohre und Zentrifugen ein grüngoldener Saft entsteht, der uns die Saat Gottes auf die Zunge brennt.

Wenn Joannis von der Arbeit erzählt, beginnt sein Geist zu glühen und die Augen funkeln. Seine Hauptarbeitszeit beschränkt sich auf zwei Monate im Jahr, auf den Oktober und November. »Dann sind wir hier ein großes Team«, sagt er, »und ich arbeite achtzehn Stunden am Tag. Sogar der Raucher kommt ab und zu und hilft, er ist mein Großcousin, aber es ist ein kleines Dorf, und

alle sind meine Großcousins oder Schwagerschwäger oder so. Wir
arbeiten, die Bauern schütten ihre Olivensäcke in die Grube, als
ob es nie enden würde, und dann geht es los. Den ganzen Tag, die
ganze Nacht. Abends trinken wir Wein und essen, bis wir ein paar
Stunden später wieder hier sind und weitermachen. Oder ganz
hierbleiben. Das ist eine anstrengende, schöne Zeit. Davor und
danach mache ich den ganzen Kram ringsum, den Bürokram,
pflanze neue Oliven oder Mandelbäume, sprühe Dünger und Pes-
tizide, helfe meinem Vater oder meinem Bruder an der Tankstelle, nun ja, es gibt tausend Sachen zu tun, immer.«

»Oder«, flucht er nun etwas lauter, »ich mache meine verdammten Steuern, weil diese Malakas kommen!« Mit Malakas
(umgangssprachlich für »Wichser«) sind die Finanzbeamten ge-
meint, und was folgt, ist eine grobe Historie der griechischen
Steuergeschichte.

Joannis sagt: »Bis in die fünfziger Jahre gab es überhaupt keine
Steuern. Dann wurden sie eingeführt, aber man zahlte sie nicht.
Warum auch? Der Staat und die Bürger, beide betrügen einander,
weißt du, und beide wissen es und sind zufrieden damit, und so
war alles einfach. Das war das Spiel. Jeder kannte das Spiel und die
Regeln. Aber jetzt haben sich die Kräfteverhältnisse geändert.
Jetzt ist es so, dass der Staat und die Politiker und die Mächtigen
noch immer betrügen, nur wir dürfen es nicht mehr. Früher war es
fünfzig-fünfzig. Nun kommen sie hier vorbei und kontrollieren alles, aber wenn ich und die Bauern und jeder hier alles korrekt ab-
rechnen und versteuern würden, könnten wir nicht überleben.
Und diese Malakas wissen das! Ich müsste die Mühle schließen.
Diese Malakas haben vergessen, wie man das Spiel spielt, sie machen ihre eigenen Regeln, neue Regeln für ein neues Spiel, aber
am Tisch sitzen die immer gleichen Spieler, wir sind Griechen.
Und sowieso, was geschieht mit den Steuern? Wenn alles in Schu-
len und Krankenhäuser gehen würde, okay, aber da auf der anderen Seite weiter betrogen wird, geht alles in den EU-Militäretat,

eigene Taschen und an die Zinstilgungen, mit denen uns die europäischen Banken ficken.«

»Demokratie«, schließt er seinen Sermon, »bedeutet, dass ich frei bin das zu tun, was andere von mir wollen.«

Wir verabreden uns für den nächsten Tag. Er und sein Vater haben ein neues Stück Land gekauft, morgen sollen Mandelbäume gepflanzt werden. Vorher aber, vorher müsse man die Erde reinigen.

»Die Erde reinigen?«

»Steine«, antwortet er.

»Du wirst schon sehen, worauf du dich da eingelassen hast.«

Ich packe Marie und fahre los.

Der Taygetos ist nur vordergründig ein schlafendes Tier mit dicken weiten Tatzen und Armen, auf denen die winzigen Dörfer schlafen und höchstens zum Meer hinunterblinzeln. Alle diese Orte tragen unterschiedliche Namen, um sich einen Spaß aus den Menschen zu machen. Sie verschenken Vokale und lassen sich Buchstaben kommen, sie reichen sich zwischen den Ölbäumen herum und kichern wie Kinder. Sie sagen, du hier, ich dort, und in jeder Brust verklingt ein Wort. Aber sie wissen: Der Name der Dörfer ist Dorf.

Nichts unterscheidet sich. In Postria wölbt sich der Oleander über die Verkehrsschilder, der Nachmittag riecht nach weißer Minze. In Lakos sind die Katzen vollgepackt mit den Jahren endlosen Schlafes. In Exechorie zwingt mich die besoffene Wirtin, mit ihr zu trinken, in Platsa sitzen Tauben und Schwalben im Kirchturmgemäuer und glucksen herunter auf den einen Tavernenbesucher, dem solch ein Bild reicht, damit ein Teil von ihm hier auf immer eine Heimat findet. Ein sprechender Turm aus Vogel und Stein, dessen Geschnatter wie eine Glocke über dem Dorf hängt.

An den Bergstraßen reiht sich eine Kapelle an die nächste. Ihre Eingänge sind winzig für winzige Bergmenschen. Für jede

heruntergebrannte Kerze gibt es ein silbernes Wort für den Himmel, für jede Münze, die den Klingelbeutel schwert, einen warmen Gutenachtgedanken, der die aus Stein gebrochene Decke
nicht verlassen kann und sich den Kopf des nächsten Besuchers
schnappt – dergestalt glaubt man, man höre den Herrn oder die
Mutter Gottes, aber es sind die uralten Gebete und Wünsche, die
hingesäuselten Wahrsagungen und Traumbilder aller Brüder und
Schwestern – so teilt man, was das Herz weiß und will. Alte, in
schwarze Kleider gehüllte Frauen laufen diese feuchten Grotten
ab, füllen ein paar Kerzen auf, rupfen etwas Moos vom Altar und
tragen die Groschen hinkend davon.

Die Klageweiber.

O Griechenland, deine Kassen sind leer, aber die Schatztru-
hen voll.

Name des Dorfes, den man auf der Zunge umherrollt, der dort
leicht wird und den Mund süßt: Kastania.

Ich parke Marie vor der Kirche und setze mich zwischen die
gelben Rosen. Wortlos bedanke ich mich beim Wirt, der mir un-
gefragt ein Bier hinstellt. Aus dem Norden rast eine dicke schwarze Wand auf uns zu und schickt als ersten Boten einen ganzen
Hang feuchter Luft. Ein klappriger Pick-up biegt auf den Dorfplatz mit Kisten voller gefleckter Melonen und Kirschen und
Kartons voller Äpfel und pelziger Aprikosen. Die Aprikosen
leuchten und duften. Der Wagen klappert nach, als der Fahrer
den Motor ausstellt. Er lehnt sich einige Sekunden an sein Gefährt, nur, um dazustehen; dann setzt er sich neben mich und
pennt weg. Sein Kopf baumelt mit offenem Mund über der Lehne. An der Scheibe der Beifahrerseite lehnen ein paar nackte Kin-
derfüße, denn niemals sind die Fruchtwagenfahrer nur allein unterwegs mit ihren Megafonen, den verwaschenen Shirts und dem
Hartschalenrost unter den duftenden Aprikosenkisten.

Aus der schwarzen Wand grollt der erste Donner.

Ich gehe durch Kastania. Das letzte Licht zischt empor, legt sich
in dicken gelben Quadern auf die Häuser und zieht die Weinblätter
in die Höhe. Kastania ist der Stoff, den der Taygetos hergibt. Schiefer für die Hauswand. Grün für die Augen. Omen für heillose Tage.
Bergkraut für den Tee, Bitterkraut für die Leber. Klarblumiger Rosmarin für die Kartoffeln, Holz für den Ofen, Gebete gegen die
Mühsal, Feigen für die Musik und den Tanz. Wenn es gelingt, sich
ein paar Dinge fortzudenken – braungebrannte Fabrikziegel, einige
Antennen, ein Moped –, ist alles bereits ewig vorhanden gewesen.

Kein Mann hat je Kastania verlassen, um sich woanders eine
Frau zu suchen.

Keine Frau hat je Kastania verlassen, um ihre Kinder an helle-
ren Orten zu gebären.

Gegenüber, auf der Schattenseite der Schlucht, liegt der Fried-
hof. In die hohle Hand dieser Ecke hat man die Toten verbannt.
Von hier aus sollen sie aus einiger Entfernung noch herunterschauen können auf das, was ohne sie geschieht, herunterschauen
auf den Schiefer und den Rauch und den Traubenhyazinth zu Beginn des Frühlings. Und die noch Lebenden? Sie kennen all diese
Dinge, wissen, nicken es ab, klappern mit den Knochen, gehen
vorüber und schweigen über all das bis auf den Grund ihrer Seele.
Wenn sie abends nach Hause gehen, murmeln sie ihre einzigen
Worte, Gedanken an die Mühsal und das Grün und den knacken-
den Ofen, allesamt Gebete an das Schicksal, den unsichtbarsten
all ihrer Götter.

So, und nur so, genügt alles.

Als die ersten Regentropfen den Fruchtwagenfahrer wecken,
sitze ich wieder neben ihm. Der Wind öffnet sein Maul und fegt
uns die Gläser von den Tischen. Der Himmel ist ein gewaltiger
Titan mit hellblauen Blitzen. Sein Grollen zieht über uns hinweg
und schüttelt sich in die schwindligen Steine. Habe ich jemals so
etwas Lautes gehört? Wir befürchten, Felsen brächen entzwei und
stürzen über uns zusammen. Der Donner schmeißt sich in die

Schluchten und prüft die Wurzeln der Erde, besoffen von Kraft und Verlangen. Vor uns eine Wand aus Wasser. Wir schauen in diesen Himmel und hoffen, dass er uns die Erde erhalte.

Der erste Sonnenstrahl, und man fegt das Wasser aus den Häusern und hinein in den weißen Nebel. Vor der Kirche stellt sich ein alter Mann in die größte Pfütze, klimpert mit seinem Stock und spuckt Kirschkerne in die Kakteen. Der Fruchtwagenfahrer zupft an seinen nassen Kartons.

»Wann beginnt hier sonntags der Gottesdienst?«, frage ich den Wirt.

Er weiß es nicht und fragt herum.

»Um acht, nein warte, um neun. Vielleicht.«

»Warum vielleicht?«

»Ach, keiner weiß es genau.«

Er zählt die umliegenden Dörfer auf, tätigt eine Geste, als seien sie alle Teil einer verloren gegangenen Sprache, und sagt: »Es fehlen überall Pfarrer. Für alle Dörfer hier gibt es nur einen.«

»Hm. Was machen die Pfarrer heute?«

»Ich weiß es nicht. Ich kenne nur einen in Kardamilli, der sitzt herum, trinkt Bier und macht sich an ältere Touristinnen ran, von denen er vermutet, sie hätten einen Fetisch für ebenfalls ins Alter geratene und schwarzgekleidete Manipriester, für den Geruch echter Griechen. Nun, ein Mann Gottes ist ein Mann Gottes! Aber wann hier Gottesdienst ist, weiß ich nicht.«

Marie ist voller blasser Punkte. Der Regen hat den Saharasand aus der Luft gewaschen, nun klebt er am Lenker und zeichnet trockene Muster aufs Metall.

Am Eingang von Pigi erwartet uns Lisa.

Welche Geschichten spinnt sich ein Dorf, das mit einem Eukalyptusbaum beginnt? Seine Blüten wehen in die einzige Straße, die die rund dreißig Häuser voneinander trennt, ein enger, von Mauer und Stein bestandener Weg, so breit wie das schmalste

Hauptstraße durch Pigi, von beiden Richtungen mit Autos befahrbar.

Auto. Neben dem Eukalyptusbaum gibt es einen Schalter. Will man ins Dorf fahren, drückt man ihn, und auf der gegenüberliegenden Seite springt ein gelbes Lämpchen an. Falls jemand auf der anderen Seite das Licht sieht, muss er warten. Und fährt erst los, wenn der andere an einem vorbei ist.

Dass man überhaupt mit einem Auto hier durchkommt und die Kirche mit dem Kirchplatz und den Kirchplatz mit der Platane und die Platane mit der Taverne erreicht, ist an sich schon ein Wunder. Kein Wunder ist es allerdings, dass mir Lisa erzählt, alle Striemen und Beulen an Elber stammen von ihren törichten Versuchen, diese Straße in verschiedenen Nüchtern- und Trunkenheitsstadien zu meistern.

So steht Elber also still und stumm am Dorfeingang. Ich parke Marie neben ihm. »Die beiden sind süß zusammen«, sagt Lisa.

Wir lassen sie zurück und gehen zu Fuß.

Zu Mel Gibson.

Mel Gibson heißt eigentlich Jorgos, sieht aber aus wie Mel
Gibson, hört das bestimmt von jedem Dritten seiner Neukun-
den, ärgert sich darüber und ist ein wenig stolz darauf. Mel hat
die schönste Taverne der Welt. Am Rand des großen Berges
blickt der Besucher in das üppige und mit Blüten vollgesogene
Tal hinunter, wo der Erlöser des Tages wartet: Zum Sonnenuntergang ist die Hälfte des Auges ein weißgoldenes Meer. Lisa und
ich sind in bester Laune und können den Wein kaum erwarten.
Meljorgos, wie ich ihn ab sofort nenne, schleppt Riesenholzplat-
ten an die Tische. Er liefert. Wir zeigen mit dem Finger auf das,
was an den Tischen bleiben soll: Tamara, Tsatsiki, Cremes, Sa-
late, Rote Bete, Gemüse, Brot, frittiertes Gemüse, Fleischbäll-
chen, Linsenbälle.

Wir wundern uns nicht über diese Fülle. Bald sind wir komplett: Joannis, Stavros und Adam kommen an unseren Tisch,
zwischen den Tischbeinen streunen die Katzen als ewige Wächter.

Als ich von meiner Tagestour erzähle, sagt Joannis: »Jeder dieser Orte hat einen anderen Sauerstoff. Man atmet in jedem Dorf
anders.«

Lisa ist fröhlich und beglückt über diese Worte und sagt, genau so ist es, und sie hebt ihr Glas und macht leuchtende Augen
und erzählt von all den schönen Dingen der Mani und will, dass
immer alles so bleibt und die neuen Tage woanders anbrechen.

Adam streichelt seine Hundedame und trinkt sein Bier, solange es kalt ist.

Stavros erzählt von seinem Tai-Chi-Master aus Athen, seinem
Sensei. Warum? Es sei der einzige Mensch seiner alten Welt, den
er hier vermisst. Wir alle wissen: Er hat es noch immer schwer,
hier auf die Beine zu kommen. Der vierzigjährige stämmige Mann
mit seiner Harley wohnt wieder bei seiner Mutter und hat seit
zwei Jahren keine richtige Arbeit gefunden. Er hat keine Frau und
keine Kinder. Ab und zu hilft er Adam, der sich hier vor zwanzig

Jahren eine Ruine gekauft und sechs Jahre lang grundsaniert hat.
Den Sommer über arbeitet der Expat hier als Klempner, im Winter als Tauchlehrer in Thailand. Ab und zu fällt etwas Arbeit für
Stavros ab, nicht viel, aber immerhin. Trotzdem ist er glücklich,
wieder hier zu sein. Das Stadtleben mache die Menschen krank,
sagt er. Er habe sich selber nicht mehr gemocht. Hier mag er sich.
Hier ist das Leben so, wie es sein soll. Darauf einen Schnaps. Meljorgos bringt eine Runde und stellt uns sein Lethal-Weapon-Grin-
sen mit auf den Tisch.

Mittlerweile haben die Musiker, die einmal die Woche in der
Taverne spielen, ihre Instrumente gestimmt. Wir horchen auf.
Die beiden älteren Männer spielen einige traditionelle Volkslie-
der, bevor sie zum Rebetiko übergehen, eine Migrationsmusik
von Wanderschaft Verzweiflung, Liebe und Unglück, die mit den
griechischen Einwanderern aus Kleinasien ins Land strömte und
zur hartgesottenen Hymne der hiesigen Subkultur wurde. Bis der
Rebetiko Mitte des 20. Jahrhunderts immer mehr an Bedeutung
gewann und anschließend in seiner Kommerzialisierung den Tod
fand, war er die Religion der *rebetes* oder *manges*, Männer und Frau-
en am ansonsten verlassenen Rande der Gesellschaft, Abgehängte
und Outlaws, die ihren eigenen Stil und Ehrenkodex pflegten.
Ihre Untergrundmusik war lange verboten, obwohl sie nie so re-
volutionär war, dass sie sich gegen das verhasste Establishment
auflehnte. Der Rebetiko war dreckig, schön, ehrlich und genauso
wahr und herzergreifend wie die Choräle der Kirchen. Er besang
das eigene Leben, den Schmerz und die Liebe, die Verachtung
und die Freundschaft.

Vor allem aber ging es um den Konsum von Haschisch. In den
abgeranzten Drogenhöhlen der industrialisierten Städte saßen
jene, für die die Gesellschaft keinen Platz übrig hatte, und kom-
ponierten ihre ertraglosen Lieder. Auf den Straßen war es leicht,
sie zu erkennen. Sie trugen enge Hosen aus bestem Material, ein
dunkles, kragenloses Shirt und eine Fedora so tief im Gesicht,

dass sie den Kopf in den Nacken legen mussten, um etwas zu sehen. Messer und Pistole hatte man immer am Gürtel stecken, und
der Hut trug ein schwarzes Band, das signalisierte, dass man sich
nicht die Ehre nehmen ließ, die eigenen Opfer zu beklagen. Jeden
Moment konnte ein Kampf ausbrechen. Die eine Hand hielt einen Stock zum Angriff und zur Verteidigung. Das war der Arm,
der in der Jacke steckte. Der andere baumelte frei am Körper herunter, sodass man jederzeit den Ärmel der Jacke als eine Art
Schild und Dämpfer benutzen konnte. Ihre melancholischen Un-
glückslieder erinnern an den US-amerikanischen Südstaaten-
blues, und auch heute, hundert Jahre später, spürt man die stets
hoffnungslose Sehnsucht, wenn der Sänger, nachdem ihm Meljorgos den Wein nachgeschenkt hat, aus rauer Kehle singt:

Glücklich ist der Mensch, der keine Liebe kennt,
ein Mann, an dem die schönen Frauen einfach vorbeigehen.

Sorgen und Ärger belasten ihn nicht,
und er allein weiß, ob er reich ist oder arm.

Und so bin ich nun verliebt in dich
und die Sorgen füllen meinen Kopf mit Feuer.
O allein man selbst weiß, ob man reich ist oder arm.

ooo

Um halb zehn sollte es losgehen. Da Joannis erst um halb elf
kommt, wir noch schwimmen und durch die Höhlen tauchen,
Kaffee trinken und Spinattaschen einkaufen, Frappé besorgen
und noch kurz in der Mühle vorbei müssen, ist es brennender
Mittag, als wir auf dem Hang stehen.
    Lavro ist da mit Traktor und Anhänger.
    Eine Fuhre hat er schon alleine gemacht, weil er, so sagt er in
vorwurfslosem Stolz, ja wie verabredet schon um zehn Uhr hier war.

Lavro ist einer von abertausend albanischen Arbeitern in Griechenland, ein dürrer, kraftvoller Mann mit unter einem Fünftagebart vergrabenem Jungspundgesicht und braunen, wachen Augen. In Albanien verdienen Männer wie er, die jeden Tag in der Woche hart arbeiten, ohne sich zu beschweren, sechs Euro am Tag. Wer es gut hat, zehn. Also kommen sie nach Griechenland mit ihren Frauen und Kindern. Es ist nicht ihre Heimat, aber hier verdient Lavro täglich dreißig bis vierzig Euro, töffelt mit seinem Traktor und dem Anhänger dahin, wo man ihn braucht, und schuftet, so lange er kann.

»Malaka«, sagt Joannis und klopft ihm auf die Schulter, »jetzt geht es los«.

Auf dem Feld stehen schon einige neugepflanzte, brusthohe Äste, die einmal ausgewachsene Mandelbäume werden. Aber das Feld ist noch rau und steinig. Die Erde wurde bereits ein erstes Mal von den schwersten und dicksten Steinen befreit. Dann hat man sie noch einmal umgegraben. Jetzt muss die zweite Fuhre Steine weg, bis nur noch Erde zurückbleibt, dann wird ein drittes Mal umgegraben werden müssen und wahrscheinlich auch ein viertes. Steine Steine Steine. Der ganze Boden und die ganze Mani voller Steine. Wir heben sie auf, schmeißen sie auf den Anhänger. Jede Viertelstunde fährt Lavro den Anhänger einige Meter vor. Wenn der Anhänger voll ist, kippt er ihn draußen auf die übrigen Steine. Eine Entsteinung des Landes, die Sisyphos wahre Freude bereitet hätte.

»Wenn nicht das ganze Land bereits voller Steine wäre«, sage ich, »gäbe es vielleicht jemanden, der diese Steine kaufen und abholen würde. Dann wäre man sie los, die Steine.«

»Ja«, sagt Joannis, »aber es sind eben nur scheiß Steine. Wenn du willst, kannst du sie haben. Alle.«

Wir bücken uns, heben die Steine auf und pfeffern sie auf den Anhänger.

Nach einer halben Stunde ist mein Shirt vollgeschwitzt. Lavro allerdings steht kein einziger Tropfen Schweiß auf der Stirn. Er ist so trocken wie die Sonne.

»Malaka, warum bist du so ein Arsch und schwitzt nicht?«, frage ich ihn, und er lacht und klopft sich auf den Bauch und sagt,
»Malaka, keine Kilos!«.

Joannis schmunzelt. »Ich habe auch keine Kilos«, sagt er, »und
ich bin klatschnass.«

Lavro lacht und lässt die Steine poltern. Jetzt macht ihm alles
noch mehr Spaß.

Die beiden Idioten schwitzen, er nicht.

Arbeit braucht Unterhaltung.

Wir reden über Frauen, nur um zu reden. Über griechische
Frauen, albanische Frauen, deutsche Frauen. Jeder glaubt, die
Frauen aus seinem Land seien die schlimmsten. Wir reden über
die Fischer und die drei Männer mit Behinderung und Steine und
warum das Sonnenlicht Farben hervorbringt, das Mondlicht aber
nicht. Wann immer sich die Gelegenheit bietet, streut Lavro einen dreckigen Witz ein, den er mit den handelsüblichen Gesten

Die Entsteinung des Landes mit Joannis und Lavro.

verstärkt. Unter unseren Hüten quillt der Schweiß. Unter Lavros Mütze flockt seine trockene Haut in den Wind. Wir schmeißen Steine und erzählen Geschichten.

»Stein kaputt«, sagt Lavro auf Deutsch, als einige Stunden später der letzte Stein des Tages auf den Anhänger fliegt. Er fährt zu dem Geröllhaufen und kippt ein letztes Mal aus. Unsere Arme sind braun von Dreck und Erde und Schweiß, und der Rücken tut weh, und wir fühlen uns gut.

»Schluss für heute«, sagt Joannis, »morgen geht's weiter. Ich weiß, wo wir ein leckeres Bier und Souvlaki herbekommen.«

Wir verabschieden uns von Lavro und fahren hoch in die Berge. Auf die bitteren Blutfehden und scharf gehaltenen Klingen angesprochen, mit denen man sich in der Vergangenheit hier oben die Zeit vertrieb, sagt Joannis, diese Zeiten seien vorbei: Man sei jetzt zivilisiert, selbst im letzten Winkel einer feuchten, kalten Schlucht. Die Blutfehden seien seit zwei Generationen ausgestorben.

Warum genau, will ich wissen. Wohlstand, Sicherheit, technologischer Fortschritt?

Joannis schaltet einen Gang hinauf und brettert derart in eine Kurve, dass es unser lebenserhaltenes Glück ist, keinem anderen Fahrzeug zu begegnen.

»Nein, wegen Gesetzen und der Polizei und Gerichten. Man ist einfach gescheiter geworden und denkt mehr nach, bevor man ein halbes Dorf umbringt. Hier!«, sagt er und bremst. »Schau dir das an.«

Wir halten, steigen aus und überqueren die Straße.

Joannis stellt mich vor ein dunkles, wer weiß wie tiefes Loch in der Bergwand. Das Loch hat einen Durchmesser von eineinhalb Metern. Es wird kalt. Es ist der unterirdische Kehlenstrom des Taygetos, der hier als kräftiger, kalter Wind mit allerlei Geschichten auf den Lippen hinausdrischt. Ja, der Berg ist lebendig. Dort unten wohnen Gnome, hundsgroße Drachen und die schiefen

Kinder Spartas, heute erwachsen und zu Wölfsbrüdern gereift. Hier spürt man, halb weggeblasen, dass diese putzige Oberflächenwelt noch nicht mal annähernd in das uns Bekannte hinabreicht.

In der Taverne angekommen, begleitet uns das Plätschern eines Quellbrunnens. Zwei kalte Bäche fließen aus dem Berg. Unter ihr Wasser hat man zwei Melonen gelegt, die wir zum Nachtisch aufgeschnitten bekommen.

Das Fruchtrot spritzt uns über die Münder. Wir waschen uns den Dreck von den Armen. Als der Wirt das Essen bringt, stellt er den Nachtisch direkt dazu und sagt, dass er den Sommer liebe und gerne eine Maschine besitzen würde, auf der man die Zeit einstellen könnte. Dann würde er es so machen, dass alles so bliebe wie jetzt.

Eine Stunde später hocke ich bei Limani und bin eingeschlafen über meinem leeren Glas Bier. Als ich aus meinem Nickerchen hochschrecke, zieht das erdbeerfarbene Polohemd des traurigen Pfaus an mir vorbei. Er setzt sich vor die Waage, bestellt sich eine Cola und spuckt in die Geranientöpfe.

Der Alte sitzt neben ihm und verzweifelt an seinem allesgeweiteten Auge.

Der Walfänger ringt sich die Ferne erfolglos ins Herz und zieht ein Griesgesicht.

Ein anderer Fischer ist der ausgetrocknetste Mensch der Mani. Das ganze Gesicht ist in dicke Furchen gelegt, dazwischen leuchten zwei mintgrüne Augen. Ich muss mich zurückhalten. Schließlich könnte man ein Stück aus seinem Kinn herausbrechen, es ein wenig zwischen den Fingern zermahlen und in den Taygetos werfen, damit daraus ein neues Gebirge entsteht.

Neben ihm hocken die Übrigen und neben den Übrigen der Raucher, für den der Ausdruck »Kettenraucher« eine beleidigende Verniedlichung wäre. Stülpte man ihn von innen nach außen, er stände dort als dicke schwarze Säule, das Blut bereits zu klebrigem Teer gewandelt. Nun könnte das gesamte Dorf alles Mögliche an ihn dran werfen, Bierdeckel, Kronkorken, zusammengeknüllte Versicherungsschreiben, und alles würde an ihm kleben bleiben und ihm Freude bereiten.

Da sitzen sie alle, Punkt für Punkt im respektvollen Abstand, um gemeinsam alleine zu sein. Sie blicken aufs Meer und folgen dem Schwalbenflug. Die Vögel auf den Stromleitungen denken, die Männer säßen auf Stangen und seien ihre flügellosen Artgenossen auf Erden. Und wenn sie auf ihre Kutter steigen und nacheinander in See stechen, dann sieht es aus, als könnten die Bodenvögel schwimmen auf ihren magischen, qualmenden Holzinseln, die sie sich unter die Füße nageln.

Paulus sitzt drinnen und tut, als beschäftige er sich mit irgendwas, um nicht jede halbe Stunde eine Kaffeebestellung annehmen zu müssen. Laut dem persischen Dichter und Mystiker Rumi spiegeln die Griechen alles wider, was ihnen geschieht und wie es ihnen geschieht – sie können schlichtweg nicht anders. Paulus' Gesicht zeigt es deutlich: Es geschieht nicht viel. Mit dem Vorteil, dass jegliche Form der Unzufriedenheit auszubleiben droht. Vielleicht ist es auch einfach sein Schongang. Von Joannis, der über einige kleine oder große Ecken mit ihm verwandt ist, habe ich erfahren, dass er an Zucker leidet und sich Insulin spritzen muss. Früher hat er anscheinend drei Liter Cola am Tag getrunken, das war alles, was er getrunken hat, noch nicht mal zu Raki oder Bier hat er es geschafft vor lauter Cola-Trinken. Dann musste er umsatteln auf Cola light, aber die schmeckt ihm nicht. Joannis bestätigte auch meine AEK-Theorie, dass es wahrscheinlich Paulus selbst war, der sein Auto bekritzelte. Und ich erfuhr, dass er während der Saison oft einfach abhaut und zu den Heimspielen seiner Mannschaft nach Athen fährt. Dann hängt ein Pappschild an der Tür, auf dem geschrieben steht: Geschlossen wegen AEK!

Als er neben mir steht, zeige ich auf seinen kleinen blauen Wagen. Das Gewitter hat den Staub und Dreck von ihm gewaschen, der AEK-Schriftzug ist nicht mehr sichtbar.

Wie lange es dauern würde, bis das Auto wieder das einzige AEK-Auto der Peloponnes wäre, frage ich ihn.

Er zuckt mit den Schultern.

Sucht den Himmel ab nach Staub, der auf seinen Wagen niedergehen könnte.

»Sechs Wochen«, sagt er, »Afrikasand!«

Wenn die Wüstenbewohner im Süden wüssten, dass am anderen Ende des Meeres ein leibhaftiger Bär auf viel zu kleinen Stühlen hockt und auf ihren Staub wartet!

Ein klappriger, mit grellen Tomaten beladener Wagen kommt vorbei. Hinter dem Lenkrad eines jeden Pick-ups hockt immer ein lachendes, tiefbraungebranntes Gesicht. Das Gefährt kann nur noch mit gutem Willen und einer leeren Hosentasche voller Gebete zusammengehalten werden, aber so ist es in der Mani, und so wird es bleiben. Gebrauchsgegenstände, das sind Autos, Kleidung, Häuser, Stühle, Teller. Wertsachen nennt man Sonne, blauer Schiefer, Enkelkinder, Zigaretten, die Mutter Gottes und eine Fischwaage.

Einziger Kostenpunkt: Atem und Haut.

Der Tag beginnt sein großes Glühen. Die letzte Erhebung des Lichts wird von den Bergfelsen reflektiert und legt sich in die Bucht wie ein rosa Tuch, über dem sich der Tag mit einer großen Geste davonmacht, einer Bewegung, die uns alle zu sanfteren Wesen verzaubert.

Der traurige Pfau. Eine Stunde blickt er aufs Meer. Dann steigt er hinunter zu seinem Boot und holt einen Ölkanister. Den Ölkanister stellt er zwischen seine Beine. Er geht kurz weg und kommt sofort wieder, hat den Kanister noch immer dabei und eine Zigarette in der Hemdtasche stecken. Er rollt die Zigarette über den Tisch und blickt über sein Hafenreich. Dann raucht er die Zigarette, bekommt von Paulus einen Kaffee. Hinter ihm glitzert das Meer. Als ein kleiner Junge die unter der Marmorplatte wohnenden Katzen nicht in Ruhe lassen will, übernimmt er die Erziehungsmaßnahme.

»Sei ein gutes Kind!«

»Nein!«

»Magst du es, wenn jemand kommt und dich grundlos ärgert?«

»Ja!«

»Na dann komm mal her!«

Je mehr die Männer trinken, desto ruhiger werden sie. Die rote Sonne malt Schlafaugen auf ihre Gesichter. Gestärkt mit einem großen Schluck aus seinem Flachmann beginnt der Walfänger seine heroische Fahrt. Weltenungeheuer warten auf seine Flickschusternetze. Er raschelt auf seinem Boot herum, während seine Frau, gehüllt in eine rosa Plastikschürze, eine Orange schält. Auch der traurige Pfau fährt aus und zieht einen Schwarm Schwalben hinter sich her. Bald wird man die beiden Männer sehen können als gelbe elektrische Punkte auf dem dunklen blauen Meer.

Ich zahle.

Paulus zieht an mir vorbei und setzt sich ans Hafenbecken.

Ich kann es kaum fassen, aber er pfeift tatsächlich vor sich hin.

Die Hochzeitsgesellschaft reist ab, und ich ziehe hoch nach Pigi, wo ich Lisas Gästezimmer bekomme. Da sie das von Heinz gebaute Haus bis heute vermietet und die letzte Woche bei Joannis gewohnt hat, ist sie überglücklich, wieder in ihren eigenen vier Wänden zu sein. Der Einfachheit halber wohnt Joannis jetzt bei ihr und schafft jeden Tag neue Olivenölkanister heran, die von Lisa handbemalt und später von Joannis mit seinem besten Öl gefüllt werden. Die kunstvollen Kanister wird Lisa mit Elber zurück nach Deutschland bringen und dort, unter dem passenden Namen »greengoldengold«, an ihre Kunden verkaufen.

Es wird der Tag der großen Pigi-Zusammenkunft. Aus Kardamilli treffen zwei weitere Gäste ein. Wir hatten Mauri und Nina
auf der Fähre kennengelernt. Die beiden jungen Schweizerinnen
wollten eigentlich nach Georgien reisen, und wer weiß, was sie
dann doch nach Griechenland verschlagen hat. Nach einigen Tagen Athen sind sie hinunter Richtung Mani gereist und hatten im
Bus einen älteren Griechen aus Kardamilli kennengelernt, bei
dem sie die letzten Tage übernachten konnten. Jorgos, sagen sie,
Jorgos der Macho und Jorgos der Sänger und Gitarrenspieler und
Jorgos der gute Koch mit den riesigen Händen. Natürlich hat er
ihnen von Anfang an klar gemacht, dass er selbstverständlich
nichts dagegen hätte, wenn die beiden jungen Damen bei ihm im
Bett nächtigen würden, wann immer es sie danach verlangte.
Mauri und Nina waren glücklich in ihrem eigenen Bett, und Jorgos unterließ alle weiteren Verführungsmaßnahmen. Als die beiden heute Mittag aber nach Hause kamen und feststellten, dass
der Hausherr durch ihre Rucksäcke gegangen war und sich ihre
Unterhosen über sein Bett gehängt hatte, war es der Gastfreundschaft zu viel.

Ihr Pigi-Asyl: Eine breite und gemütliche Verandamatratze,
über ihren Köpfen das Werk der Sterne und über Jorgos' Bett nur
noch die Erinnerungen an bessere Traumfängertage.

Wir alle sitzen lange in dieser Nacht. Joannis, das kann ich bereits an der Uhrzeit, dem Alkohol- und THC-Gehalt seines Blu-
tes ablesen, wird garantiert nicht zum Steineschmeißen aufstehen. Auf jeden Millimeter, die seine Augen kleiner werden, wird
eine Stunde Schlaf raufgeschippt.

Kurzerhand beschließe ich, morgen den Ausflug in die Unterwelt zu wagen.

Den Wecker stelle ich auf sechs.

Marie verrate ich noch nichts von ihrem Glück.

Denn wir werden denselben Weg nehmen, den auch Orpheus
nahm, um seine einzige Liebe zu retten.

ooo

An meinem Shirt, das ich zum Trocknen in den Baum gehängt hatte, kleben silbergrüne Käfer, die sich anstandslos abpflücken lassen. In der Wäscheschüssel liegt eine ersoffene Heuschrecke. Alles duftet nach Harz. Pigi schläft seinen nachtgrauen Schleier, die Berge tragen weiße Nebelkappen tief im Gesicht. Mauri und Nina liegen aneinandergekuschelt unter dem Moskitonetz und schnarchen sich vorsichtig ins Gesicht.

Ich dusche, nehme zwei Hände voll vom Orangenbaum und sehe: Marie ist vollgerieselt vom großen Eukalyptus. So früh sind wir noch nie losgekommen. Ich muss mir einen Pulli anziehen und sie zum ersten Mal mit dem Choke wachkriegen. Platsa, Nomitsis, Thalames, Dörfer des dauernden Katzenschlafes, an dem wir leise vorbeisurren.

Links der Mund des Taygetos, der den Lichtteppich Zahn um Zahn die Schluchten hinuntermahlt, ein strömendes Licht, blendend wie Glas, und rechts das Meer unter der Meerwolkenhaube. Dazwischen trägt uns die Teerschneise Richtung Areopolis und weiter in den Süden. Das Ziel ist Kap Tainetos, der südlichste Festlandzipfel Europas und der Legende nach der Eingang zum Hades, zur Unterwelt.

Bald sind wir einzig von Olivenbäumen umgeben, zugeschüttet und warmgemacht vom Silberglanz auf Augenhöhe, bis eine scharfe Rechtskurve die Abfahrt zur nächsten Bucht einleitet und ich die Füße kurz ins Meer halte. An die Klippen geworfene alte Mühlen und Dörfer von einem Arm zum anderen, dann geht es den steilen Küstenhang hinauf nach Areopolis, die Stadt des Ares und laut Joannis ein verfluchtes Mafianest. Hier fällt mir auf, dass ich meine Straßenkarte vergessen habe. Ich klaue mir eine im nächstbesten Supermarkt, wobei klauen das völlig falsche Wort ist. Ich leihe sie aus. Immerhin werde ich sie auf dem Rückweg wieder zurückstellen. Der Su-

permarkt wird verstehen, dass es keinen Sinn ergibt, für etwas
zu bezahlen, was man eigentlich schon besitzt und dummerweise nur nicht dabei hat.

Mit den letzten Ausläufern des Taygetos endet auch die Mani,
wie ich sie kenne. Die Einschusslöcher in den Straßenschildern
werden üppiger, ganz besonders in Mitleidenschaft gezogen ist
das Ortschild von Agios Georgios, dem Dorf des Heiligen Ge-
orgs. Ein baumloses Meer aus Disteln und Kies bedeckt die
nackten Ebenen und brennt sich in die Landschaft, die Erde ist
nun rau und voller dicker Sonne und heftigem Wind und schön
bis zur Sprachlosigkeit. Keine Schreine zieren die Straße mehr.
Auf den hingewellten Hügeln stehen vereinzelt die alten einsamen Manitürme, ein oder zwei in die Erde gestanzte Brocken,
in denen man schon vor tausend Jahren gewohnt und das Mit-
telalter bestritten hat, alleine für sich und mit der Welt und gegen die Welt.

Die Karte hat alle Ortschaften eingezeichnet, stets in Form
von einer Handvoll weißer Kästchen. Dann kommt man in eines
dieser Dörfer und sieht: Jedes Kästchen ist genau ein Haus. Es ist
die magischste Karte der Welt!

Ich frühstücke in Gerolimenas: ein winziges, in einer schmalen
Bucht verstecktes Nest, wahrscheinlich so alt wie die Besiedlung
der Peloponnes selbst. Es hat die uralten Häuser am Hafen stehen
lassen, damit der Wind sie weiter zerflattert und sie irgendwann
von reichen Athenern aufgekauft werden, herrliche Ruinen, die
zeigen, wie das Fischerdorf früher einmal ausgesehen hat, als es
sich hier noch vor der Welt versteckt hielt.

Vor mir und meinem Omelett schwebt ein alter Kutter in der
Bucht, vollgepackt mit allerhand Zeugs, Plastik, Decken, Bojen
und Kisten. Der Hausherr ist gerade erst erwacht und flickt seine
alten Netze. Seine armselige, tolle Kiste: Sie ist ein Straßentrailer
auf See, damit er das Meer unter seinen Füßen hat.

Eine halbe Stunde weiter liegt die alte Festungssiedlung Vathia
auf ihrem Berg und regt sich nicht. Ein Postkartenmotiv, dem die
Sonne die Augen ausgestochen hat. Nun kommen keine glattge-
bügelten Bergflanken mehr, sondern schroffer Fels: aufgebro-
chene Felsenküsten voller Höhlen und Wind und nassem Stein.
Das Meer, nunmehr die berühmte Witwenmacherin, jagt heftig gegen das Land und heult, der Wind krempelt sich die Ärmel
hoch und klatscht in die Hände. Zwischen dem Auf- und Abstieg
der letzten fünf Kilometer erfassen uns immer wieder derartige Böen, dass wir anhalten müssen und ich mich mit Marie an
eine Felswand lehne, um nicht davongeblasen zu werden. Mehr
als der zweite Gang ist bei gutem Wind nicht drin, aber auch so
kommen wir zur letzten Taverne der Mani, wo ich mich mit einer Cola für das letzte Stück der Reise stärke, die zu Fuß zu bewältigen ist. Für den modernen Menschen ist die Unterwelt hier
bereits angekommen: We are sorry, steht neben der Kasse, Visa
machine out of order.

Ein Fußmarsch von einer halben Stunde trennt mich von dem
Leuchtturm, den der Wirt mir hinter den Hügeln versprochen
hat. Lange lagen die Elemente nicht mehr so stark beisammen.
Wasser, Sonne, Hitze, schwarze Wolkenballen und der dauernde
Wind. Man könnte sich an die dunklen Wolken hängen und her-
umwirbeln lassen. Stattdessen bleibe ich auf dem leeren Hügel
stehen und beobachte, wie die Sonnenkegel umherschießen. Sie
gleiten über die Ebene, rasen auf das Meer zu und stellen mich mit
einem Fingerzeig ins Licht, während bereits der nächste Schat-
tenlauf über die Ebene streicht. Als sei der Mensch hier der einzige Fixpunkt einer unhaltbaren Erde.
Dann der Leuchtturm mit seinem blauen Kopf. Dahinter
Steinbrocken, die ins Meer hinabfallen und dort schwarze Zehen
haben, wo das Wasser ständig über das Land schwappt. Ein bisschen dunkel, schön und gut, aber noch lange kein Tor zur Unter-

welt. Nirgends. Nur der Meeresschaum, aus dem Aphrodite geboren wurde. Viel zu viel Blau. Das kann es kaum sein. Ich
schließe die Augen und horche, aber auch diese meine Nacht
bringt keinen Ton Persephones hinauf.

Lisa meinte noch: »Iss in Porto Kayo!«
   Also fahre ich die fünf Minuten rüber in die nächste Bucht.
   Ich hatte ein Zauberdorf erwartet, Lisas Berichte waren verzü-
ckend. Einmal habe sie mit Joannis auf einem riesigen Boot in der
Bucht gelegen und Wein getrunken. Einmal standen nur zehn Kinder herum und sangen. Einmal konnte man, mit der weichen Unterstützung einiger Psychedelika, den Boden von der Erde pflücken.
   Mich aber wollen zwei Kellner lauthalsig in ihre Fischstuben
lotsen, und Marie darf ich nur dort parken, wo ich auch esse. Zwei
dicke weiße Engländer stampfen mit erbärmlichem Geschick
über den mickrigen Stein- und Schotterstrand, der mit leeren Re-
stauranttischen gefüllt ist. Das eigentliche Dorf, wenn es das
überhaupt gibt, ist hinter der Pommes-und-Bier-Bühne versteckt,
die aus dem Dorf gemacht wurde. Am Nebentisch sitzt ein Pärchen aus Athen: Beide wackeln so hippelig mit den Beinen, dass
der Tisch zittert.
   Aber die alte Piratenbucht findet trotzdem zu ihrem Charme,
wenn man den Blick oberhalb der Menschen kreisen lässt. Und
beinahe hätte ich es übersehen, das Loch, das aus dem Felsen her-
ausgebrochene, schwarze breite Loch, das am Eingang der Bucht
zu sehen ist.
   Ein Stück Dunkelheit, als habe ein Titan seine Zähne in die
Erde geschlagen. Das Meer fällt dort hinein in dicken Strömen
und findet nicht wieder hinaus.
   Erneut schließe ich die Augen. Diesmal höre ich das Spiel einer Lyra, einen göttlichen Gesang. Als ich sie wieder öffne, steht
Orpheus vor mir und verabschiedet sich von den Steinen und den
Tieren, die ihm bis hierhin gefolgt sind.

Jetzt muss er alleine weiter.
Er hat das Unmögliche zu schaffen.
Singend steigt er hinab in die Unterwelt.

ooo

Ob es wohl jemals einen Menschen gab, der gesegneter war als
Orpheus? Jemals einen Mann oder eine Frau mit solch unter die
Stirn gezaubertem Reichtum, jemals ein semi-göttliches Wesen, dem solch ein fantastisches Vermögen mit in die Wiege gelegt wurde, eine überirdische Begabung, mit der auf dem Er-
denrund alle Ungeheuer, Drachen und Gefahren zu bezwingen
waren? Und das alles nicht mit herkulischer Überkraft, nicht
mit Blitz- und Donnerwaffen eines Zeus, sondern allein mit
dem höchsten Klang künstlerischer Verzückung? Orpheus, der
größte aller Dichter und Sänger, er wird das Unmögliche möglich machen: Er gewinnt den Kampf gegen die Urbedingung allen Seins, gegen das allem Leben inhärente Wechselspiel von
Leben und Tod und löst seine verstorbene Frau aus den Fängen
des Hades.

Wie kam es also, dass seine Hymnen zu Klageliedern verstummten und Orpheus, der offenbar Allmächtige, als jammern-
der Haufen Elend endete? – und schließlich erlöst werden musste, indem man ihm den Kopf abschlug, auf seine Lyra spießte
und den Fluss hinabwarf.

War dies wirklich das ihm bestimmte Ende?

Musste die Liebesgeschichte zwischen ihm und Eurydike tragisch enden, weil sie sonst genau das nicht wäre: eine Liebesgeschichte?

»Wie Orpheus spiel ich«, schrieb Ingeborg Bachmann, »auf
den Saiten des Lebens den Tod / und in die Schönheit der Erde /
und deiner Augen, die den Himmel verwalten, / weiß ich nur
Dunkles zu sagen.«

Orpheus wurde geboren als Sohn des Apollon und der Muse Kalliope. Kein Wunder also, dass er mit dieser Veranlagung zum Urbild des künstlerischen Menschen heranwuchs und sich den Saiten so selbstverständlich anheimgab wie Poseidon dem Meere. Hermes erfand die Lyra, die Apollon verwaltete. Orpheus jedoch sollte der Spieler sein, der sie perfektionierte.

Über sich selbst hinaussteigend ist es die Aufgabe des Künstlers, von dem allumfassenden Darüber-Hinaus zu erzählen und eine weniger offensichtliche Wahrheit, eine größergewusste Schönheit auf die Erde zu stellen; ein Sein, das uns allezeit anspricht, wiedererkennt und trotzdem verborgen bleibt im täglichen Wandel der unwiderbringlichen Stunden: Die Kunst berührt uns, weil wir das sind, wovon die Kunst spricht.

Wenn Orpheus dichtete, sang und seine Lyra spielte, traf er einen Ton, der aus der Welt eine andere emporwachsen ließ, eine Welt, die sich ihrer Eigentlichkeit nicht schämte und so offen dalag wie die Geschlechter der Blumen. Da die Natur in ihrem innersten Wesen und Wirken EINS ist, ist auch alles empfänglich für den Ur-Klang, der durch seine immerwährende Anwesenheit alles zu verbinden vermag. So verzückte das Spiel seiner Lyra auch Tiere und Pflanzen, Gefährten in Klang und Poesie; Berge versetzten sich, die Steine rollten ihm nach, Bäume neigten ihre Knospen und Früchte, und selbst die Fische sprangen aus dem Meer, um ihm zu folgen.

Orpheus' spielerische Macht war so groß, dass Jason und seine Argonauten ohne ihn wohl kaum heil nach Hause zurückgekehrt wären. Auf ihrer großen Odyssee besang und betörte er den Drachen, der das goldene Vlies bewachte, und übertönte den Gesang der unheilvollen Sirenen, die die Mannschaft in ihren Untergang zerren wollten.

Auch war es Orpheus vergönnt, auf dieser Erde seiner großen Liebe, der Nymphe Eurydike zu begegnen. Zu ihrer Hochzeit hielt der Garten Eden Einzug in die diesseitige Welt. Auf dem Hö-

hepunkt ihres Glücks aber griff das Schicksal ein. Kaum waren die
Hochzeitslieder verstummt, wurde Eurydike von einer Schlange
gebissen und starb. Sie wurde fortgezogen in die Unterwelt, in das
Reich des Hades und der Persephone, und ließ ihren verzweifelten
Mann zwischen den Blumen und Farben der hellen Tage zurück.

Orpheus gelang es nicht, den Tod seiner geliebten Frau zu akzeptieren; er brach zu seinem bislang gewaltigsten Unternehmen
auf, etwas, was noch niemand vollbracht hatte: einen Menschen
aus dem Totenreich zurück zu Sonne und Meer zu bringen.

Der Sänger wanderte durch Griechenland, zog über den Taygetos und die innere Mani hinunter bis an das Südkap.

Bis nach Porto Kayo.

Bis zu diesem Loch, diesem Eingang.

Hier verabschiedete er sich von seinen Begleitern, den Tieren,
Steinen und Pflanzen.

Bebenden Herzens stieg er hinab in die Unterwelt.

Wer mit der geläufigen Vorstellung des Totenreiches die dualistische Weltsicht der monotheistischen Religionen verbindet, kann
nur verwundert sein über diesen Ort, in den Orpheus hinabstieg.
Denn die Unterwelt gehört, wie der Himmel, zu dieser Erde. Hier
unten sitzt kein Teufelchen, kein Antagonismus zum Guten und
Gotthaften, sondern ein Gott selbst. Als Zeus die Aufgaben zur
Weltverwaltung unter sich und seinen göttlichen Brüdern aufteil-
te, nahm er selbst in den Wolken des Himmels Platz, überließ Poseidon die Verantwortung über die Meere und machte Hades zum
Herrscher über das Totenreich. Hades ist also keine finstre Gestalt, kein immerwährendes Böses. Die Unterwelt ist ein bedeut-
samer Teil der Welt, und somit ist es die Pflicht eines Gottes, sie
zu verwalten. Welt und Unterwelt gehören zusammen und sind
nicht zu trennen, und ein Abstieg in Letztere ist lediglich eine Reise in den Schatten, den das Licht zwangsläufig auf die Schöpfung
werfen muss. Dergestalt erreichen auch die Verstorbenen den Ha-

des: als schwebende Schatten. Nun wird sich entscheiden, ob sie
ins Elysium kommen oder nicht. Und dieses Elysium, ja, auch das
ist ein Himmel, denn das Paradies liegt im Totenreich, ein Paradies, groß und weit und schön, ein Himmel *in* der Erde.

Orpheus ging die ersten Schritte und sang.

Er sang und spielte und entlockte seiner Lyra die himmlischs-
ten Klänge. Als er sobald auf Charon traf, den Fährmann, der die
Toten über den Fluss Styx bringt, wurde dessen Herz so weich,
dass er den Sänger, sich keiner anderen Pflicht mehr bewusst, wie
ihn Trance mitnahm. Der schreckliche, dreiköpfige Kerberos,
der den Eingang zur Unterwelt bewacht und noch nie einen Lebenden hinein oder einen Toten herausgelassen hat, ließ ihn
ebenfalls vorbeiziehen, da es dem Höllenhund nicht anders geht
als den Vögeln und Steinen droben: Er legt die vernarbten Köpfe
auf die Tatzen und schnurrt.

Orpheus ist angekommen. Durch »luftige Scharen bestatteter
Totengebilde / Naht er Persephonen nun, und des anmutlosen Be-
zirkes / Könige drunten in Nacht« (Ovid). Waren Persephone und
Hades, das Herrscherpaar des Totenreiches, entsetzt, als dieser
Mensch aus Fleisch und Blut vor ihnen stand? Empört darüber,
dass er es geschafft hatte, in ihr Reich einzudringen? Und nun sogar, als ob all dies schon nicht genug war, auch noch als Bittsteller
auftrat? Orpheus brachte sein Anliegen vor, sang sein Lied und erzählte seine Geschichte. Die Verse, die es geschafft hätten, den
Olymp aus den Wolken zu stürzen, verzauberten auch die Götter
der Unterwelt. Hades konnte nicht anders und willigte ein. Orpheus dürfe seine teure Eurydike mitnehmen, allerdings unter einer Bedingung: Sie würde ihm folgen als der Schatten, der sie hier
unten sein musste, und er dürfe sich auf seinem Weg zurück in die
Oberwelt nicht nach ihr umsehen.

Das schien ein guter Deal zu sein, vielleicht sogar die leichtes-
te Aufgabe für einen, der zahlreiche Drachen besiegt und gerade

seine über alles geliebte Frau aus den Klauen des Todes befreit hatte. Er war am Ziel. Der Segensreichste unter den Menschen hatte seinen letzten Segen erhalten. Nichts stand ihm mehr im Weg, kein Tod, kein Schicksal, kein Kerberos, kein Hades.

Nur er selbst war noch Richter über sein Schicksal.

Er durfte sich einfach nicht umdrehen.

Das war alles.

Nur er selbst war verantwortlich.

Orpheus machte sich auf den Rückweg. Eurydike folgte ihm. Orpheus ging und ging und konnte das Ende seines Aufstiegs nicht erwarten. Kurz bevor er den Ausgang erreicht hatte und schon halb wieder im Licht der Oberwelt stand, überkam ihn der Zweifel. Da er seine Frau nicht hören konnte, fragte er sich, ob sie ihm wirklich gefolgt war, oder ob Hades ihn angelogen hatte, oder – ...

Orpheus sah sich um. Er sah seine Frau, Eurydike, nur einen Schritt vom Reich der Lebenden entfernt. Und er sah sie zum letzten Mal. Sie legte ihre Hand auf seine Schulter, ihre Schattenhand: Er spürte sie nicht. Dann kam Hermes und geleitete sie zum zweiten und letzten Mal hinunter ins Totenreich. Orpheus zitterte. In wütender Ohnmacht und blinder Verzweiflung versuchte er erneut, die Unterwelt zu betreten, aber diesmal verzauberte er niemanden mehr.

Kein Charon setzte ihn über den Styx.

Kein Höllenhund ließ seine scharfen Krallen ruhen.

Es war vorbei.

Er hatte seine Chance gehabt.

Nun war es an ihm, mit den Konsequenzen zu leben.

Eine größere Tragik ist nicht auszudenken. Orpheus hat es vollbracht, für die traurigste Geschichte der Menschheit zu sorgen. Denn es war kein finsteres Schicksal, das ihm seine Liebste entriss. Er hatte es selbst in der Hand, und der größte Künstler, sein ganzes Ohr und sein ganzes Wesen Empfänger der höchsten

Klänge und vollkommensten Melodien, dieser Mensch vermochte es nicht, auf sich selbst zu hören.

Jetzt sitzt er wieder auf der Erde, und die Steine warten auf sein Lied und die Vögel hüpfen erwartungsfroh auf seine Schultern. Er aber würde am liebsten alle verklagen und anschuldigen, sich beschweren bei Gott, dem Schicksal, bei Hades und allen anderen. Doch sein Herz weiß, dass er es ist und immer bleiben wird, der allein Verantwortliche: Er hatte Eurydike getötet, nachdem er ihr ein zweites Leben zu schenken vermochte.

Gleich Eurydike ist auch Orpheus von einer Schlange getötet worden. Von der Schlange in seinem Kopf. Seiner eigenen Stimme. Orpheus, lichter Sohn des Apollon und der Kalliope – er hat sich selbst verdunkelt.

Karl Kraus schreibt in einem seiner Aphorismen, dass man sich im Zweifelsfalle für das Richtige entscheiden solle. So wie über die Unterweltreise des Orpheus kann man auch über diesen Satz ein ganzes Leben lang nachdenken, ohne dass er an Wirkung verliert. Sich für das Richtige entscheiden? Sollte das nicht das Einfachste sein, was der Mensch tun kann? Immerhin impliziert die Aufgabe, das Richtige bereits zu kennen. Warum entscheiden wir uns dann so oft für das Falsche, auch wenn wir genau wissen, dass es falsch ist?

Die Entscheidung des Orpheus hat die Nachwelt zu vielen Überlegungen angeregt. Augustinus nannte ihn einen Poeta theologus und sah seine Geschichte gleichgesetzt mit dem Gang Christi in die Totenwelt, der es allerdings schaffte, die dort Festsitzenden in den Himmel oberhalb der Sterne zu führen.

Platon wiederum sah in Orpheus nichts als einen Feigling. Denn wenn er seine Frau wirklich geliebt hätte, hätte er sich nach ihrem Tod umbringen können und wäre ihr somit ins Totenreich gefolgt. Stattdessen besaß er den Hochmut und den Frevel, die ewigen Gesetze von Leben und Tod für seine eigene Gerechtigkeit verändern zu wollen – die Strafe folgte auf dem Fuß.

Warum gab ihm Hades genau diese Aufgabe mit auf den Weg? Wusste er, der doch bereit war, Eurydike ziehen zu lassen, herzerwärmt von dem Gesang seines Besuchers, dass Orpheus die an ihn gerichtete Forderung nicht würde einlösen können? Wollte er ihm eine Lehre mit auf den Weg geben? Eine Lehre, die da lautet: Lass die Vergangenheit Vergangenheit sein und schau nie zurück. Denke nicht mehr über das nach, was bereits geschehen ist. Es ist vergangen und somit unabänderlich. Und das Unabänderliche weiter als Schmerz mit sich zu führen, verdunkelt immer nur die Gegenwart, die stets befreit ist vom Gehalt des Vergangenen und uns neue, ja helle, lichte und richtige Entscheidungen abverlangt.

Aber wie auch immer es um seine Absichten bestellt war: Durch Orpheus erfahren wir die Macht der künstlerischen Versenkung, die Macht der Poesie und einer allesbetörenden Musik, der ultimativen musischen Erfahrung, die als einzige in der Lage ist, noch unbezwingbarste Ungeheuer zu bezwingen und uns derart zu überhöhen, dass wir kaum noch Menschen bleiben können in allem, was uns bekannt ist. Und wir erfahren, dass eben jener direkte Kontakt Gottes, dieser schwebende Satori-Moment, der eine ganze Welt aus den Angeln löst und die Ewigkeit für immer zu unserem Bruder werden lässt, dass uns selbst solch eine Erfahrung noch immer nicht *vor uns selbst* zu retten vermag. Musste also der apollinische Künstler wahrhaft dionysisch werden, um ganz Mensch zu sein mit all seinen Göttlichkeiten *und* Fehlern? Musste sich der Sohn des Apollon deshalb verdunkeln, weil ihm genau dies noch fehlte im allmächtigen Strom seines Lebens – die Dunkelheit?

Am Ende findet Orpheus den Tod, den er verdient.

Er entzieht sich dem Schicksal, für das er bestimmt war, entzieht sich seinem großen Gesang und auch der Liebe zu allen anderen Frauen – sie werden es ihm nicht verzeihen. Zu einem göttlichen Gesang in der Lage zu sein und dann nur Klagelieder zu singen, weil man es nicht geschafft hat, sich nicht umzudrehen?

Ja, da hat man es verdient, von den enttäuschten Musen den Kopf
von den Schultern gerissen zu bekommen. Orpheus stirbt grau-
sam. Seine Lyra, immerhin, hängt man für alle Ewigkeit als Stern-
bild an den Himmel.

Dort hängt sie noch heute und leuchtet.

Als Zeichen, dass das Leben ein Segen ist.

Und als Warnung.

ooo

Pigi in seinem ersten, großen Licht.

Eine Orange fällt von ihrem Ast und kullert über das Dach.

Der Morgen duftet nach Pinien, Meer, Basilikum.

Ich hatte mein Notizbuch im Garten neben den Zitronenbäu-
men liegengelassen, wo es eine Wandlung durchgemacht hat.
Zauberspruchgesegnet und mit dem Erzgehalt der Nacht scheint
es mir fast, als müsse ich um Erlaubnis bitten, es wieder an mich
nehmen zu dürfen. Die Stimmen der Orangenblüten, das Nacht-
falterblau, die dunkel über den Planeten dahingezogene Stille – sie
hatten es an sich genommen und zu ihrem Buch werden lassen.

Unten im Schlafzimmer sehe ich Lisa und Joannis im Tiefschlaf.
Joannis schläft auf dem Bauch und mit angewinkelten Beinen. Seine Füße schweben kurz über seinem Arsch. Nur weil ich die beiden nicht wecken will, spare ich es mir, den Fotoapparat zu holen.

Als ich Joannis später von seiner schlaftrunkenen Morgen-
akrobatik erzähle, will er es nicht glauben.

»Malaka«, sage ich ihm, »das hast du davon: Morgen früh mache ich ein Foto, egal, ob du davon wach wirst oder nicht!«

Limani.

Die Fischwaage baumelt im Wind. Noch kein Paulus weit und
breit. Der traurige Pfau ist barfuß und unrasiert. Heute ist der
Tag, an dem sein Hemdenzyklus von vorne beginnt. Drei Tage

lang wird er Rosa tragen, dass durch drei gelbe Tage ersetzt wird
und so fort und solange, bis man ihm all sein Bunt mit unter die
Erde legen wird.

Die Frau des traurigen Pfaus nimmt den Fisch aus, wiegt ab
und kassiert. Summend tippelt sie in Zeitlupe von einem Bein auf
das andere. Der traurige Pfau kümmert sich derweil um eine Katze, der ein Bein fehlt. Dann schaut er seiner Frau zu und schnorrt
sich von nebenan zwei Zigaretten. Die eine verschwindet in der
Brusttasche, die andere im Mund.

Neben ihm sitzt der Alte.

Er hält eine Netztasche voll trockenem Knoblauch vor der
Brust.

Neben ihm der übliche Rest Erdenvögel auf ihrer Stange, nur
der Walfänger fehlt und ist noch nicht zurück vom Netzeein-
holen.

Ob er heute einen großen, gar *seinen* großen Fang gemacht hat?

Vor den Booten hält ein Pkw. Zwei Männer steigen aus und
schauen sich nicht um. Beide tragen einen Anzug, mit allerlei
Pflegemittel angerichtete Frisuren und teure Sonnenbrillen. Zwischen dem verwaschenen, versalzenen, verzottelten und verwet-
terten Hafenfleisch wirken sie so unverschämt fremd, als sei ihr
Vorhandensein fast schon ein beleidigender Akt.

Sie packen einen Haufen Zettel aus und gehen von Boot zu
Boot. Da es nicht viele Boote gibt, ist die Arbeit schnell erledigt.
Auf jedes Boot kommt ein Zettel. Ich beobachte den einen Kerl
und sehe, wie er, um die Entfernung von Parkplatz und Boot zu
überbrücken, den Zettel zerknüllt und das somit aerodynamisier-
te Papier müde ins Boot pfeffert. Die Aufgabe scheint zu sein:
Hauptsache Zettel im Boot.

Sein Kollege sitzt bereits wieder im Auto, nimmt sich die Sonnenbrille ab und wischt sich mit einem Tuch den Schweiß von der
Stirn. Mit den Fischern sprechen die beiden kein Wort.

»Was ist das«, frage ich, als der traurige Pfau den Zettel aus seinem Boot holt.

»Versicherungen. Für das Boot.«

»Brauchst du eine?«

»Höchstens einen Knüppel, um diese Gangster, diese Malakas zu vertreiben.«

Ich male mir aus: Was für Worte hätte der Walfänger wohl den Maklern zwischen den zusammengebissenen Zähnen hindurch gemurmelt? Auf wie viele Höllenfahrten hätte er sie geschickt?

Kaum denkt man an ihn, kommt er auch schon herangetuckert mit seinem Boot und der zerknitterten Plastikschürze und dem übriggebliebenen Sternenlicht und breitet seinen Fang aus. Es kommt Bewegung in die Knochen der Umhersitzenden, Augen fliegen auf. Über dem Meeresgut findet man kurz zusammen in tiefdunklem Gemurmel. Der Walfänger setzt sich und kratzt sich den Bart. Meeresblau glitzert das Salz auf den Armen. Seebarsch, Oktopus, Lachs. Kein Wal und kein Hai und kein reißzahniges Ungeheuer, das sein Leben verlor, weil es ihm die Stirn bot.

Das Publikum setzt sich wieder hin und widmet sich der Gebetskette.

Der traurige Pfau denkt über das Wasser nach, der Alte über gar nichts und der Walfänger über seinen Wal. Eines Tages wird es so weit sein, denn immerhin hat er es vorbereitet in unsäglichen Tagträumen und den kalten Verwünschungen seiner Nächte, alleine da draußen auf dem blaugroßen Meer. Ja, es ist so, er wird mit diesem verdammten Riesenvieh im Schlepptau hier einfahren, er wird sein Horn ertönen lassen, ertönen lassen MÜSSEN, und er wird schreien, ich habe es immer gewusst, ich habe es immer gewusst, dies ist mein Wal, ihr traumlosen kleinen Landstinker und Fresser walloser Tage! Und das ganze Dorf wird zusammenkommen, seine Freunde und selbst seine bittersten Rivalen in einer Ehrerbietung, die man sich selbst für seine Feinde reserviert, sie alle werden die Kappe vom Kopf nehmen und für ein Heureka in die Höhe schleudern, dann Schulterklopfen und respektvolles Nicken, eine Weinflasche von Paulus, aufs Haus, natürlich, heute ist ein großer Tag!

Schnell ist die Tribüne gezimmert und der Bürgermeister in sein feinstes Hemd geschlüpft. Es folgt der Abend, von dem man sich noch in hundert Jahren erzählen wird. Man erfährt, dass extra ein Pärchen aus Rhodos angereist ist und Walfreunde aus dem fernen Alaska. Ein Wal, aufgeschnitten für alle und auf eine lange Tafel geworfen, an der das ganze Dorf Platz nimmt, eine Blaskapelle und alles, was an Selbstgebranntem aus den Kellern zu klauben ist.

Viele Menschen werden auf die Bühne steigen und reden, singen und lospreisen, aber nicht der Walfänger. *Dies ist mein Wal.* Damit hatte er alles gesagt, das Mantra eines gesamten Lebens, das ihn jeden Tag auf seine blaue Heimat hinausgeschickt hat, das war sein Wort, sein Engel schon immer. Es laut auszusprechen, dafür reichte dieses einzige Mal. Den Rest wird er stumm und würdevoll genießen, jetzt, wo der Wal dalag, bestaunt werden konnte und, nachdem alle Fotos gemacht wurden, auf immer in den Mägen verschwand. Heute Abend, wenn alle diese Leute schlafen gehen, liegt ein Stück Walfängertraum in ihnen.

Der Walfänger weiß das.

So hat er sie alle zu einem Teil seiner Selbst werden lassen, zu seinem Leben und seiner Geschichte.

Er selbst wird das Walfleisch nicht anrühren.

Sein Hunger ist ein anderer.

Er wird wachliegen mit roten Augen und denken: Morgen, morgen ist der nächste dran.

Joannis sammelt mich ein, und wir fahren zu den Mandelbäumen. Es ist durchgepflügt worden. Die ganze Oberfläche liegt wieder voller Steine. Lavro hat die Hände in die Hüften gestemmt und

Der Walfänger verlässt den Hafen. Sein Ziel: Wale und mehr Wale.

grinst. Er zeigt mir seine Muskeln, seinen Bizeps. Kein Fleisch,
kein Körperfett, ein kleiner, jedoch harter Marmormuskel. Dann
wabbelt er an meinem Oberarm herum und sagt, Kilos, Muskeln,
aber drumherum Wasser und Fett!

Wir bücken uns, graben, schwitzen und werfen die Steine. Einen Stein nach dem anderen, bis die ganze Welt zu einem einzigen Stein geworden ist.

Ich zitiere Camus: »Wir müssen uns Sisyphos als einen glücklichen Menschen vorstellen.« Joannis sagt, »ja, ein gutes Leben,
besser geht es nicht, mit zwei Malakas, und es ist heiß, und einer
der Malakas kann nicht schwitzen und der andere hat uns Merkel
auf den Hals gehetzt. Und morgen das Ganze noch einmal. Ich
liebe Sisyphos!«

Ich erzähle, dass einer der Fischer – ein zu seinem haptischen
Glücke gekommener Fatamorganist – vorhin einen Wal an Land
gezogen hat, der Bürgermeister höchstpersönlich zimmere gerade

die Bühne, und nach der Arbeit sollten wir runterfahren, denn es
gibt Wal, das ist gesund und macht stark. Für so einen Hänfling
wie Lavro wäre es nicht verkehrt, mal etwas Anständiges zu essen.
Denn was, wenn es Krieg gäbe?! Er würde als Erster verhungern,
weil er nicht von sich zehren kann, und wir hätten nichts an ihm
zu fressen.

Lavro sagt, er könne nicht mitkommen. Er habe eine Verabredung mit meiner Mutter. Joannis sagt, er könne leider auch nicht
mitkommen, er habe eine Verabredung auf der Balkan-Route,
mit Lavros Mutter. Da war ich gestern auch, versichere ich: aus
Nächstenliebe. Immerhin sei Lavros Mutter so arm, sie ist der
einzige Mensch, der die Balkan-Route *nach* Albanien nimmt!

Wir lachen und greifen zu unseren Spitzhacken und wühlen
und harken und graben und werfen. Als Lavro einen kleinen
Stein hochhebt, sagt er, kleiner Stein. Joannis nimmt einen
Stein in die Hand, wirft ihn in den Anhänger und sagt, ver-
klumpter Stein.

Ich zeige ihnen einen Stein und sage, müder Stein. So geht es
weiter. Überall Steine.

Kleine, runde, oval, eckige, schwere, spitze und kantige Steine, seltsame und vertraute Steine, Fernwehsteine, Fieberlandstei-
ne, Kratzersteine und Trinkspruchsteine, Steine mit Erde und
weiße Steine und Steine aus anderen Steinen, Steine in nassen
Hosentaschenlappen und Steine, auf denen man ein Lied pfeifen
kann. Zuvorkommende Steine. Todessteinengel. Kopfwehstein
und Steinwurfstein, Babylon-Steine, Mundstein, fett und weit ins
Morgen verzaubert, Lavros-Mama-Stein, Steine anklingender
Berge, der Putzmunterstein.

Wir hören nicht auf.

Dann alles auf Griechisch, Patras, Steine: Patras aus dunklen
Erdwolken, Steine des Tages und Patras, die glühend aus der Erde
wachsen. Vorzeigesteine, Alabastersteine, Bitte-schließ-die-Tür-
hinter-dir-du-Idiot-Steine.

»Der Name des Steines ist der Name einer Frau«, sagt Lavro, und er küsst den Stein und reibt ihn an seinen Lenden und wirft ihn auf den Anhänger und fährt den Anhänger etwas weiter vor und lacht, als er den nächsten Stein küsst, Stein in trockenen Händen, Flachmuskelsteine, Sternweltensteine.

Ob wirklich niemand mitkommen will zum Wal, frage ich, als Lavro die letzte Tagesfuhre auskippt.

Nein.

Aber ein Bier, gerne.

Es ist Abend, die Sonne dreht sich ins Meer. Ein frischer Wind zieht auf und zähmt unsere leiser werdenden Stimmen. Paulus bringt sechs Stäbchen Souvlaki. Wir schauen zu, wie sich der Schweißring unter seinen Achselhöhlen ausbreitet. Er verzieht keine Miene und setzt sich und versucht, seine Arschbacken in eng gepresste Ballen über den Rand des Stuhls hinausquetschend, mit seinen Patschehändchen seine Stirn trocken zu wischen.

Ach, wie unglaublich lieb ich diesen Kerl gewonnen habe, und er weiß nichts davon!

Auch hier am Hafen trägt jeder seinen Stein.

Die Tagessteine und die Adersteine und den Herzkammerstein und den Lichtstein oben im Kopf. Jede Frau und jeder Mann besitzt einen. Jeder schleppt. Jeder muss alles weiter tragen ein Leben lang. So ist es gut mit allen Menschen und allen Steinen.

Der Walfänger hat seinen Wal, der Alte sein blindes Auge voller Bekanntem. Der Stein des traurigen Pfaus ist das ihn womöglich liebende Meer. Der Fisch ist sein Stein und das Meer und das Abendrot. Der Raucher kullert seinen Stein in die Lunge, der Rumschlepper schleppt seinen Stein, wie keiner sonst zu schleppen vermag. Mein Stein steht als Rucksack oben in Pigi und wartet. Ab morgen trägt er sich weiter auf alle kommenden Inseln, und ich komme mit und schaue zu.

Es war die Strafe des Sisyphos gewesen, seinen Stein zu rollen bis in alle Ewigkeit. Aber Camus sah, dass in der vermeintlichen Strafe auch eine Freiheit lag. Das Gefühl des Absurden sorgt zwar für die zähneknirschende Entzweiung zwischen dem Handelnden und dem Rahmen, der ihm zwangsläufig gesteckt ist, vollzieht aber auch den Fall in die bodenlose Wirklichkeit, in der man – was für eine Bilanz! – weiterhin existiert und atmet und rollt und zu singen vermag, wenn man denn singen möchte am zu rollenden Stein. Camus deutete richtig, dass sich das Prinzip der Befreiung in der schier bodenlosen Gewissheit gründet, »sich von nun an dem eigenen Leben gegenüber fremd genug (zu) fühlen, um es weiter werden zu lassen und ohne die Kurzsichtigkeit eines Verliebten zu durchmessen«.

Das hieße dann Leben und Lieben und die schöpferische Bewältigung des Schicksals, das uns Kommenden und Gehenden kaum etwas angeht. Steine, überall Steine, ohne die Möglichkeit einer steinlosen Welt. Die Freiheit des Sisyphos ist seine Gebundenheit an diesen ewigen Stein. Denn was wäre, bliebe der Stein oben auf dem Berg liegen und Sisyphos hätte nichts mehr zu rollen? Wie lange säße er tatenlos herum, bevor er selber den Stein wieder zu Tale stieße, um ihn abermals bewältigen zu können, bewältigen zu *dürfen*?

Schlagartig wird mir klar, was mit Orpheus geschah! Auch Orpheus' denkbarer »Nullpunkt« (Heiner Müller) wäre ebenjene Fläche, auf der niemand nichts bewegt, auf der ihm ohne eigene Verantwortung, ohne Herausforderung alles gelingt. Sein Stein, das ist die Liebe und die verronnene Liebe, ist das Ja und das Nein. Es sind Leben und Freiheit selbst, die ihn zwingen, die richtigen und die falschen Entscheidungen treffen zu können, die Liebe zu wollen und die Liebe zu verraten. Es braucht diese Herrschaft, diese jasagende Gewalt über das illusionslose Schicksal, weil es sonst keinen *Weg* geben kann, und wie sonst könnte man sich nach dem Wahren und Schönen ausrichten, wie sonst überhaupt werden und wachsen – ohne Wahl und ohne eine Aufgabe, an der man sich messen muss?

Orpheus schaut zurück, *weil er es kann.*

Das ist es, und das war die Klugheit des Hades, der ihn an seinen Stein, an seine Freiheit kettete: Kein Menschenleben ohne diesen Stein! Zu der Freiheit, überhaupt Entscheidungen treffen zu können, gehört auch immer die Reue.

Wir müssen uns Orpheus als einen glücklichen Menschen vorstellen.

ooo

Zum Abschied lade ich alle zum Abendessen nach Milea ein. Eva und Timon sind beglückt über so viel Anwesenheit. Warm eingeschlossen in den Abend und einen Schwarm Motten sitzen wir auf dem Dorfplatz und wissen, dass weiter nichts geschehen muss. Die beiden bringen und bringen. Joannis und Lisa legen ihre Beine übereinander, Adam ist der ewig zufriedene Adam und schwört, er werde nun öfter hier hoch kommen, da er Pigi viel zu selten für die anderen Dorfschönheiten verlasse. Stavros hingegen gibt sich ganz seinem Eroberungsfeldzug hin. Seit Mauri und Nina da sind, ist er wacher und aufmerksamer als sonst. Seine Einladungen gelten mal der einen, mal der anderen Dame. Zwischendurch lässt er durchsickern, dass er natürlich nichts dagegen habe, wenn beide ... nun, weil ja beide so toll und schön wären ... too beautiful ... nun ja, er habe ein großes Herz für viel zu große Liebe, sie beide, alleine oder zusammen, seien in seinem Haus immer willkommen, dass sollten sie einfach wissen, okay, ja?

Es folgt eine herzliche Verabschiedung von Eva und Timon und den anderen Herrschaften der alten Wirtsstube. Unsere letzte gemeinsame Handlung: Als der erste Betrunkene auf die Terrasse torkelt, stehen wir alle parat. Mit acht Leuten schauen wir ihm stumm und aufmerksam nach, ob er um die nächste und einzige Ecke nach Hause findet.

Es gelingt.

Er wankt ein letztes Mal und ist verschwunden.

Wir atmen auf und lachen.

Unter Tränen beider Seiten muss ich versprechen, bald wiederzukommen.

Und Meljorgos? Sein Stein ist das Tablett! Sein großer, jeden Tag zu Dutzenden Tischen zu tragender Holzstein. Wendig navigiert er zwischen den Gästen hin und her, zeigt, serviert, schmunzelt, grinst, räumt ab, lacht, schmeckt ab, bringt ein neues Tablett.

Uns stellt er den Raki und Weinflaschen auf den Tisch.

Die beiden Musiker sitzen neben dem Eingang und singen das alte Berglied und klimpern auf ihren Bouzoukas. Vom Meer schwebt ein Haufen goldroter Nebel herauf und hüllt uns in seinen großen Ton. Stavros greift sich eine Flasche und schenkt ein.

Eine alte Frau vom Nebentisch schreit ein LOL nach dem anderen zu den Platanenzweigen hinauf, sie schreit es den ganzen Abend und wird es morgen wohl auch noch schreien. »LOL, ahhhhhhhhhh LOL.«

Ihre junge Nichte hat ein T-Shirt an, auf dem in Riesenbuchstaben diese drei Buchstaben stehen, und sie hat es ihrer Großmutter erklärt.

»Lol, L-o-L«, schreit auch sie und lacht, und die Großmutter packt sie, damit die beiden ein Tänzchen aufführen, »lol, haha, die Leute sind verrückt geworden, lods ofs laffs!«

Die ersten Männer beginnen zu tanzen. Einzeln. Pfauengleich bauen sie sich vor den Musikern auf. Langsam schrauben sie die Arme in die Länge und balancieren ein Glas in der Hand, der ein oder andere Gast geht auf die Knie und klatscht seine rhythmische Zustimmung. Diese Rebetiko-Tänze dienen dazu, die individuelle Seele und das Wesen des Tänzers zu offenbaren. Nirgends sind die Griechen gleichzeitig ernster und spielerischer als im Tanz. Früher hatte man das Recht, jeden, der es wagte, den eigenen Tanz zu stören, an Ort und Stelle abzustechen.

Wie ein Derwisch fegt einer nach dem anderen um die Tische.

So geht es bis in die Morgenstunden.

Und die Musiker singen.

*Habe noch ein letztes Licht
letztes Licht, den letzten Tanz!
Bleibe bei mir die ganze Nacht,
die ganze Nacht mein Schatz, mein Licht.*

Kreta

Meine Not war so groß, ich musste sogar Paulus fragen.

Irgendwann schaute er mich an. Ganz hinten in seinen Augen konnte ich es erkennen, und es freute mich: Genau am Abgrund seiner Pupillen, hinter dem nur noch wahrnehmungslose Dunkelheit lag, suggerierte mir ein Körnchen braunes Licht seine Aufmerksamkeit.

»Paulus, gibt es einen Bus nach Gythio?«

Was für eine Stille! Als sei meine Frage ein in einen See geworfenes Steinchen, wellt sich die Oberfläche seines Gesichts von Ohr zu Ohr, solange, bis aus dem Seegang seiner Stirn ein verschwommener Gedanke emporzusteigen beginnt. Ich warte. Draußen sitzt der traurige Pfau und raucht. Es ist warm. Das Hafenbecken ist so klar wie die Sonne und schwebt in der Luft.

»Hmpf«, macht Paulus schließlich und zuckt, so lakonisch wie ganz Lakonien, mit den Schultern.

Dann sagt er: »Frag jemand anderen.«

Genau das war das Problem. Ich hatte schon sehr viele andere gefragt. Dass ich überhaupt zu der Busfrage kam, war bereits ein Erfolg, denn über zwei Wochen lang hatte ich mich mit der Fährefrage aufgehalten und rauszufinden versucht, ob ein Schiff von der Peloponnes nach Kreta fährt.

Niemand konnte mir helfen. Auf manchen Internetseiten fand ich die Fähre, auf anderen nicht. Von den Manioten bekam ich entweder zu hören, dass die Fähre dieses Jahr endgültig eingestellt worden sei oder, ich Glückspilz!, gerade diesen Sommer wieder in Betrieb genommen worden wäre. Ich rief überall an, sogar bei der Küstenwache. Die seien die Einzigen, die es wissen müssen, bekam ich zu hören, sie seien Griechen in Uniform und mit Ansteckern direkt über dem Herzen. Krawattengriechen. Aber die Küstenwache bewacht die Küste, und augenscheinlich bewacht sie die Küste gut: Sie hatte weder Zeit noch Muße, ans Telefon zu gehen. Als ich schließlich im Hafen von Gythio anrief, bekam ich die Antwort, die ich erwartete. Ja, die Fähre fahre. Jeden Mittwoch. Aber nicht diese Woche. Es gäbe eine technische Störung. Ich solle mich kommende Woche nochmal erkundigen, ob die Fähre seetauglich sei.

Eine Woche dachte ich über den griechischen Euphemismus der »technischen Störung« nach, der Gott weiß was bedeuten konnte! Erst wenige Stunden vor dem nächsten Mittwoch hatte die Frau am anderen Ende der Telefonleitung Gewissheit und verkündete mir mit fast überschwänglicher Freude, ja, ja sicher, die Fähre fahre morgen wieder, natürlich, so wie immer, alles in Ordnung.

Nun wusste niemand, ob und wann ein Bus ins nicht allzuweit entfernte Gythio fuhr. Joannis musste einen Kumpel anrufen, der irgendwo was mit Bussen arbeitete, und so stand ich frühmorgens

Warten auf die Fähre nach Kreta.

um sechs Uhr an der Hauptstraße von Pigi, um drei Stunden und
zwei Busse später den Hafen zu erreichen.

Gythio ist keine lärmende Hafenstadt, sondern ein kleines Städtchen mit aller Zeit der Welt. Seine rosafarbenen Gassen halten
den Katzenschlummer auf der Erde, eine jahrhundertealte Ge-
wohnheit, auf die auch die Menschen stolz sind. Schreitet man
auf die grüne Landzunge hinaus, auf der sich neben allerhand duftenden Bäumen nur eine Kirche und ein nautisches Museum befinden, erkennt man, wie sich Gythio warm und hell an den Hang
schmiegt.

Für den Fisch und das Brot wähle ich ein Hafenlokal, in dem
sich der Kellner, weil er die Menschen mag und sonst niemand da
ist, mit an den Tisch setzt. Er verrät mir das Rezept für sein ewiges
Glück.

Bier, ja, aber keine fünf am Tag, sondern nur eins, höchstens
mal zwei.

Zigaretten, ja, aber keine ganze Packung, sondern nur eine Zigarette am Abend.

Fisch, ja, aber nicht gebraten, sondern gegrillt.

Morgens eine halbe Stunde schwimmen.

»Schau mein Finger! Nicht verheiratet! Aber schau hier auf
dem Foto: Mein Sohn! Man muss«, schreit er über den Tisch, »einfach etwas verrückt und glücklich sein!«

Als die Fähre in den Hafen einfährt und ich meinen Rucksack
schnüre, gibt er mir noch einen Tipp für Kreta mit auf den Weg,
eine Warnung, die ich nicht zum ersten Mal höre. In der Tat sagen die Manioten über die Kretaner das, was die Einwohner der
Peloponnes über die Manioten sagen: Sie trinken zu viel, sie sind
Wilde, fahren alle besoffen Auto und werden dich und dein Motorrad von der Straße schießen!

Als unsere kleine Fähre ausläuft, ist es bereits früher Abend geworden. Der Horizont schiebt jene Farben ineinander, die er einen ganzen Tag getrennt hat. Die Ränder des Himmels drücken
sich ins Auge. Unter uns das Bärenbrummen der Maschinen in
Haut und Knochen. Das Festland, die Peloponnes verschwindet
im Norden. Ich ziehe unter Deck und döse sofort ein.

Durch einen Tumult an der Theke werde ich geweckt. Eine
Frau kauft für siebzehn Euro ein und will nur fünf bezahlen. Ich
halte zu ihr. Die Gute versucht ernsthaft, durch einen aufrichtigen
Wahnsinn in Flammen gesteckt, den Preis der Reihe nach durch
Logik, Feilschen und Gewaltandrohung auf den von ihr gewünsch-
ten und als gerecht empfundenen Betrag hinunterzuquasseln. Als
wolle sie seine Urteilskraft hypnotisieren, wedelt sie mit ihrem
Fünf-Euro-Schein vor dem gelangweilten Gesicht des Verkäufers
herum. Ein alter Trick, den man auf den Märkten des Orients
lernt. Denn wenn das menschliche Auge schon einmal das zu er-
wartende Geld *gesehen* hat und es nur noch eine Handbewegung
entfernt ist, hat sich der feilschende Kunde einen enormen Vorteil

verschafft. Jetzt muss sich der Händler zusammenreißen und die Nerven bewahren. Das Problem der Frau aber ist und bleibt: Die Theke ist nicht der Laden des jungen Mannes. Das Schiff, seine Arbeit und die zu hohen Preise sind ihm allesamt scheißegal. Der einzige Grund, warum er hier für ein paar Euro die Stunde arbeitet, ist der Mangel an Alternativen. Er hat keine Pferde in diesem Rennen und kann das Spiel locker aussitzen, bis sie fluchend mit einem Fünf-Euro-Einkauf von dannen zieht.

Kurz vor Sonnenuntergang stehe ich wieder an Deck. Mit einer großen Hand streut der Abend seinen körnigen, goldroten Kranz aus. Das Licht seufzt vor Glück. Wir legen an einer Insel an, die kaum jemand betritt; zwei Pkws werden von uns aufgenommen, ansonsten gibt es hier niemanden außer einem alten Mann, der den leeren Kai durchfährt, sein Rad abstellt und sich auf die Hafenmauer setzt. Dort betrachtet er den Sonnenuntergang und lauscht dem Horn der Fähre, das der Kapitän zweimal ertönen lässt. Ein Signal aus einer anderen Welt, das beweist, dass hinter seiner Insel noch andere Meere und Ländereien existieren, von denen es einerseits zu träumen gilt und die, andererseits, seine wohleingesessene Insel-Wirklichkeit verschonen.

Wo er hergekommen ist, kann ich nicht sagen.

Kein Dorf ist zu sehen, kein Haus. Die Hafenstraße führt durch eine kahle Landschaft, die im Irgendwo endet. Die Insel ist ein Hügel mit einem Himmel drüber. Hinter dem braunen Buckel muss es etwas geben, das der Alte sein Zuhause nennt.

Meine Beine kribbeln, und ich kralle mich an die Reling. Fast hätte ich meinen Rucksack geschnappt und wäre noch im letzten Moment von der Fähre gesprungen. Der Gedanke kreist einige Male um mein Herz, lässt sich aber nicht nieder.

Verdammt, ich bleibe, warum auch immer.

Ich kaufe eines der heillos überteuerten Biere von dem gelangweilten Verkäufer, trinke es sofort aus und kaufe noch eines.

Ich weiß: Vor ein paar Jahren noch wäre ich tatsächlich von Bord gegangen und hätte dem Alten gesagt, ich komme mit in dein Dorf. Und weil kaum jemand einfach so auftaucht und mitgenommen werden will in ein Dorf, von dem er nichts weiß, hätte er mir alles gezeigt, was Gegenstand seiner Welt ist.

Mein Tischnachbar im hochklimatisierten Aufenthaltssaal ist ein chilenischer Priester, der mir alle seine fünf Kinder sehr langsam und nach Größe geordnet vorstellt. Seine Frau ist unterwegs und kauft Süßigkeiten für alle. Schon seit zwanzig Jahren, sagt er, lebe und predige er in Griechenland, mal hier, mal dort. Unsere Unterhaltung fließt gemütlich dahin, bis sie jäh endet. Wahrscheinlich Agnostiker, antworte ich vielleicht wahrheitsgemäß, als er mich nach meiner Konfession fragt. Er ist gleichzeitig kaum erstaunt und dennoch entrüstet genug, um seine Familie zusammenzutrommeln und, schwarz eingepackter Anführer seiner geisterhaften Lemminge, an einen anderen Tisch abzuwandern. Vom mir gegenüberliegenden Ende des Saales lächelt er verlegen herüber.

Ich schlafe ein.

Es ist tatsächlich eines der Priesterkinder, das mich weckt.

Glockenschläge dröhnen aus dem Dunkeln. Ich schaue auf die Uhr. Es ist Punkt Mitternacht. Draußen die gelben und roten Punkte des Hafens, eine Kirche, das Licht eines einzigen Cafés. Dort werde ich fragen, ob man mich an einem ihrer Tische schlafen lässt, und ansonsten irgendwo in der Nähe meine Isomatte ausrollen.

Dann ist es jedoch der einzige Taxifahrer, der mich abfängt. Natürlich könne ich hier irgendwo schlafen, sagt er, schlafen könne man überall, denn der Schlaf sei stärker als das Leben, wir Griechen sagen, er sei der größte aller Götter, denn letztendlich würde er immer gewinnen. Schlaf, kein Problem. Sein Nachbar jedoch habe die billigste Bleibe in dem kleinen Städtchen, die koste fast

nichts, und er wisse, wie und wo er um diese Uhrzeit wachzuklin-
geln sei. Da hätte man Schlaf *und* ein Bett.

Ich werfe einen kurzen Blick in das Café. Dann sage ich zu.
Zehn Minuten später klingelt Kostas seinen Nachbarn aus dem
Bett. Verpennt und wortlos schließt er seine kleine Herberge auf,
zeigt mir mein Zimmer, sagt, ich bin Jorgos Bikaris, drückt mir
die Hand und geht.

Ich falle aufs Bett und schlafe sofort ein.

Am nächsten Morgen öffne ich die Balkontür auf und starre in
einen Garten mit Hibiskusbäumen, Feigen und Rosen. Dahinter
flimmert das Meer. Es ist gut zu wissen: Egal wie weit man in
Griechenland fährt, man verliert es nie aus den Augen.

Jorgos Bikaris sitzt vorne an seinem Tischchen und blättert
Prospekte durch. Er heißt mich, neben ihm Platz zu nehmen, und
beginnt zu erzählen. Ich brauche einige Zeit, um zu kapieren, dass
er von seinem Radio spricht. Und von Barry-White-Songs.

»Jetzt kommt die Show meines Lieblingsmoderators«, sagt
er und schaut mich an, als habe er mir gerade die Ankunft des
Messias verkündet. Er hält mir sein Handy ans Ohr. Nach zwei
Minuten erkläre ich ihm, dass ich auch mal das Handy an mein
Ohr halten könnte, falls ihm der Arm steif wird. Als der Mode-
rator endlich zu hören ist und Jorgos MHHH AHH macht,
verstehe ich, dass er nicht auf die Musik gewartet hat, sondern
einzig auf den tiefen, in Zeitlupe ausgesprochenen und in Ex-
traschmalz eingewickelten Bariton des Moderators. Jorgos
schließt die Augen und sagt: »WAHH WAHH EH, genau wie
Barry White!«

Auch wenn es so einen Übermenschen wie Jorgos Bikaris bein-
haltet: Kissamos ist ein durchweg langweiliges Städtchen. Der
einzige Thrill der Bewohner ist es, mit dem Mofa über die Hauptstraße zu rasen und unten am Meer zwischen den traurigen Bam-

busflecken zu hocken und einem völlig muselosen Nichts zu fröh-
nen. Sogar die, die vor ihren Sanitär-Geschäften hocken und
Mühle spielen, machen den Eindruck, als warte selbst ihr Warten
auf nichts Kommendes mehr.

Ich nehme den Zwei-Uhr-Bus nach Chania. Bald schon sind
die Straßenränder überfüllt mit einer Welt, die dem Griechen-
landreisenden bislang fremd war. Kilometerlang reiht sich ein
Souvenirshop an den nächsten, bis unter die Decke gefüllt mit
dem immer gleichen Chinaplastikkram, billiger Krims mit der
Halbwertzeit einiger unglücklicher Tage, alle zweihundert Meter
eine Kartbahn oder ein Minigolfplatz, Bars und Hotels und Pools,
nichts mehr griechisch, alles beliebig, nervös und öde in seiner allzu berechnenden Aufgeplustertheit.

Was sind das, nach Licht und Meer und Felsen, nun für seltsame Tempel?

Und dann, dann entschädigt Chania. Ein kleines, von Pomp,
Großweltbürgertum und Kaiserglanz verlassenes Venedig, dem
die Farben nicht auszugehen drohen. Bei all den geschichtlichen
Verwerfungen, die Kreta so oft in den Mittelpunkt rivalisierender
Mächte gestellt haben, hat sich Chanias Altstadt seine ehrfürchti-
ge Vergangenheit erhalten. Der alte Hafen glänzt, weil die einzige
Mode hier unten die Touristenrestaurants mit ihren riesigen Fo-
tomenüs und den aufdringlichen Kellnern sind. Es ist leicht, die
Neuzeit fortzuwischen und zu den Docks zu wandern, in denen
die Venezianer ihre Schiffe warteten, oder sich an das alte Wasch-
haus zu lehnen, das erste Gebäude, das die Türken nach ihrer Ankunft in Chania bauten. Ein sanfter, altrosafarbener und mo-
scheeähnlicher Bau, bei dessen Betrachtung das Ringsherum wie
ein Kartenhaus zusammenfällt.

Der alte Marktplatz unter der St.-Nikolaus-Kirche behütet
seine Tauben, seine Katzen und die Taverne. Ich bleibe. Vor dem
Fernseher hocken die alten Männer, würfeln und schmeißen ihre

Blätter auf die Kartenstapel, fünfzehn Halbglatzen, die, den richtigen Ton treffend, ihre geliebte Erde verschweigen.
    Ich rufe Eugenia an.
    Ich sei in Chania, sage ich, und könne morgen vorbeikommen.
    »Komm«, sagt sie, »du hast Glück. Das Prinzessinnenzimmer
ist frei.«

Der Weg nach Sfakia führt mitten durch das Herz Kretas.
    Er führt durch grüngetränkte Hügel, leuchtende Berge und
durch Dörfer, wesentlich moderner und tüchtiger als jene halb-
verwaisten Manidörfer, die sich auf den Weg gemacht haben, zu
Berg und Torf zu zerfallen. Die Täler werden breiter, die Schluchten höher. Wie Knöpfe hängen dicke Kermeseichen und Ölbäume
an den steilen Hängen. Schwer zu sagen, wer mehr Kraft benötigt:
die Schlucht, um sie an sich zu halten, oder der Baum, um irgendwo hier seinen majestätischen Halt zu finden.
    Da ich vor einigen Jahren diesen Weg schon einmal nahm, al-
lerdings von Osten, aus Heraklion kommend, weiß ich genau, was
mich erwartet. Nach einem sonnendurchfluteten Plateau, bewacht von ein paar wie Krumen ausgestreuten Häusern, folgt bald
der Abstieg in endlosen Serpentinen. Eine riesige Steinwand
bricht sich hinunter bis ans Meer, bis nach Chora Sfakia.

Der Zeitpunkt meiner Ankunft hätte besser nicht sein können.
Eugenia und Nikos, die ich noch von meinem letzten Aufenthalt
in Sfakia kenne, betreiben das Yoga-on-Crete-Studio. Ein Kurs
hat gerade geendet, der nächste beginnt erst in ein paar Tagen.
Die Zimmer sind frei. Eugenia grinst ein Weihnachtsfeegrinsen,
als sie mir meinen Schlüssel in die Hand drückt, und sagt, ich solle mein Glück hier genießen.
    Das Prinzessinnenzimmer hat seinen Namen verdient.
    Der Einklang aus Luxus und simpler Verwunschenheit lässt
mich für die kommende Woche alles vergessen, was ich im Ge-

päck habe. Mein zu schreibendes Buch, meine Sfakia-Pläne, Barry
White und die herrliche Yoga-Terrasse direkt vor meiner Tür: Mit
der Ankunft im königlichen Prinzessinnenzimmer ist all dies vergessen. Von der ersten Sekunde an habe ich das Gefühl, hier eine
Extrazeit betreten zu haben, die neben meiner Reise existiert und
nichts für sich beansprucht. Da ich weder hier noch woanders bin
und folglich auch nirgendwo hin muss, tauche ich erneut in das
Örtchen ein, das den meisten Gästen nur als kurze Zwischenstati-
on für die Fähren dient, die hier die Südküste der Insel abfahren.
O trautes, langweiliges, nichtstuendes Sfakia: Ich schlage ihr einen goldenen Harnisch an die Brust und male meine Tage in ihren
Sand. Das Dorf bedankt sich auf die einzige Art, die ihm möglich
ist, mit einem kalten, milchig trüben Meer und der Mittagssonne,
die uns allen die Tarnkappe eines großen Traumes jeden Tag von
Neuem über die Köpfe zieht, mit seinem Rubinlippenrot, das
abends um den Hügel schleicht und das letzte Licht von der Sonne kupfert. Und nachts, als bestgenanntes Geheimnis, zieht sich
heimlich der Neumond in das breite Bett der Finsternis, ein weißer, federleichter Himmelsharken, wachgeküsst nur von einem
einzigen strahlenden Stern.

Ich versinke.

Nach einigen Tagen wird mir klar, warum ich unbedingt zurückkommen wollte in dieses Mausetot-Dorf, das nicht besonde-
rer ist als jeder andere Ort Kretas und Griechenlands. Es ist reine
Sentimentalität. Denn es war genau hier, auf Wanderungen und
Ausflügen rund um Sfakia, wo ich meine erste wirkliche Grie-
chenlanderfahrung machte und zum ersten Mal begriff, was das
sein könnte: Landschaft und Licht. Denn das, was hier der Tro-
ckenheit Leben abgewinnen will, muss die Kraft eines ewigen Willens in sich ruhen haben, der Jahrhunderttausende Wind und
Meer. Nichts ist unbedacht und kein einziger Halm, anderer Erde
Wahrheit, zu leichtsinnig aus Erz und Eisen hinauf zu Sonne und

warmen Nächten gewachsen. Was einst fest war und hart, ist hier in Bewegung geraten, gefüllt mit Vitalismus und tosenden Säften, den Versprechen des Himmels und der Erde. Vollendeter Thymian. Breiter Muskat. Alchemistischer Salbei. Das im Rosmarin sich austreibende Licht. Alles, was sich den Sinnen zu präsentieren vermag, ist hier derart gewollt und aus solch großgespannten Ideen entstanden, dass keine andere Welt mehr zu wünschen übrig bleibt.

Plotin fragte sich einst, was für ein Stoß oder welcher Hebeldruck »die bunte Mannigfaltigkeit der Farben und Formen« erzeuge? Dieser große Seher, der immer auf das Herabsteigende verwies, das uns die Formen geistiger Bilder auf die Erdenmatten zaubert und dafür sorgt, dass der Mensch sich nun in umgekehrter Richtung zu erheben weiß, musste unter genau diesem Himmel, auf genau dieser Erde wandeln, um sich diese Frage zu stellen und letztlich zu der Antwort zu kommen, dass er eins sei mit dem Göttlichen und »auf seinem Fundament gegründet«.

Aber es gibt keine Antwort. Griechenland, das zum Glück von Moral und Dogmatismus nichts wissen will, hat keinen Namen für jenes, das den Hebel der Schöpfung in Gang setzt und den Strom der Tage und Nächte walten lässt. Es will und mag es nicht einzig Logos nennen oder Große Mutter, weder Okeanus noch Gott oder Natur. Es weiß nur: Die Schöpfung ist! Und dass eine gewaltige, bewusste Kraft, der ewige Wille zum Werden seinen hör- und sehbar gemachten Ton selbst in den unscheinbarsten und gewöhnlichsten Manifestation herzeigt, das genügt beiden: Dem ersten Hebelstoß, nach dessen Wirken sich Plotin erkundigte, und dem menschlichen Herzen.

ooo

Vier Tage Sfakia und das schlehenfarbene Meer.

Dann lasse ich den Finger über die Karte gleiten. Meine Wahl

fällt auf Zaros. Ich frage Eugenia, ob sie schon einmal dort war.
Sie verneint.
»Ich weiß nur«, sagt sie, »dass es dort eine Quelle gibt, man das
Wasser aus Zaros abfüllt und in ganz Griechenland verkauft.«
»Mmh«, sage ich und falte die Karte zusammen.
Viel Wasser also, eine Bergquelle und ein Name wie aus einem
fantastischen Roman – das reicht, um als nächstes Reiseziel aus-
erkoren zu werden.

Am nächsten Morgen miete ich mir den wahrscheinlich kleinsten
Wagen Kretas und fahre die Küste hoch nach Osten. Bei Franko-
kastello, einer einsam zurückgelassen Festung, die einst die Türken hier bauten, grasen einige Ziegen über die braune Erde. Die
Restaurantterrassen sind geschlossen. Der Blick geht, damals wie
heute, sehnsüchtig hinaus aufs Meer. Im Norden steigen die Berge auf, Schafe und zottelige Ziegen, die herrenlos herumlaufen,
dazu das wuchtige Zimmern der Zikaden: Ich fahre und fahre,
eingekesselt zwischen Berg und Wasser.
    Die Gegend rund um das liebliche, von spitzen, braunen Hü-
geln und duftenden Lavendelfarben eingeschlossene Sellia scheint
eine der schönsten der ganzen Insel zu sein. Nichts fehlt, nichts
ist zu viel. In der Taverne Dionysos frage ich den Kellner, ob hier
alles so schön sei, und er antwortet, es sei in der Tat alles ganz
schön hier, arm war man schon immer, vor oder nach der Krise,
das habe aber nichts mit der Schönheit des Landes zu tun, die
auch schon immer so war, man habe sich an beides gewöhnt und
sei meistens zufrieden, denn das Leben gehe schließlich immer
weiter. Seine Frau drückt ihm eine Suppe in die Hand. Er küsst sie,
setzt sich zu mir und löffelt.

In Mires bin ich mir sicher, das langweiligste kretische Dorf gefunden zu haben. Auf der vollkommen lieblos hergerichteten
Hauptstraße stecke ich in einem Stau fest, für den es nicht mehr

als vier Autos benötigt. Aber kaum hat man das miese Kaff hinter
sich gelassen, geht es links in die Berge hinauf. Zehn Minuten
später entspringt, zwischen Nadelharzluft und silbernen Ölbaum-
feldern, das seelenruhige Zaros.

In der ersten Taverne bestelle ich einen einfachen Espresso,
bekomme einen doppelten und dazu ein Stück Schokoladenku-
chen – zahlen muss ich nichts. Das Gesicht der Wirtin, die erzählt
und erzählt und des Erzählens nicht müde wird, besitzt bereits ein
dick eingefleischtes Glück, das Klimpersachen von einem Gast,
der heute kommt und morgen geht, nicht nötig hat.

Der Rahmenmacher, der Bäcker, die alten Tavernen, holz-
vertäfelt und wurmstichig, der Friseur, der Instrumentenbauer,
die Käserei, der Metzger, der Kiosk – alles, was eine Dorfgemein-
schaft aufbaut und zusammenhält, ist hier Haus an Haus vorhanden. Hinter den großen Glasfenstern wird geschnitten und ge-
knetet, ausgeschenkt und kleingehackt, verleimt, genagelt,
gepinselt. Keine Casinos, keine Wettbüros, keine Hotels, Bank-
automaten oder Supermärkte. Es ist, als habe sich dieses Dorf, das
sein Wasser in die halbe Welt exportiert, erfolgreich davor ge-
schützt, von selbiger vereinnahmt zu werden.

Auf der einen Straßenseite sitzen die alten Männer vor der
Taverne, schmiegen die schweren Oberkörper in die Stühle und
stupsen sich ihre Kappen zurecht. Gegenüber sitzen die Kinder
und Jugendlichen vor der Café-Bar. Sie genießen das Schauspiel,
das sie selbst sind, und schauen zu, wie sich die riesigen Mineral-
wasser-Lkws und ihre am Handy schwatzenden Fahrer durch die
Dorfstraße zwängen, die kaum für das Volumen eines Pkws
reicht.

Ist die Straße wieder frei, singen die Alten den Jungen eine
Liedzeile herüber, die zuerst, aus Respekt vor dem Alter, erwi-
dert und mitgesungen, und dann, ebenfalls aus Respekt vor dem
revolutionären Frevel der eigenen Jugend, belächelt und von den
modernen Songs aus dem Handy verjagt wird. Die folgenden

musikalischen und verbalen Schlagabtausche zwischen den Stra-
ßenseiten werden zu einem Wettkampf, der nur Gewinner hervorbringt.

Mit einem Kopf voller Licht legt man schließlich die Beine
hoch und lässt sich eine Tasse Kaffee bringen.

Ein Zehnjähriger rast mit einem Roller an uns vorbei.

Frauen tragen ihre lachenden Kinder auf den Armen.

Ein Pick-up hält vor dem Café und sammelt die Kids auf die
Ladefläche, um sie zu ihren Müttern auf die Terrassen zu bringen,
wo die Kakteen, der Thymian und die Aloe Vera stehen. Singend
und albernd brausen sie davon und werden in fünfzig Jahren wiederkommen, tiefe Falten und das Lachen eingekränzter Jahre im
Gesicht, sie werden nach Zaros zurückkehren, um nun auf der anderen Straßenseite zu sitzen, wo das Radio immer lauter gedreht
wird, und alles, was dann die Kinder gegenüber tun und hören
werden, ihre eigenen Kinder und Enkelkinder, wird sie gleichzeitig ärgern und entzücken.

Am Ende der Rouvas-Schlucht, Zaros.

Ich solle mir den Forellenteich ansehen, sagt die Wirtin, er sei berühmt und schön.

Ich verspreche es. Oben am Forellenteich sehe ich Forellen und Schildkröten, das Licht zieht rauchige Schlieren ins Wasser. Ringsherum: Schwäne und Mischwald, Olivenhaine, Majoran, Pfingstrosen und Hühnerpfeifen. Auf den einzigen Müllcontainer hat jemand mit Kreide »Rostock« geschrieben.

Es ist das einzige Unheil, was Zaros überkommt.

Ich solle mir die Schlucht anschauen, sagt die Wirtin, sie sei berühmt, eine der schönsten der ganzen Insel.

Ich verspreche es.

Direkt über dem Teich beginnt der Aufstieg durch, tatsächlich, eine der schönsten Schluchten, die ich je auf Kreta durchwandert bin. Über zwei Stunden begleiten mich die Frühlingsabzeichen der Insel, die prachtvoll in den Sommer hinübergewachsen sind. Rosa Oleander, Kermeseiche, Myrtebaum, Moos. Als ich auf der Lichtung am Ende der Schlucht die Glocke einer kleinen Kapelle schlage, kommt eine Schafherde angewackelt und erwartet Futter aus meiner Hosentasche.

Was mir noch nie klar war: Ein Schaf kann gar nicht anders, als enttäuscht auszusehen. Für Ziegen gilt das Gleiche.

Zurück am Forellenteich fülle ich mir an einer Quelle meine beiden Wasserflaschen auf, stelle mich zu den Schwänen und dusche mich so wassersparend ab, dass dem Nachhaltigkeitsminister der Welt Glückstränen in die Augen gestiegen wären. Jetzt brauche ich nur noch ein Kloster für die Nacht. Einige Kilometer stadtauswärts lasse ich das erste Schild noch links liegen und nehme die zweite Klosterstraße. Wieder Nikolaus. Ich parke den Wagen vor der riesigen Platane, die das Eingangstor des Klosters bewacht, und trete durch die offene Pforte.

Der Hof des mächtigen Steinklosters glüht in der Abendsonne und vergewissert sich seiner Tausendjahrstille. Ja, hier will ich bleiben. Ein Hund liegt in der Ecke und döst. Außer ihm ist niemand da. Eine Weile sitze ich in der gewölbeartigen Kirche, die das Zentrum des Hofes bildet und mich an die alten Schiffsdocks von Chania erinnert.

Die beiden Pater finde ich schließlich draußen bei den Hühnern. Mit der Gewissheit, eindeutig für geistige Aufgaben bestimmt zu sein, versuchen die beiden, einen Stall zu reparieren, indem sie zu kurze Nägel in ein zu dünnes Stück Holz schlagen.

Als sie mich sehen, nehme ich all meine erfahrene Gottseligkeit zusammen, lege die Hände zuerst zum Hindu-Gruß vor der Brust zusammen und dann an meinen zur Seite geneigten Kopf, eine universelle Geste, zu der ich, nunmehr heiliger als heilig, ganze fünf Sekunden die Augen schließe.

»Hallo. Ich möchte hier schlafen.«

Zwei stumme Augen. Die beiden wissen nichts mit mir anzufangen. »Jajaja«, sagt schließlich der jüngere der beiden älteren Herrschaften, »ja komm ...«

Der nach Torf, Federvieh und ungewaschenen Haaren riechende Gottesmann latscht mit mir über den Hof und öffnet einen kleinen Schrank.

Ich hätte es mir denken können.

»Hier«, sagt er, »nimm etwas Süßes.«

Er zieht den kleinen Teller mit den Mandelplätzchen heraus.

»Lecker, danke. Pater, ich brauche einen Schlafplatz für die Nacht.«

»Es gibt ein Hotel in Zaros.«

»Mein Hotel ist mein Auto. Bequemer wäre es aber vielleicht in diesem wunderbaren Kloster, vielleicht haben Sie für von weither angereiste Gäste, die dem Herrn ...«

»Nimm«, sagt er und drückt mir einen zerknitterten Plastikbecher in die Hand.

Ob ich evangelisch sei.

Ich antworte: »In der Tat!«

»Hier orthodox«, sagt er, das R so voluminös ausgesprochen, als wolle er das einzig wahre Himmelreich damit abstecken. Zu meiner Überraschung kommt in seinen dicken Händen kein Krug Wasser zum Vorschein, sondern eine halbleere Fantaflasche. Ich würge ein Glas von dem pappsüßen Gesöff herunter, dessen miese Wärme den schwindelig machenden Schauder der Kohlensäurelosigkeit perfekt ergänzt.

Ich ahne, was kommt.

Er schaut mich an und lächelt.

Ich halte uns beide für ein paar Sekunden in diesem großen Nichts, größer noch als sein größtes himmelreichrollendes RRRRrrrr.

Bevor er das Vergnügen hat, mich zur Pforte hinauszuschubsen, danke ich ihm für Speis und Trank, gehe zurück zum Auto und fahre zu dem anderen Kloster, das ich auf dem Weg hierher gesehen habe.

Ein müdes Priester-Männchen sitzt in der Nähe der Klosterpforte und versucht, seine spielenden Kinder zu ignorieren. Ein Nein. Ein stumpfes, leeres, gottgefälliges Nein ohne Fanta oder Mandelkeks. Ich frage mich: Was hat man hier zu verbergen, dass die Gastfreundschaft, die das Herz ganz Griechenlands ausmacht, an jeder Klostermauer außer Kraft gesetzt ist? Sein weißer Bart ist voller Brotkrümel und Tomatenflecken. Schweigend stiert er mich an. Ich fasse es nicht, aber es stimmt: Seine Augen lassen mich nicht näher kommen, weisen mich ab, setzen mich vor die Tür, er braucht kein Wort zu sagen. Einzig die Kinder lachen und stehen nun neben mir und schauen mich an mit großen Augen. Das Mädchen will wissen, was ich hier tue und wo ich herkomme.

Ich mache die Schlafgeste.

Sie versteht, grinst, und zuckt die Achseln, als täte ihr irgendwas leid.

Ich fahre zurück nach Zaros.

In einem der Forellenrestaurants esse ich eine Forelle und lande für die Abendunterhaltung bei Dimitri, der die Dorfeckkneipe betreibt. Ein wunderschöner alter Kasten, stilistisch zwischen Istanbuler Teestube und einem Atlantic-City-Spielcasino gehalten. Der Zauber gelingt: Die zu Nüchternheit und Pragmatismus neigende Innenausstattung wird mit allerlei Mittelmeercharme kompensiert. Man erwartet nichts und bekommt alles.

Gegenüber der mit allen Billigspirituosen der Welt angefüllten Bar hängt ein Fernseher neben einem Regal, das extra für eine leere Bacardi-Flasche an die Wand gezimmert wurde. Während auf den Sitzgelegenheiten draußen ein Dutzend schwatzender alter Männer das Treiben der Straße fest im Blick haben und aus Herzenslust kommentieren, zieht es zur Fußball-WM gerade mal drei Leutchen in die gute Stube und an die mit grünem Samtbezug ausgekleideten Kartenspieltische. Da wäre Panagiotis, der aussieht, als sei ein Fünfzehnjähriger über Nacht fünfzig Jahre älter geworden. Neben ihm hockt sein Kumpel. Als er hereinkam, sah es aus, als trage er einen Pferdeschwanz. Dann konnte ich erkennen, dass es nur sein zusammengepapptes Seitenhaar war, das an ihm herunterhing. Er sitzt an unserem Tisch und sagt nichts. Stumm und mürrisch sieht er zu, wie Panagiotis mir sein WM-Aufkleberheftchen zeigt und die Namen der iranischen Spieler vorliest.

Wir schauen das Spiel, als Dimitri plötzlich verschwindet und sein Sohn die Bewirtung übernimmt. Der neunjährige, dicke Junge schreitet durch den Raum, als gehörten seine leichtfüßigen Engelsflügel auf diesen mit Meister Proper durchgeschrubbten Boden. Wo nach ihm gerufen wird, bringt er Erdnüsse und Gurkenscheiben, volle Karaffen und frische Gläser.

»Bravo, Joannis«, lobe ich ihn, als er uns einige Nüsse auf den Tisch stellt, aber der alte Panagiotis schimpft ihn einen Malaka. Schnaufend steigt Joannis in das Schauspiel ein, welches nur dazu

dient, sich bis in alle Ewigkeit zu befreunden. Er droht, die Finger
schon am Tellerrand, die Nüsse wieder von unserem Tisch zu räumen und uns alle, wunderbare Worte eines Neunjährigen, zum
Teufel zu schicken. Unter seinen an alle Anwesenden gerichteten
Verwünschungen müssen wir ihn packen und schütteln und in einer dramatischen Szene weismachen, dass alles doch nicht so ge-
meint war, und er, bravo, natürlich, der beste Kellner des ganzen
Lokals ist und er es doch bitte unter Beweis stelle, indem er uns
eine neue Karaffe an den Tisch bringe, vielleicht mit einer zweiten
Schale Erdnüsse, bravo Joannis, danke.

Als das Spiel endet, ziehen auch wir nach draußen. Die nächsten Stunden werden uns alles bieten: einen kunterbunten Tumult
von klirrenden Gläsern und vom Tisch purzelnden Tomatentel-
lern, der beweist, dass diese Männer nichts als spielende kleine
Jungs sind mit ihren herben Witzen und sorglos hingenommenen
Stunden. Die Sternendecke ist zum Greifen nahe und schwebt
immer weiter nach Zaros hinunter, je mehr Menschen in ihren
Betten liegen und ihre Lampen gelöscht haben.

Die Nacht ist groß. Das Klirren der Gebetsketten holt uns immer wieder an die Tische zurück, sobald wir drohen, im Geschwafel verloren zu gehen. Ein Mann mit zusammenpappenden Fingern und einer löchrigen Jeans ist der letzte Ankommende, stellt
sich und sein zahnloses Lachen auf die Straße und schmeißt die
Arme in die Höhe. Er will bewundert werden. Der kleine Joannis
bringt Brot und Nüsse. Ich muss erklären, warum ich hier bin, warum ich keine Frau dabei habe und mich mit der Trinkerei zu-
rückhalte, ich sähe nämlich nicht so aus, als hätte ich heute noch
etwas Wichtiges vor.

Als Dimitri schließlich wieder auftaucht und so tut, als sei er
nicht einfach mal ein paar Stunden weg gewesen, weint Joannis
kurz auf dem Schoß seines Vaters wegen der Eier, die ihm während seiner Schicht zerbrochen und auf den Boden geklatscht
sind.

Raki und Fußball im Fuchsbau von Dimitri.

»Dimitri«, frage ich ihn, »warum ist hier überall ein Fuchs ange-
pinselt? Ist das der Name der Bar?«
Fassungslos schaut er mich an.
Er kann nicht glauben, dass ich solch eine dumme Frage ge-
stellt habe.
»Ich«, sagt Dimitri, »ich bin der Fuchs!«

Nachdem der Großteil der Mannschaft in ihre tabakbraunen Betten abgerückt ist, steige auch ich in mein Auto und beschließe, am
Forellenteich zu übernachten, wo ich mich sofort, eingeschlossen
von nervösem Schwanengeschnatter, umentscheide und wieder hinaus zum Kloster Nikolaus fahre. Ich parke vor der Eingangspforte,
kippe den Sitz um und krame meine Decke hervor. Vor mir liegt das
weite Zaros-Tal in der nun vollkommen verstummten Nacht. Es
rafft seine letzten Lichter zusammen und stellt sie dem weiten Ster-
nenmeer entgegen. Dunkel rollen die Olivenhaine über die Hügel.
Der Mond ist eine aufgeschnittene Melone. Kreta schläft.

Nicht weit von hier, am Fuße des Ida-Gebirges, liegt die Höhle, in der Zeus aufgewachsen und zum mächtigsten Gott der Erde emporgestiegen ist. Dahinter, man hört es, wenn man die Augen tief genug schließt und der Nacht das Hören überlässt, liegt nur noch das Meer.

Es ist kein Zufall, dass Hera ihren Sohn sofort nach seiner Geburt nach Kreta bringen ließ, um ihn hier großziehen zu lassen. Durch Zeus, den man auch das denkende Feuer nennt, wurde zum ersten Mal sichtbar, was der Mensch, der gerade die dunklen Bande des Tierseins aufgebrochen hatte, alles sein und werden konnte, und Kreta bekam seinen großen Platz in der Geschichte. In einen Stier verwandelt brachte Zeus eine junge Frau namens Europa nach Kreta. Nach ihrem gemeinsamen Sohn ist das minoische Zeitalter benannt, dessen bekannteste Ruinen sich in Knossos und Phaistos heute wieder dem Auge der Menschen zeigen. Die einstigen Erbauer dieser kolossalen Paläste waren Könige und Königinnen einer der ältesten europäischen Hochkulturen, die sich von hier nach ganz Griechenland und Thessalien ausbreitete.

Das so abgesonderte Kreta: Es besitzt Land und Berge und Meer und Wasser, es ist nicht zu klein, um provinziell und unbedeutend zu sein, und auch nicht zu groß, um seine Identität zu verlieren. Es ist geschlossen genug, um sich selbst zu gehören, und offen genug, um frei wachsen und gedeihen zu können Die Insel besitzt genau die richtige Bedingung für einen Gott, von dem die Orphiker singen: »Zeus ist der Grund der Erde und des gestirnten Himmels. Zeus ist männlich, Zeus ist eine unsterbliche Frau. Zeus ist der Hauch von allem, Zeus der Schwung des unermüdlichen Feuers. Zeus ist die Wurzel des Meeres, Zeus die Sonne und der Mond. Zeus ist der König, Zeus der Beginner von allem, der Gott mit dem blendenden Blitze. Denn er hat alles in sich verborgen und brachte es wieder hervor, zum Licht voller Freude, aus seinem heiligen Herzen, Wunder wirkend.«

ooo

Am Anfang ist das unaufhörlich Vorhandene.

Da sich kein Ding von einem anderen unterscheidet, nennt man es entweder Alles oder Leere oder Chaos. Aus diesem Sein entsteht Gaia, die Erde. Gaia gebärt das Meer und die Berge und den Himmel, Uranos, den sie sich bald zum Mann nimmt und der sie von nun an, im Bild Hesiods, umhüllt wie einen Schleier. Dort, wo Gaia Samen und Knospen in einem geduldigen Boden bereithält, wird er seinen Regen und den Sonnenstrahl niedergehen lassen. Erst diese Vereinigung wird die Erde fruchtbar machen; erst durch Uranos, ihren Partner, ist Gaia in der Lage, Leben hervorzubringen.

Die ersten Lebewesen entstehen, bevölkern Berge und Wiesen und ziehen durch die unermessliche Stille der Ozeane. Gaia und Uranos zeugen zwölf Titanen und ihre weniger herrlichen Brüder, die einäugigen Kyklopen und hundertarmigen Hekatoncheiren, biesterhafte Riesen mit unzähligen Köpfen, die dem eigenen Vater ein derartiger Dorn im Auge sind, dass er sie in das Erdinnere verbannt. Gaia, die als große Mutter nicht anders kann, als all ihre Kinder zu lieben, fleht Uranos an, die Weggesperrten zu befreien – erfolglos. In ihrer Verzweiflung bittet sie Kronos, einen ihrer Söhne, um Hilfe. Und wahrlich: Der Titan lehnt sich gegen den eigenen Vater auf, entmannt ihn mit einer Sichel, die Gaia aus dem Eisen der Erde geformt hatte, und beendete somit die Herrschaft des Uranos.

Kronos, der Sohn des Himmels und der Erde, zeigt bald dieselben Eigenschaften wie sein Vater. Anstatt seine Brüder, die Kyklopen und Hekatoncheiren, zu befreien, wirft er sie in den Tartarus, den dunkelsten und grauenvollsten Ort der Unterwelt. Kronos waltet über das Erdenreich, nimmt seine Schwester Rhea zur Frau und herrscht so lange, bis sich eine unheilvolle Prophezeiung erfüllt. Es war Gaia, seine eigene Mutter, die ihn gewarnt hatte: Eines Tages wirst du dasselbe Schicksal erleiden wie dein

Vater. Auch eines deiner Kinder wird sich gegen dich erheben und dir deine Macht entreißen.

Mit wahnerfüllten Argusaugen wacht Kronos über die schwangere Rhea. Als sie jene gemeinsamen Kinder gebärt, die später den olympischen Götterhimmel ausmachen werden, ist ihr Mann sofort zur Stelle, um ihr die Neugeborenen zu entreißen und an Ort und Stelle zu verschlingen.

Hestia, Demeter, Hera, Hades und Poseidon erleiden alle dasselbe Schicksal, bevor sich die zornerfüllte Rhea, die es leid ist, ihre Kinder im Rachen ihres Mannes verschwinden zu sehen, in einer dunklen Nacht davonmacht, um nicht auch noch ihr nächstes Kind zu verlieren. Sie bringt einen Sohn zur Welt, lässt ihn nach Kreta bringen und dort, in einer Höhle versteckt, von Nymphen großziehen. Bevor sie ihn unter fremder Obhut zurücklässt, gibt sie ihm einen Namen, den noch heute die ganze Welt kennt: Zeus.

Ihrem Mann präsentiert sie einen in Windeln eingewickelten Stein. In seiner Raserei, jedes seiner Kinder sofort an sich zu reißen und zu vertilgen, schluckt Kronos das falsche Baby sofort herunter. Natürlich dauert es nicht lange, bis Kronos von der Täuschung, die ihm widerfahren ist, Wind bekommt und sich auf die Suche nach seinem Sohn macht. Doch man ist vorbereitet. Auf Kreta hängt die Wiege des Zeus in umschatteten Bäumen, sodass der Vater seinen Sohn weder auf der Erde noch im Himmel finden kann. Und wenn das Baby in der Höhle liegt und schreit, heben die Kureten, Söhne der Rhea, die die Höhle bewachen, zu solch einem lärmenden Gezeter und lauten Waffenrasseln an, dass man das Kind nicht hören kann.

So wächst Zeus zu einem jungen Mann heran, dem das Schicksal mehr als nur eine Welt versprach. Als er die Gunst der Titanin Metis gewinnt, braut sie ihm einen besonderen Trank, ein süß duftendes und für Kronos bestimmtes Brechmittel. Zeus übergibt diesen Saft seiner Mutter Rhea, die ihn erfolgreich unter das

Essen ihres Mannes mischt und nur noch warten muss, bis der
große Kronos durch sein Götterreich taumelt und sich schließlich erbricht. Zuerst quillt der Stein aus ihm heraus, den er einst
für seinen letztgeborenen Sohn hielt, gefolgt von allen anderen
Geschwistern des Zeus, die ihn sofort zu ihrem Anführer im nun
folgenden Krieg gegen die Titanen ernennen.

Zwischen den beiden Generationen, diesen größten Mächten der Welt, entbrennt ein zermürbender, jahrzehntelanger
Kampf, der die ganze Erde erschüttert und den niemand für
sich entscheiden kann. Erst als Zeus von Gaia den Ratschlag bekommt, die im Tartaros dahinvegetierenden Kyklopen und Hekatoncheiren zu befreien und sich mit ihnen zu verbünden, ist
der Wendepunkt des Krieges erreicht. Nicht nur kämpfen diese Halbungeheuer nun auf der Seite der Götter, sie statten auch
Hades mit einer Tarnkappe, Poseidon mit einem Dreizack und
Zeus mit der Herrschaft über Blitz und Donner aus – mit diesen Waffen gelingt schließlich der Sieg über die Titanen. Kronos wird verbannt, Zeus verteilt die Weltverwaltung unter seinen Geschwistern und übernimmt selbst die Herrschaft über
den Himmel.

Von nun an thront er als Göttervater auf dem Berg Olymp,
dem »lichterfüllten Ort«, der so hoch liegt, dass sein Gipfel ständig durch Wolken verhangen ist. Da sich sein Reich weder ganz
auf der Erde noch im Himmel befand, war die Zeit perfekt für die
Geburt eines Wesens, dass weder ganz Tier war und der Vergangenheit der Erde gehörte, noch schon so weit in geistige Höhe
aufgebrochen ist, dass man es als göttlich bezeichnen konnte.

Eine neue Ära brach heran.

Es war an der Zeit, dass die ersten Menschen entstehen konnten.

Ein Mythos erzählt stets eine Vielzahl von Ereignissen. Seit das
Säugetier Mensch neu zu empfinden gelernt und seinen Aufstieg

zu einem ebenfalls geistigen, selbstreflektierten Wesen begonnen
hat, musste es erneut seinen Platz in einer unbegreiflichen Welt
finden, indem es die entscheidenden individuellen wie kollektiven Erlebnisse in Liedern, Erzählungen, religiösen Gleichnissen
und Mythen bindet.

Neben der bildlichen Repräsentation dessen, was sonst dem
Menschen uneinsichtig bliebe, sind Mythen, wie zum Beispiel
C. G. Jung sie verstand, in erster Linie psychische Manifestatio-
nen, die dazu dienen, das Wesen der Seele darzustellen. Sobald
die Menschen unterschiedlichster Zeitalter und Kontinente in
sich hineinhorchen, um ihre tiefsten Erlebnisse einem übergeord-
netem Ganzen gegenüberzustellen, treten dieselben Formen und
Gestalten zutage. Die archetypischen Märchen und Götter der
Menschheit: Sie unterscheiden sich nie in ihrem Gehalt, ihren
Eigenschaften und Funktionen, sondern immer nur in den loka-
len Namen und Formen, die man ihnen verleiht.

So sprechen die großen Mythen der Geschichte stets von immerwährenden Prinzipien, die der Menschheit unweigerlich zu-
grunde liegen und deren Sein apriorisch bestimmen. Diese Symbole müssen auf der einen Seite absolut wahr sein – sonst besäßen
sie keinen wiedererkennbaren Wert im Allgemeinen und keine Er-
zählkraft im Besonderen – und darüber hinaus so lebendig und offen, um soziokulturelle Veränderungen und historische Ereignisse
verarbeiten zu können. Ewiges Wahrsein trifft auf nackte Tatsa-
chen. Kerényi schreibt über die Mythologie, sie sei »eine Kunst
neben und in der Poesie, eine Kunst mit einer eigentümlichen,
stofflichen Voraussetzung. Es gibt eine besondere Materie, durch
die die Kunst der Mythologie bestimmt wird: eine alte, überliefer-
te Stoffmasse, erhalten in bekannten und doch nicht jede weitere
Gestaltung ausschließenden Erzählungen – ›Mythologem‹ ist für
sie das beste griechische Wort – über Götter und göttliche Wesen,
Heroenkämpfe und Unterweltfahrten. Die Mythologie ist die Bewegung dieser Materie: etwas Festes und zugleich doch Bewegli-

ches, Stoffliches und doch nicht Statisches, sondern Verwandlungsfähiges.«

Mythologie ist wie Musik.

Der Jazz oder der Rebetiko, die Klaviersonaten Schuberts oder der mystische Qawwali-Gesang der Sufis erzählen jeweils andere Geschichten mit anderen Bildern – und schaffen es doch alle, die Seele dessen, der sie hört, zu berühren. Musik und Mythen sind universal. Obwohl sie aus einer spezifischen gesellschaftlichen oder spirituellen Relevanz heraus entstanden sind, können sie von Menschen aller Kontinente und Zeitalter verstanden werden.

Die Beweglichkeit des Mythos zeigt sich vor allen Dingen, wenn man ihn historisch, archäologisch oder anthropologisch beleuchtet und mit Hilfe der empirischen Wissenschaft untersucht. Robert von Ranke-Graves, der den Mythos als »erzählerische Kurzschrift kultischer Spiele« definiert, weist nicht nur darauf hin, dass der wahre Mythos erstens von sentimentalen Fabeln, politisch-religiöser Propaganda oder melodramatischen Legenden zu trennen ist, sondern auch immer eine historische Relevanz besitzt, die unabhängig von seinem psychologischen Wesen existiert.

Die Heirat von Zeus und Hera, eine über dreihundert Jahre andauernde Liebestollheit aus Lust und unendlichem Begehren, symbolisiert laut Ranke-Graves die historische Vereinigung von männlicher Aristokratie und weiblicher Theologie. Das alte Europa kannte aller Wahrscheinlichkeit nach nur totemistische oder matriarchalische Kulte. Hera, »die Herrin«: Sie war die Einzige, die unsterbliche Göttin, die durch den Mond symbolisiert wurde. Ihre aiolischen, ionischen oder dorischen Kinder, Hirten- und Bauernstämme, die es ins griechische Licht zog, wurden von der großen Göttin wohlwollend aufgenommen. Hellenische Stammesfürsten heirateten die Priesterinnen des Mondes und zeugten gemeinsame Nachkommen. Es entstand ein religiöser Synkretismus, indem sich die hellenischen und prähellenischen Überzeugungen mischten und sich so der olympische Götterhimmel unter der Führung von Zeus und Hera formierte. Da die neuen Könige jedoch lieber Zeus, lieber einen Vater als eine Mutter anbeteten, schwand die Macht der Hera und des Matriarchats im Laufe der Jahrhunderte dahin.

So richtig die Beleuchtung des Mythos im Lauf der Geschichte ist, so unvollständig muss sie unter dem allzu nüchternen wissenschaftlichen Auge bleiben. Ist unser Wissen um Zeus und Hera ebenfalls die historische Geschichte der dorischen und ionischen Stämme Mittelgriechenlands, so ist es doch nicht die Moral von der Geschichte. Als Jung feststellte, dass in den Träumen der Menschen überall auf der Welt Mandalas auftauchten, schrieb er, dies Symbol scheine »eine Art von Kernatom zu sein«.

Was also ist das Kernatom, was der Archetypus des Zeus-Mythos?

Uranos, Kronos, Zeus. Immer sind es die Söhne, die sich gegen die Väter auflehnen und deren, oftmals tyrannische, Herrschaft beenden. Das Phänomen des ausgesetzten Kindes ist eines, das sich allerorts finden lässt, im Schicksal des Moses, Paris, Ödipus oder auch bei Schneewittchen. Überall muss das alleingelassene Kind etliche Prüfungen meistern und den eigenen Weg finden, um lernen zu können, was vorher noch nicht zu verwirklichen war (die buchstäbliche Ver-Wirklichung, die das Wirkliche, das schon immer existiert, nun auch ins Sichtbare und Erfahrbare bringt). Um das Alte überwinden und einen neuen Schritt in der Evolution einleiten zu können, braucht es den Helden, der oder die, auf sich alleine gestellt, aus der Wüste zurückzukommen vermag, sprich: die eigenen Ängste und Unvollkommenheiten überwunden hat, um anderen nun als Bild dessen dienen zu können, was sie ebenfalls erreichen können.

Die Verbannung des Kronos durch seinen Sohn symbolisiert eine gewaltige neue Stufe in der Menschheitsgeschichte. Sie erzählt die zunehmende Vergeistlichung, welche die Materie – die laut Platon stets nur das Abbild eines eigentlichen Urbildes ist, nur die sichtbar gemachte Form eines nichtmateriellen Prinzips – durchzieht und den harten, dunklen Werkstoff der Erde weicher, sublimer und bewusster macht.

Die Generation der Titanen, die ersten Kinder der Gaia und des Uranos, der Erde und des Himmels: Sie symbolisieren die dunklen Urkräfte, die Instinkte des Leibes und das überwiegend Tierhafte, das durch das Aufkommen des Menschen, der Generation Zeus, seine Macht und unbewusste Seligkeit einbüßt. Unter Kronos lebten die Menschen noch als jene »goldene Rasse«, so wie Adam und Eva im biblischen Paradies die Untertanen einer großen Unbewusstheit waren. Unfähig, sich selbst zu erkennen und den Prozess der Individualisierung zu beginnen, auf dem jegliche Form der Bewusstheit, Selbsterfahrung und Freiheit fußen muss, lebten sie unschuldig dahin, wie es die Tiere tun; sie aßen von den Bäumen, tranken Milch und Honig, schliefen rundherum sorglos und dachten nicht an das Leben oder den Tod, von dem sie nichts wussten.

Zeus repräsentiert nun eine einmalige Wandlung. Denn aus dem ehemaligen Tier ist ein neues Wesen geworden, ein Mensch, und Menschsein bedeutet die Möglichkeit, kraft des eigenen Selbst-Bewusstseins über das Menschsein hinaustreten zu können. Er ist der zarathustrische Seiltanz zwischen Tier und Übermensch, das Zwitterwesen von Körper *und* Geist. Zeus ist mächtig und der Herrlichste, der Vollkommenste unter den Göttern – aber er ist auch voller Makel, plumper Begierde, Rachsucht oder gar Unvermögen, was ihn, der noch an die Fügungen eines unbezwingbaren Schicksals gebunden ist, von den späteren monotheistischen Vätern im Himmel unterscheidet. Seinen eigenen Sohn Sarpedon konnte er nicht davon abhalten, in den Trojanischen Krieg zu ziehen, und als er im Falle der geraubten Persephone zwischen seinen Geschwistern Hades und Demeter vermitteln soll, bleibt auch er ratlos und entweder dem einen oder der anderen Gerechtigkeit schuldig.

Aber nicht nur seine Wesenszüge sorgen dafür, dass sich von nun an alle Männer und Frauen, Heroen, die aus der Vereinigung von unsterblichen Göttern und sterblichen Müttern geboren wurden, mit ihm und seiner Göttergefolgschaft identifizieren können. Die Götter, die sich meistens um sich selbst scherten, sahen auch äußerlich immer mehr den Menschen ähnlich und konnten so, anders als die kaum abzubildenden titanischen Mächte, einer neuen Verehrung zuteil werden. Sie traten aus den Erzählungen heraus und bevölkerten die Erde, indem man ihnen eine neue Heimat, eine Verehrungsstätte errichtete, die auch stets die Bedingungen der eigenen Existenz repräsentierte.

Ein Tempel: Er sollte Licht in die eigene Finsternis bringen.

Und die schönen Künste sollten endlich aufzeigen, wozu die Schöpfung fähig ist.

Niemand hat die Erkenntnis der Griechen so genau vorgetragen wie Hyperion. »Der Mensch«, lässt ihn Hölderlin sagen, »ist aber ein Gott, sobald er Mensch ist. Und ist er ein Gott, so ist er schön.« Schönheit, das ist die wahre Anstrengung in aller griechischen Kunst und Kultur, die nie auf sinnliches und rein ästhetisches Entzücken zielt, sondern – nachdem man die Götter bereits mit allerlei Menschlichkeit ausgestattet hatte – immer nur darauf, die göttlichen Formen ebenfalls in einem Tempel aus Fleisch und Knochen unterzubringen. Der Geist erhellte den Körper, Muse brach in die Notwendigkeit, der Primat wurde menschlich.

Da nun die Möglichkeit Gottes, in anderen Worten, des Übermenschen existiert, der das Menschsein in der Art transzendieren wird, wie der Mensch den Affen überwunden hat, stellt sich die Frage: Welche weiteren Götter sind nötig, um diesen Übergang zu vollziehen? Denn selbstverständlich wird auch die Herrschaft Zeus' enden – und die seiner Kinder beginnen.

Nicht weit von Kreta, im Zentrum der Inselgruppe der Kykladen, schwamm einst eine winzige Insel unbefestigt in der Ägäis umher, bis sie die Geburt eines neuen Gottes aushalten musste. Die von Zeus schwangere Leto erwartete die Niederkunft eines Sohnes. Über den gesamten Erdball war zu spüren, was für eine Kraft mit dieser Geburt aus dem Himmel herniederdrückte, und alle Länder hatten Angst, dass ihre Heimaterde dieser mächtigen Ankunft nicht statthielte – und verweigerten der Schwangeren den Aufenthalt.

So gebar Leto ihren Sohn im öden, unbewohnten Delos. Dort begann sein Aufstieg zum Liebling aller olympischen Götter, der, in Eintracht mit Dionysos, das menschliche Ideal verkörpern sollte. Doch nicht nur in Delos wird man ihn verehren. Im weit entfernten Delphi, dem Nabel und Mittelpunkt der Welt, baut man ihm bald den wichtigsten Tempel der Antike.

Über dem Eingang stehen die Worte: Erkenne dich selbst.

Der Name des Gottes: Apollon.

Die Kykladen

»— und einmal am Morgen, im steigenden Licht
für alle, werden sie aufeinander stoßen, im Innern der Länder,
an einer Küste —«

CHRISTOPH MECKEL, »GESANG IM BERNSTEIN«

Ganz Heraklion schläft.

Ich stehe auf, schiebe den klebrigen Vorhang beiseite und blicke in einen Lüftungsschacht. Mein erster Gedanke: Ich bin eingemauert. Aus dem Nebenzimmer höre ich einen dumpfen Knall, gefolgt von lauter werdenden Stimmen. Ich stecke den Kopf aus dem Fenster. Ganz oben, am Ende des Schachtes, ist der erste Sonnenstrahl über den Horizont gestiegen.

Eine Nacht in der billigsten Absteige der Stadt, und man bekommt genau das, wofür man bezahlt hat. Hinter den dünnen Wänden streitet sich das amerikanische Ehepaar mit einer Versessenheit, die für die Morgenstunde schlichtweg beindruckend ist, der Frühstückstoast schmeckt nach modrigen Servietten, die »Servicekraft« wäre lieber tot als anwesend, und der Kaffee erfüllt den Körper mit so viel Ekel, dass der Gast, völlig entkräftet, einfach nur wieder zurück ins Bett und in den Lüftungsschacht starren will.

Zum Glück aber hört man die Schiffe, Möwen, das Weiter und Lebewohl. Der Hafen ist nur fünf Minuten entfernt. Dort unten liegt bereits die Fähre, die mich durch die halbe Ägäis bringen wird.

Als die mannsdicken Taue eingeholt sind und wir uns wie in Zeitlupe von Kreta entfernen, habe ich es mir auf einem windgeschützten Platz auf der Ostseite des Schiffes eingerichtet. Ich bin allein. Hinter der Sonnenbrille kneife ich die Augen zusammen oder lasse sie ganz geschlossen. Die Fähre glüht, alles, was ich anfasse, glüht, glühend ziehen wir ins große Marienblau der Ägäis. Nach wenigen Stunden bin ich durchsichtig geworden und werde, allein durch das Gewicht meiner Hose, auf dem Boden gehalten.

Ein ganzer Tag vergeht. Eine Frau macht pausenlos Fotos vom Meer. Die Freude ihres Mannes ist es, Fotos von ihr zu machen, wie sie pausenlos Fotos vom Meer macht. Als plötzlich die Lautsprecher knistern und mehr und mehr Menschen nach draußen strömen, weiß ich kaum noch, ob ich nicht alles seit Heraklion, diese gerade verlöschende Erinnerung an Meer und Ferne, zwischen Wachen und Schlafen hin und her geträumt habe. Ich suche in meinem Notizbuch, aber da steht nichts. Der letzte Eintrag handelt von modrigen Serviettenbrötchen, die man aus der letzten Regenzeit auf ungewaschene Frühstückstische gerettet hat. Die Frau, die das Meer fotografierte, ist verschwunden. Am Horizont Santorini, der Grund der plötzlichen Aufregung: ein schwarzbraunes Tier, das aus dem endlosen Blau hinaufsteigt wie ein Stück Kohle.

Wie Würmer schleichen die unzähligen Autos und Busse der letzten Fähre die Serpentinen hinauf und verschwinden in die weißgewaschenen Dörfer. Santorini ist keine Insel. Es ist ein steil anschießendes Stück Vulkanland, ein aufgebrochener Fels, schwarzer Erdbrocken mit weißem Kalkhaupt, der bekannten Erde so benachbart wie Mondkrater: Wie Vogelschisskleckse liegen die Dörfer oben auf dem Land, wo es gerade so breit und flach geworden ist, dass man hoffen kann, etwas darauf zu bauen. Keine Farben, kein Leben und kein Baum, der sich vom Schiff aus erkennen lässt. Als wir unsererseits unzählige Autos und Busse auf der Insel zurücklassen und Santorini bald darauf am blauweißen Horizont verschwindet, hat man fast etwas Mitleid mit diesem so zauberhaften Ort: Die Insel ist ein zartes Kätzchen, dem gerade Zehntausende Touristen den Rücken zertrampeln.

Santorini markiert eine Grenze. Wir haben die Meereszivilisation erreicht und treten ein in das Kreisrund der Kykladen (von *kúklos*, Kreis). Wir lassen Ios, Paros und Naxos hinter uns und erreichen Mykonos. Von hier sind es nur noch zwanzig Minuten bis ins benachbarte Tinos. Eine Insel, von der ich noch nicht das Geringste weiß.

Außer, dass irgendwo dort ein Zuhause auf mich wartet.

Nach Mykonos ist es fast schon imposant, wie Tinos aus dem Meer heraussteigt. Sogar einige dünne Wölkchen hängen an den Bergspitzen und rühren sich nicht. Die Hänge sind überall von Steinterrassen durchzogen, die auf einen nicht unerheblichen landwirtschaftlichen Fleiß hindeuten – auf keiner der anderen Inseln gab es bislang solche Konstruktionen. Das Außergewöhnlichste aber ist der nackte Felsenkopf, der wie ein Fremdkörper in der Insel steckt und aussieht, als habe man ihn in das Inselbild photoshopiert, um Auge und Herz gleichzeitig zu verwirren. Die Einwohner wissen wohl um die geographische Einzigartigkeit dieses Herren: Aus dem Zentrum des Hafenstädtchens führt eine Prozessionsstraße zu einer imposanten Kirche empor und würde, vom Meer aus ist es wunderbar zu erkennen, direkt auf die kuppelartige Felsenspitze stoßen, wenn man sie den ganzen Hügel hi-

naufgezogen hätte. Wie eine Nagelspitze ragt er aus der Insel, als
hätten die Götter hier eine besondere Stelle markieren wollen.
Ich höre es so deutlich, als würde man es mir ins Ohr flüstern.
Dieser Felsen, der eigentlich nicht in diese Landschaft gehört, er
spricht.

    Hier ist es, sagt er.

    Ob du es willst oder nicht, genau hier liegst du richtig.

Der Taxifahrer sitzt kugelrund in seinem Auto und starrt in die
Zeitung. Sorgfältig, als müsse sie für die Ewigkeit reichen, legt er
sie zusammen. Wortlos funkelt er mich an und legt beide Hände
ans Lenkrad, als fahre er schon.

    Ich lese ihm meinen Zettel vor.

    »Hoch nach Triandaros. Kurz vor dem eigentlichen Dorf auf
einen weißen Fiat Panda achten. Steht in einer Linkskurve. Dann
Weg herunter, bis zum kleinen Holztor. Schlüssel im Außensafe
beim Klo.«

    »Triandaros«, wiederholt er, »okay.« Zehn Minuten lang
summt er vor sich hin. Das Maximale, was der Tacho anzuzeigen
vermag, ist jeweils die Hälfte der zugelassenen Höchstgeschwin-
digkeit. Hinter dem Fenster: gelbe Sträucher, die der Sommer
versengt hat, Ginster und die Ölbäume in winzigen Hainen.
Durch die lederbraunen Täler ziehen sich nur dort die lilaweißen
Oleanderschneisen, wo das letzte Wasser seine Spuren hinterlassen hat. Ansonsten: hier und dort eine Kapelle, Ochsen, ein Bauernhaus – und jede Menge Tauben.

    Dank des Pandas finden wir das Haus. Ich stoße das Holztor
auf, schmeiße meinen Rucksack in den erstbesten Raum und blicke von der Terrasse hinunter auf das Land, das ich gerade durch-
fahren habe. Blicke hinunter nach Chora, herunter zum Meer und
der Handvoll Inseln, die in der Dämmerung verschwinden. Alles
schwimmt. Ein goldrotes Band zieht sich über die Erde, ein Klang,
der ganz Tinos in den Schlaf wiegen würde, wäre da nicht der

Wind, der sich zu einem kleinen Sturm zusammengebraut hat.
Zum ersten Mal seit Ewigkeiten habe ich einen Pulli an. Die Äste
der Palme und der Oliven schlagen ineinander, verdrehen sich,
der Wind heult die Steintreppe herauf und wühlt sich unter meine Kapuze.

Aber es hilft nichts.

Ich muss zurück in die Stadt und eine Bar mit einem Fernseher finden.

Der Panda ist nicht abgeschlossen. Knarrend lässt sich die Tür
aus der Karosserie stemmen; der Schlüssel klemmt unter dem
Sichtschutz. Im hart durchgesessenen und auseinandergepflügten
Fahrersitz wundere ich mich, überhaupt noch auf irgendeinem
Material Platz zu nehmen. Die Zündung braucht fünf Minuten,
um warm zu werden. Dann braucht der Motor fünf Minuten, um
startklar zu sein. Das Scheinwerferlicht ist so schwach, dass es nur
das Innere der eigenen Plastikbehausung zum Erstrahlen bringt,
aber es genügt. Wir schaffen es runter in die Stadt, klappernd,
stöhnend, ächzend, hochzufrieden. Diese eine Fahrt ist genug.
Wir haben uns ineinander verliebt. Ich taufe sie Emma. Kleine,
rüttlige, quietschende und kaum lenkbare Emma aus einer Zeit,
als selbst Fiat Pandas das Gewicht aller Automobilträume tragen
mussten.

Ich suche lange nach den passenden Worten für Chora, dann finde ich sie: beschauliche Putzigkeit. Auf der Promenade, die genauso lang ist wie das Städtchen, das Großdorf selbst, gehen Hunderte Paare und Familien spazieren und warten, bis die Zeit sie
wieder einholt. Ich aber mache mich auf die Suche nach einer Bar,
um das Abendspiel zu sehen.

In einer der Gassen hinter den beleuchteten Straßen werde
ich fündig. Die blaugerahmten Glastüren sind weit geöffnet. Von
vier leicht abwaschbaren Tischen starrt die versammelte Mann-

schaft in die obere Ecke des kahlen Raumes, in der ein kleiner
Farbfernseher hängt. Unter ihm sind die leeren Bierkästen und
sonstiger Kram verstaut, der niemanden mehr interessiert. Ein
angebrochener Besen. Eine alte Fritteuse. Ein Kalender aus dem
Jahre 2015. Blaue Scherben.

Die Bar selbst erstrahlt hellerleuchtet wie ein Schrein. Über
den Küchenutensilien und Schnapsflaschen sind herrliche alte
Fotos in Postergröße angebracht, ein Blick in die tinotische Vergangenheit. In warmumwogter Nostalgie sprechen sie zu den
Heutigen, zum Wirt und dem halben Dutzend sich selbst einräu-
chernder Männer, die vor den Raki-Karaffen sitzen und sich, das
bisschen extra Unterhaltung muss sein, mit halben Gurkenscheiben bewerfen.

Ich werde aufgenommen, als sei ich jeden Tag hier, schnappe
mir einen Stuhl und bekomme von Vassili, dem kugelrundkräfti-
gen Wirt, den ersten von vielen Raki hingestellt.

Jamas!

»Problem«, sagt mein Sitznachbar Billy, als sich Vassili um-
dreht und wieder hinter die Bar marschiert. Scheibenwischend
bewegt er seine Hand vorm Gesicht hin und her. Die universelle
Bekloppten-Geste. Während er mir klarzumachen versucht, dass
Vassili nicht mehr alle Tassen im Schrank hat, deutet mir sein
Kumpel mit gleicher Geste an, Billy kein Wort von seinem
Schwachsinn zu glauben. Dies wird sich den ganzen Abend und
die nächsten Wochen fortsetzen. Sobald auch nur irgendjemand
etwas sagt, gibt es mindestens eine Person, die hinter seinem Rücken mit eindeutiger Geste klarstellt, dass dem Sprechenden –
man sehe ja selbst, was für ein Trottel er ist! – besser kein Gehör
zu schenken ist.

Mit Billy könnte man Recht behalten, zumindest was eine
leichte Verrücktheit betrifft. Der dürre, fast in Hautkrebsfarbe
gebräunte Mann mit den kurzen, steil aufgegelten Igelhaaren trägt
einen großherzigen und ziemlich realen Wahnsinn im Auge. Als

Schweden das erste Tor gegen Deutschland schießt, springt er auf
und schreit, »PAME« (los geht's!), umarmt mich und stopft mir
eine Zigarette in den Mund. »PAME, GOBA, BIG WAIT!«
Unablässig durchpflügt er das ihm unbekannte Land zwischen der
englischen und griechischen Sprache. Ich habe keine Ahnung, was
er sagt.

Hinter ihm scheibenwischen sich seine Kumpels übers Gesicht.

Vassili, der immer wieder Anweisungen oder kleine Erleuch-
tungen in den Raum brüllt, die an niemand Besonderen gerichtet
sind, stellt wässrige Gurkenscheibchen auf die Tische, Käse, ein
Fass Zahnstocher, Nüsse.

Wir stellen uns vor. Neben Billy und Vassili geben mir Joannis,
Aristos, Vangelis und Dimitri die Ehre. Joannis scheint mir der
Vernünftigste des Ladens zu sein. Zehn Minuten in seiner Anwe-
senheit, und mir ist klar, warum er gerne hierher kommt, denn nie-

Vassili: Schankwirt und Schenker, Bierzapfer, Psychologe, Sozialarbeiter,
Vater, Mutter und Ringrichter in einem.

mandem macht es etwas aus, wenn er entweder entschieden schweigt oder sich ohne Punkt und Komma über alles Mögliche beschwert. Aristos sieht aus wie Winnie the Pooh, und der halbhotzenplotzbärtige Vangelis baumelt sturztrunken über seiner Dreifaltigkeit aus Gurkenteller, Aschenbecher und Raki. Dimitri sitzt in der Ecke und grinst.

Joannis sagt: »Erzähl Merkel nichts davon, was wir machen und wie viel wir trinken. Sie wird nur daran zerbrechen. Die arme Frau!«

Gerade, als ich es hoch und heilig versprechen will, ruft Billy: »DENNI, LIFE, PAME«, und breitet die Arme aus. »Klinsmann, Klinsmann«, ruft er immer wieder und bricht es schließlich auf »KLISMA, KLISMA« herunter, was ihm ein so zauberhaftes Lächeln ins ganze Gesicht gräbt, dass man das Paradies darin einpflanzen könnte. Klisma bedeutet auf Griechisch Verstopfung. »It means«, sagt Joannis auf Englisch, damit auch ja keine Missverständnisse aufkommen, »it means that your ass is stuck. Means you cannot shit!«

Als ich diesen Satz in mein Notizbuch schreibe, zieht Billy die Augenbrauen hoch und ruft »OHH, GEERMANIA«. Einen Tisch weiter sehe ich, wie Vangelis' Kopf immer knapper über der Tischplatte hängt. Seine Hand zittert. Da er die Augen halb geschlossen hat und nichts sagt, kann ich nicht ausmachen, ob er nur eine körperliche oder auch eine geistige Behinderung hat.

»Problem«, sagt Billy, zeigt auf Vangelis und rückt ihm das Glas näher zum Mund. Aristos the Pooh ascht auf Joannis Handy. Deutschland erzielt den Ausgleich. Vor dem Laden kommen vier Räder quietschend zum Stehen. Aus dem roten Pick-up grinst uns ein dürrer grauhaariger Kerl an. Die Bar erlebt einen Freudentaumel. »EHHHH Kondilla«, schallt es gleichzeitig aus allen Kehlen.

Der Mann wird wie ein König empfangen und ist dementsprechend zufrieden. Er nimmt sich einen Stuhl und beginnt seine

Geschichten. Er komme gerade von der Paniyiri, dem traditionellen Dorffest. Während der Festlichkeiten sei er, ebenfalls in guter alter tinotischer Tradition, noch immer mit den jungen Kerlen übers Feuer gesprungen.

»Feuer, ach was«, sagt Joannis, »du schaffst es noch nicht mal mehr über ein verdammtes Streichholz.« Kondilla lacht und wirft eine Gurkenscheibe in Richtung Tisch zwei. Wie zum Beweis, dass seine alten Knochen doch noch in Bewegung kommen, hoppelt er, da draußen eine schöne Frau vorbeiläuft, seinen Stuhl umklammernd Zentimeter um Zentimeter zu Tür.

Tosendes Lachen. Applaus. Man ist mit allem zufrieden.

Vassili bringt Kondilla seinen Traubenschnaps und versucht, den ganzen Tumult in seiner Bar so gut wie möglich geschehen zu lassen. Dieser Laden ist nicht nur sein Geschäft, sondern seine Lebensaufgabe. Er ist Wirt im besten Sinne des Berufes, also Schankwirt und Schenker, Bierzapfer, Psychologe, Sozialarbeiter, Putzkraft, Vater, Mutter und Ringrichter in einem. Das hier ist seine Familie. Jeden Tag. Jede Woche. Jedes Jahr.

Vangelis hat mittlerweile ausgetrunken und das leere Glas vom Tisch gestoßen. »Verdammte Scheiße«, ruft Vassili.

»Problem«, kommentiert Billy.

Joannis sagt, auf Mister Kondilla zeigend: »Das hier ist übrigens Joannis Kondilla aus Falatados, er ist auf der ganzen Insel berühmt, er trinkt und fährt Auto, ohne dass etwas passiert, und er ist alt mittlerweile, wie ein Reptil. Wir nennen ihn deshalb nicht mehr Kondilla, sondern Godzilla!«

»Godzilla, ai haha«, ruft Vassili.

»Kondilla Godzilla«, lacht Aristos.

»Godzilla, Jurassic PARK, PAME!«, schreit Billy.

Die allgemeine Trunkenheit steigert sich minütlich. Godzilla spendiert eine Runde. Als Toni Kroos in der letzten Minute des Spiels das Siegtor schießt und Deutschland das Vorrücken ins Achtelfinale wahrt, fällt mir Billy so heftig um den Hals, dass wir

auf dem Boden landen. »LIFE«, schreit er und drischt mir im Zuge
dessen Tausende winziger Spucketropfen übers Gesicht, »GER-
MANIA, MEKKEL, PAME!«

Und als wir wieder stehen: »BIG WAIT!«

In einer ruhigen Sekunde frage ich Joannis, was das kryptische
big wait bedeuten soll, er weiß es nicht.

Godzilla hat sich mittlerweile sein Shirt ausgezogen und flext
seine siebzigjährigen Muskeln, Vangelis ist eingepennt, und Aristos the Pooh schießt mit einem Gummiband Aschenbecher von
den Tischen. Dimitri grinst.

»Wie heißt diese Bar eigentlich?«, frage ich Joannis.

»Byzantin«, sagt er und tätigt die Verrücktengeste. »Aber
wenn du mich fragst, es ist eine Anstalt.«

Ich nicke.

Es macht Sinn, und gerecht ist es sowieso.

Denn war es nicht Platon, der behauptete, dass gerade der
Wahnsinn die größten Segnungen über Hellas brachte?

Bar Byzantin. Weil der Wahnsinn hier ein Geschenk ist.

Emma ruckt und knarzt. Ein Fred-Feuerstein-Auto, auch wenn man selber nicht mehr treten muss: Ich halte es für ein Wunder, dass sie ernsthaft fährt. War der Wind in Chora heftig, ist er oben in Triandaros noch immer ein Sturm. Auf dem Weg versuche ich, mich in Emma festzuhalten. Trotz geschlossener Fenster wird sie hin und her gedrückt, und ich muss langsam in der Mitte der Straße fahren, um links wie rechts Korrigierungszonen zu schaffen. Da ich von den Byzantinern ordentlich abgefüllt wurde und im Dunkeln sowieso nicht weiß, wo ich genau hin soll, verpasse ich eine richtige Abbiegung nach der anderen. Die Nachhausefahrt dauert so lange wie eine Abenderzählung von Joannis Kondilla.

Als ich schließlich das Haus finde, parke ich Emma, haue die Handbremse kraft all meiner Gewalt in ihr Scharnier und lasse den ersten Gang drinnen. Hoffnung habe ich nicht. Ich sehe es schon kommen: Morgen früh wird hier keine Emma mehr stehen, sondern irgendwo den Hügel heruntergeblasen worden sein. Ich bereite mich schon mental darauf vor, Daniel vom Verlust seines Wagens erzählen zu müssen, schiebe mich die Steinwand entlang, um nicht weggefegt zu werden, und knie mich zu Hause gegen die Terrassenmauer. Die Nacht ist vollkommen schwarz. Allein der Neumond leuchtet wie eine Sonne. Dort oben ist die Stille zum Greifen nahe, aber hier unten gibt es nur ein Geräusch, den wilden, tobenden, durch den Kopf tosenden Wind. Ich hole mir eine Decke und wickele mich darin ein.

Vor mir liegt das unendlich dunkle Meer. Links ist Mykonos, hell erleuchtet, lebendig, umnachtet. Und direkt daneben, vollkommen dunkel und ohne ein einziges Lichtlein, das winzige, menschenleere Delos.

ooo

Ich schlafe großartig.

Der Wind drischt fauchend ums Haus. Draußen bewegt sich

alles. Das Licht meiner beiden Lampen steht kerzengerade im Glas, unter der Decke ist es warm.

Tinos ist eine Muschel, das Häuschen meine Perle.

Am Nachmittag gehe ich zum ersten Mal nach draußen. Der Wind ist noch immer unerbittlich. Die Zweige der Stumpfpalme sind in die Horizontale gebogen – ich könnte schwören, dass ihr schwindelig ist, dem durchwühlten Rosmarinbusch ist bereits schlecht und die Olive ist sicher religiös geworden, um endlich für Windstille beten zu können.

Erneut muss ich mich langsam die Steinmauer entlangtasten, um nicht umgeblasen zu werden. Emma halte ich möglichst in der Mitte der Straße. In Chora frühstücke ich mein Käse-Omelette im erstbesten Laden, der Essen anbietet. Niemand sitzt draußen. Als ich meinen Tischnachbarn, der sein Brot in einer riesigen Lache Olivenöl herumtunkt, frage, wann genau dieser Sturm aufhören soll, klärt er mich umgehend auf. »Das ist kein Sturm, das ist Tinos. Mein Freund, du bist auf der Insel des Aiolos, willkommen!«

Ich antworte nichts.

»Ich werde es dir erzählen«, sagt er.

Natürlich. Was gibt es für einen Griechen größeres, als griechische Geschichten zu erzählen!

»Hör zu. Aber bestell dir erst einmal einen Kaffee. Also, dies ist die Insel des Aiolos, des Windgottes. Er wohnt hier oben auf unserem höchsten Berg, Tsiknias, und er war früher gut zu uns. Den Wind packte er in eine Box und hielt ihn dort verschlossen. Eines Tages aber tranken seine wilden Söhne von dem Wein und dem Schnaps, den wir hier im September brauen, und sie waren besoffen und alberten herum und stießen die Box um. Der Wind entkam. Und bläst seitdem über die Insel.«

Ich bestelle uns mehr Kaffee. Ich sage es ihm nicht, aber die Geschichte kommt mir bekannt vor und ist wahrscheinlich die lokale Version einer Homerischen Erzählung. In der Odyssee beschreibt Homer, wie Odysseus und seine Gefährten auf Aiolia, der nach Aiolos benannten Insel, vom Windgott einen Monat lang bewirtet werden. Zum Abschied verspricht Aiolos gutes Wetter für die weitere Fahrt und packt die ungünstigen Winde in einen Schlauch, den er den Argonauten mitgibt. Kurz vor Ithaka aber wird dieser geheimnisvolle Beutel von den Weggefährten des Odysseus geöffnet, wahrscheinlich, weil die Trunkenheit neugierig machte. Die Winde entkommen nicht nur, sondern treiben die Mannschaft schnurstracks zurück nach Aiolia, wo sich ihre Odyssee fortsetzt.

»Der Nordwind ist gesund«, sagt der Mann, »er ist unser Arzt. Er sorgt für frische Luft, er ist ein Heilsbringer. Nie ist es zu heiß. Und man lernt ihn, wie alles im Leben, zu lieben.«

Im Haus lege ich mich zurück ins Bett. Zum ersten Mal seit Wochen trage ich Socken. Daniel hat mir ein Buch über Tinos hingelegt und zwei selbstgebrannte Flaschen Raki. Ich ziehe mir die Decke unters Kinn und lese:

Tinos ist die drittgrößte Kykladeninsel. Sie wurde in der Vergangenheit von Venezianern und Osmanen beherrscht, oder besser: verwaltet. Die windgeplagten Tinoten hatten es stets geschafft, eine kulturelle und ökonomische Eigenständigkeit zu wahren und dank ihrer günstigen Lage einen florierenden Handel mit der Welt zu treiben. Die Felsenspitze über der Kirche heißt Exobourgo. Heute hat die Insel ungefähr 8500 Einwohner, die auf rund sechzig Dörfer verteilt sind. Katholiken und Orthodoxe. Apropos Kirche. Eine Nonne hatte zu Beginn des 19. Jahrhunderts eine Vision. Ihr erschien die Jungfrau Maria. An dem Ort, den die Nonne in ihrer Vision sah, buddelte man eine Ikone der Heiligen Mutter Gottes aus, was einem Wunder glich. Daraufhin baute man die Kirche, die seitdem eine der bedeutenden orthodoxen Wallfahrtsorte ist und am 15. August, dem Tag der Jungfrau Maria, Tausende Pilger aus ganz Griechenland anzieht.

Ansonsten: Sehr viel Marmor. Und wo Marmor ist, werden Künstler geboren. Tinos ist berühmt für seine Bildhauer, seine Korbflechtkunst und die landwirtschaftlichen Erträge, von denen die überall angelegten Steinterrassen und Taubenhäuschen zeugen. Der Schutzheilige der Insel ist noch immer Poseidon. Nahe Chora sind die Ruinen seines Tempels zu besichtigen. Bevor man früher nach Delos fuhr, um Apollon zu ehren, musste man mindestens eine Nacht hier auf Tinos bleiben, um sich zu reinigen. Heute ist das noch immer so. Die Pilger füllen aus einer Quelle in der Kirche heiliges Wasser in ihre mitgebrachten Flaschen.

Erst jetzt sind sie bereit für die Überfahrt nach Delos.

Ist Delos das Pompei Griechenlands, sollte ich später an anderer Stelle lesen, dann diene ihm Tinos als Lourdes.

Ich wage mich vor die Tür.

In eine Decke gehüllt stehe ich in der aufziehenden Dämmerung. Mykonos, Delos und Syros verschwinden in den Farben von Meer und Himmel. Roter Goldstaub liegt über dem Wasser, ein Band, ein Ton, von Horizont zu Horizont gespannt und so leise wie Glas.

Jeder, der Augen hat, hört dieses Lied.

Socken und Schlappen, sie helfen nichts. Der Wind zieht in die Knochen und spießt den Körper auf. Ich lege mich zurück ins Bett und lese als letzte Tat des Tages das Schlusswort des Buches.

Die Natur, die Menschen und die Religion: Das seien die großen Eigenschaften der Insel.

○○○

Ich schlafe schlecht.

Es ist zu windig, um auf der Terrasse oder im Garten zwischen den Olivenbäumen zu frühstücken. Ich versuche, die Fakten mit den Umständen in Verbindung zu bringen: Es ist Juli, Hochsommer, die Sonne scheint, und ich habe tatsächlich Socken an.

Emma und ich fahren an einen Strand, der entgegen meiner albernen Hoffnung nicht windgeschützt ist. Ich bin alleine. Der Sand drischt mir schmerzhaft gegen die Beine, im Meer ist es nicht besser. Sobald man auftaucht, bekommt man so viel aufgepeitschtes Wasser ins Gesicht geschlagen, dass das Schwimmen einem Kampf gleicht. Kaum atmend und gleichzeitig heftig fluchend schleppe ich mich zurück an Land, wo der Wind alles Hab und Gut über den Strand verteilt und in die Wellen gefegt hat.

Als ich wieder in Emma sitze, gebe ich der Insel noch einen Tag.

Wenn es morgen nicht besser ist und dieser Nordwind tatsächlich den ganzen Sommer über anhält, dann reise ich ab. Ah Licht und Meer, ah Lourdes! Was nutzen dein schönes Land, das Licht und deine heiligen Visionen, wenn sie im Hier und Jetzt nicht in Erscheinung treten können?

Das Byzantin ist noch geschlossen. Nur ein in Alufolie eingepackter Blumentopf steht vor der Tür. Vassili kommt wohl erst am Nachmittag, einen Beutel frischer Gurken und Zahnstocher im Gepäck. Und nur Gott weiß, wo sich die anderen gerade rumtreiben.

Ich frühstücke und fahre dann hoch Richtung Felsen. Emma klappert und knarzt und ruckelt. Dennoch: Meine alte Dame ist die Königin dieser Insel, ohne dass es jemand merkt. Direkt nach ihrer Fertigstellung ist sie nach Tinos gekommen, vor rund fünfundzwanzig Jahren, und hat seitdem die Insel nie wieder verlassen. Nur hier, auf den halbfertigen Straßen dieser winzigen Insel, in ihrem Sommer- und Winterreich hat sie zwischen Küste und Küste mehr als sechshunderttausend Kilometer zurückgelegt.

Sie und die Jungfrau Maria sind wahrlich die Ikonen der Insel!

Wir nehmen die östliche Route und fahren durch Dörfer mit Namen wie Tripotamos, Loutra oder Skalados. Auch hier beherbergt

Eines der unzähligen Taubenhäuschen der Insel.

der Wegesrand hin und wieder alte Laster und Autos, damit die
Landschaft was zum Fressen bekommt. Vor allem aber ist die Insel
übersät mit Kirchen, kleinen Kapellen und den sogenannten Taubenhäuschen.

Die tinoische Liebe zu den Tauben stammt noch aus venezia-
nischen Zeiten, als man sich zur Erinnerung an die italienische
Heimatstadt Tauben hielt, die zum Postverkehr zwischen den
Dörfern und Inseln eingesetzt wurden. Die Taubenhäuschen sind
immer beides: Traum und Wirklichkeit, Romantik und Pragmatismus, die Kombination des Ästhetischen mit dem Nützlichen.
Denn Tauben besitzen nicht nur einen sentimentalen Wert, indem sie seit jeher Frieden, Hoffnung oder, gerade auf Tinos, den
Heiligen Geist symbolisieren. Ihr Fleisch gilt als exquisit und
nahrhaft, und ihre Exkremente düngen die Felder.

Der untere Stock der turmartigen Landschaftswürfel dient als
Stauraum für all das Arbeitsgerät, das auf den Feldern benötigt
wird – der Oberbau gehört indessen ganz den Vögeln. Er ist derart

verziert, als wolle man den Tieren jene schönen Geschenke machen, die man sich selbst vorenthält. Der Aufbau der Mauerseiten
ist aufgebrochen und mit weißen Tonschiefertafeln geschmückt,
die mal eine Sonne, eine Zypresse oder einfach nur ein hübsches
Muster darstellen, Räume, die den Tauben als Schlupflöcher dienen. Mitsamt den an den Turmecken hochgezogenen Zinnen erinnern diese spielerischen, geometrischen Kunstwerke an arabi-
sche Fresken.

Zu Tausenden verzieren die märchenhaften Türme die Insel.
Und die Tinoten wissen: Gäbe es diese Anmut nicht, die solch
eine Landschaft zierte, man müsste sie schleunigst erfinden.

Im Zentrum all dieser Dörfer, Täler und Berge erhebt sich der
Exobourgo aus der Ozeanerde. Meine Theorie: Die Insel kam zuerst, durch plattentektonische Kräfte aus dem Meeresboden hin-
ausgebrochen. Später schickte der Himmel den Exobourgo. Von
Chora aus sieht er daumenkuppenrund aus. Von Westen allerdings macht er den Eindruck, als sei ein riesiger Granitstift aus
dem All herausgeschleudert worden und schräg, extraterrestri-
sche Markierung, im Herzen der Insel gelandet. Ich parke Emma
und steige aus. Es ist, als gebe der Felsen einen Ton von sich. Er
steht und klingt und sehnt sich nach nichts. Ich stehe vor einem
Rätsel. Auch wenn ich noch nichts Näheres weiß: Ich könnte
schwören, dass allein dieser Ort Tinos zu einer außergewöhnli-
chen Insel macht und Schicksale heraufbeschwört, für die die übrigen Kykladen nicht die richtige Bedingung bieten.

Nach Skalados verändert sich das Gesicht der Landschaft. Das
neue Tinos beginnt so urplötzlich, dass ich mich wundere, wer um
alles in der Welt diese Markierung auf den Meter genau gezogen
hat – und wozu?

Das kahle Land ist übersät mit runden, granitgrauen und grünen Flecken, Tupfer, gestreut von Hunderten Bäumen und Tau-

senden zu Tale rollenden Felsen. Sie liegen, so weit das Auge blicken kann, bis genau dorthin, wo die Wärme flimmert und im
Himmel verrauscht. Der Anachronismus dieser Landschaft: Die
Felsbrocken weichen das Tal auf und geben ihm gleichzeitig Halt.
Alles hier erinnert mich an das indische Hampi. Dort ging vor
fünfhundert Jahren das letzte südindische Königreich Vijayana-
gar unter, und auch dort haben große Kräfte unzählige Steine aus-
gerollt, die bis heute auf prähistorische Weise die Landschaft do-
minieren. Wenn man um das heutige Hampi schleicht, findet
man Hunderte alte Tempelanlagen und Relikte einer außeror-
dentlichen Zivilisation.

Hier aber fehlen die Ruinen. Einzig eine Ansammlung von
kalkweißen Häusern thront einsam und verlassen inmitten dieser
Landschaft. Ein einziges Dorf. Das nächste Straßenschild verrät
mir seinen Namen: Volax.

Als wir uns die Straße hinunterschlängen und durch die Steinformationen rollen, ist klar: Emma und ich fahren ins Dorf am
Ende der Welt, in die erste Heimat Griechenlands.

Ein warmes Lüftchen, mehr nicht. Kein halbsturmartiger Nordwind erwartet uns, keine durch das Dorf fegenden Böen. Sofort
macht sich ein anderes Licht breit. Fassungslos stehe ich am Eingang des Dorfes und hebe zum ersten Mal seit meiner Ankunft
den Kopf, um zu sehen, wo ich eigentlich bin.

Volax, das sind zwei Dutzend Häuser, um die man ein paar
Getreidefelder gelegt hat. Die Felsen machen den Rest. Empfangen wird man von einer den Dorfplatz einnehmenden Taverne
und einem Verkaufsstand für Kräuter, Oliven, Kapern und Co.
Ihm gegenüber liegt ein uraltes Steinhaus, dem das Dach fehlt.
Der Verfall ist gepflegt. Hunderte Pflanzen stecken in Tontöp-
fen, Körben oder der Erde, dazwischen Steintische, Holzstühle,
Heiligenfiguren und Nippes. Ein verwunschener Steingarten, der
das bereits Vergangene am Leben erhält.

Auf einen großen Stein hat der Hausherr oder die Hausherrin geschrieben:

Die Blumen sind die Ehre des Lebens.

Ich setze mich hin und streue mir einige Samen des Goethe-Pflänzchens in die Hand, als ein Hund aus dem Haus herausgelaufen kommt. Ihm folgt ein großgewachsener, dünner Mann. Er wundert sich nicht, dass ich in seinem Garten sitze und an seinem Pflanzenreich rumzupfe. Zufrieden schaut er mich an. Ein markantes Gesicht unter weißen, zum Pferdeschwanz zusammengebundenen Haaren, die Lippen dick und tabakbraun. In seinem langen Schädel stecken die Murmeln seiner Augen und wechseln ständig die Farbe. Grün, Forellenseeweiß, Ockerbraun.

Er setzt sich zu mir. Lächelnd legt er seinen Tabak und etwas Marihuana auf den Tisch und beginnt zu rollen.

»Das ist eine sehr spezielle Pflanze«, sagt er und deutet auf die braunen Fächersamen in meiner Hand. Seine Stimme ist tief, knatternd und dennoch so klar wie Metall. Hundert Jahre hat er zwischen diesen Felsen gehockt für diese Stimme, tausend Jahre den Tabak gerollt.

»In Deutschland ist sie im Volksmund nach Goethe benannt«, antworte ich. »Er war zeitlebens fasziniert von ihr. Er erkannte in ihr so eine Art Urpflanze, das Pflanzenprinzip schlechthin. Für mich ist sie vollkommen griechisch, denn egal ob auf der Peloponnes, auf Kreta oder hier, überall finde ich sie.«

»Ja«, sagt der Mann, »sie weiß für sich selbst zu sorgen, sie ist sehr schlau. Man muss intelligent sein, um so zu werden.«

Er rollt sein Blatt zusammen, zündet sich die Zigarette an und sagt: »Ich hole uns Kaffee«.

Als er mit den zwei Tassen zurück ist, verrät er mir seinen Namen. Ich frage Joseph, woher diese spezielle Felsenlandschaft stammt.

»Das alles hier«, beginnt er langsam, »diese Steine und diese Erde – Volax stammt von volacas und bedeutet Stein, Marmor –, sie sind elftausend Jahre alt. Wahrscheinlich sind sie bereits einige Male elftausend Jahre alt geworden und werden es wieder sein. Damals gab es die ersten Griechen, von denen alles abstammt, aber hier, mit dieser Energie, mit Sonne und Stein hat es begonnen. Heute wissen wir nichts mehr davon. Doch der erste Mensch, er war perfekt und so, wie wir uns einen Gott vorstellen. Es gab keine Krankheit, keine Missgunst, alles war klar und rein, eine Einheit. Aus diesem Wesen schuf man zweiundsiebzig Klone, das sind die Menschen von heute, und aus ihnen wurden die verschiedenen Farben und Formen der Welt. Von hier aus hat es sich zerstreut.«

Er zieht an seiner Zigarette und schmatzt mit den Lippen. Von der Taverne hört man ein leises Flüstern. Ansonsten ist alles still. Sein Blick geht in die Ferne, über das Feld und über die Steine und über den Exobourgo und auch sonst über alle Farben und Formen hinweg.

Er erzählt weiter.

»Das erste Wort war griechisch, weißt du, und im Griechischen steckt alles schon im Wort und im Klang, die gesamte Welt. Die Sprache erklärt alles. Sie bringt die Götter hervor. Aber unser wahres Selbst ist verlorengegangen. Wir müssen es wiedererlangen, denn es wurde uns gestohlen. Heute ist alles vergiftet, unser Essen, die Nachrichten, sogar die Luft und das Wasser. Die Menschen sind keine Menschen, keine Götter mehr. Sie leben krank und ohne Freude und sprechen Unheil. Sie werden immer weniger. Aber hier in Volax, hier ist der Tag noch Energie, die Sonne ist Energie, Volax ist Energie, deswegen bist du auch hier.«

Ich nicke, als würde ich verstehen, was er meint. Obwohl ich eine geologische oder mythologische Antwort auf meine Frage erwartet hatte, bin ich mit seiner Antwort zufrieden. Warum nicht? Seine Gedanken tänzeln durch den Garten und schwingen sich federleicht von Blatt zu Blatt, ohne irgendwo Halt zu finden. Alles ist richtig und gleichzeitig völlig durcheinander. Und er ist noch nicht fertig.

»Die zweiundsiebzig Klone«, erklärt er weiter, »das sind verschiedene DNA, alle von Chromosomen. Ein griechisches Wort. Chromosomen und Moleküle haben immer etwas mit Licht zu tun. Licht ist nichts als Musik, und Musik kreiert. Mit Musik kannst du alles erscheinen lassen. Weißt du, Jesus war zwischen seinem zwölften und seinem dreißigsten Lebensjahr ein griechischer Lehrer, er lehrte hier. Alles beginnt mit der Sprache. Hermes sagte mal über die Menschen: Gib ihnen Buchstaben, und sie vergessen, wer sie sind.«

Joseph springt auf, um eine Kundin an seinem Kräuterstand zu bedienen. Er bröselt frischen Oregano und Thymian in ihre Hand, Kräuter, wie er ihr stolz erklärt, direkt hier aus der Umgebung.

Als er sich wieder zu mir setzt, legt er einige Spaghetti auf das Stück Mauer, wo noch Sonne scheint. Dort will er das Essen eine halbe Stunde aufladen.

Ich nicke und rolle mir eine Zigarette von seiner Tabakmischung.

Er zeigt auf den Baum über unseren Köpfen.

»Hier, schau, es ist einfach. Wenn der Osterbaum im Frühjahr blüht, bin ich der reichste Mann der Welt. Spürst du den Wind? Ich höre auf ihn. Früher konnte man hier mit Delfinen schwimmen, jeden Tag waren Delfine da, und ich bin mit ihnen geschwommen, heute sind sie fort. Rothschild und Rockefellers: Ihre Seelen steigen hinab, glaub es mir, aber meine, meine steigt hinauf.«

Er lacht und reckt den Finger in Richtung seines zukünftigen Aufstiegs. Dann klopft er mir auf die Knie und fragt mich, warum ich hier sei?

»Ich bin oben auf der Straße gefahren und habe Volax –«

»Nein, warum du hier in Tinos bist?«

Ich erzähle ihm meine Tinos-Geschichte. Dass ich vor ein paar Monaten in Indien eine Schweizerin kennengelernt habe. Dass sie, als sie erfuhr, dass ich den Sommer in Griechenland verbringen werde, mich mit ihrem Vater in Verbindung gebracht hat, der ebenfalls Schriftsteller ist und ein Häuschen auf Tinos besitzt. Dass wir, Daniel und ich, uns via E-Mail ausgetauscht haben und er mir angeboten hat, hierherzukommen. Dass er auch in zwei Wochen kommen wird, um ein Buch zu Ende zu schreiben. Dass wir zusammen in seinem Haus sitzen werden, um zu arbeiten, ein Projekt zweier sich fremder Künstler.

»So bin ich nach Tinos gekommen.«

»Aha«, sagt Joseph.

Er steht auf und zeigt auf einen Felsen.

»Steig auf diesen Felsen«, sagt er, »und du wirst sehen, warum du hier bist.«

Nutzlos, Fragen zu stellen oder nicht zu gehen.

Also gehe ich rüber zum Felsen.

Fivos der Hund begleitet mich. Während ich auf den Felsen klettere, rollt er sich zusammen und schmiegt sich an die Wärme des Gesteins. Die Dämmerung bricht über Volax hinein und schüttet ihr purpurnes Licht über das Tal. Alles, was in den letzten Stunden grau und braun war, glüht, als bräche ein Feuer aus der Landschaft hervor. Die Erde knackt unter der Hitze der Farben. Das Licht läuft über, verdichtet sich und zieht uns in die Höhe. Tinos schwebt. Die Farben des Himmels sind nun ein Ton, der von der Landschaft stammt.

Ich verstehe, was Joseph mir hat zeigen wollen.

Das, was das Auge zu blicken vermag: Es wird der Stoff sein, mit dem das Herz fühlen und der Mund sprechen wird.

Als Emma und ich aufbrechen, ist es dunkel.

Auf dem Weg hinauf zum Exebourgo bleibe ich noch einmal stehen, steige aus und blicke zurück auf die Abendlichter des mitten auf der Insel versteckten Dorfes.

Ich zähle sie.

Es sind genau zwölf.

Spaziergang durch die Steinlandschaft bei Volax.

Ich habe den Heimweg eingeschlagen, fahre dann aber am Haus
vorbei und runter nach Chora. Im Byzantin ist mannsgenau dieselbe Mannschaft versammelt wie am Tag zuvor, wie wahrscheinlich vorgestern und alle Vorvorgestern davor. Alle sind da.

Alle bis auf Joannis Kondilla.

Kein Godzilla. Es wird nicht nur von mir bemängelt. Jeder vermisst ihn und macht jedes Mal große, hoffnungserfüllte Augen,
wenn ein Wagen vorbeifährt.

Wir sitzen im Inneren eines Weinfasses. Vassili schiebt Speis
und Trank auf den Tisch. Joannis erzählt mir, was ich alles ver-
passt habe. Billy sei ein Idiot, fertig aus. Vangelis, der halb Ge-
lähmte, habe einem anderen Vangelis die um den Stuhl gehängte
Tüte mit Orangen Stück für Stück aufgeschnitten. Immer sei eine
Orange rausgepurzelt, Vangelis Nr. 2 hätte sie wieder hereinge-
legt, und Vangelis Nr. 1 erneut, zum Vergnügen aller, die Tüte ein
Stückchen weiter aufgeschnitten, bis die nächste Orange rausfiel
usw. Aristos habe Billy mit einem Gummiband Zaubertricks an

seiner Hand gezeigt, so lange, bis Vassili gerufen hat, ob er ihm auch gleich einen runterholen würde oder was. Da gab es Tumult, verständlich, es sei die ein oder andere Gurke geflogen, man sei zufrieden.

Ein Irrenhaus, versichert mir Joannis und bestellt sich ein weiteres Bier. Er ist der Byzantiner, von dem ich das Gefühl habe, er führe außerhalb der Bar noch ein ziemlich normales und vernünftiges Leben, der Einzige, der auch abends woanders sitzen könnte, aber trotzdem immer hier ist. Aber warum eine andere Gesellschaft wählen als diese? Keiner hier nimmt sich ernst, man albert herum, als sei man noch immer zwölf Jahre alt, und egal, wie schlimm es kommt, am nächsten Tag ist stets alles vergeben und vergessen. Man teilt die Langeweile, die Einsamkeit, jede kleine Freude des Tages und den Schmerz. Es ist eine Familie, zusammengehalten durch einen unzerstörbaren Humor, ein Harnisch, ein Schild gegen alle Lebensumstände, der sie alle unbesiegbar macht und so griechisch ist wie Souvlaki. Natürlich gilt hier, was in allen Bars und Tavernen Griechenlands gilt: Niemand ist in der Lage, sich vor Gott etwas zuschulden kommen zu lassen.

Ich erinnere mich an eine Geschichte, die dem Schriftsteller Nikos Kazantzakis während seiner ersten Reise durch Griechenland widerfuhr. Er und sein Reisepartner waren damals noch junge Männer. In einem Gespräch mit einem obskuren Mönch, der behauptete, eine gestandene Sünde sei keine Sünde, fragte der Reisebegleiter Kazantzakis', ob er manchmal glaube, dass solche Gedanken auch vom Teufel stammen könnten.

»Sicher«, antworte der Mönch. »Jeden Morgen denke ich sowas, aber wenn der Mittag da ist, habe ich es vergessen.«

»Knüpfe dir doch einen Knoten ins Taschentuch«, erwiderte der Freund, »dann wirst du es nicht vergessen.«

»Das geht nicht«, antwortete der Mönch und lächelte.

»Ich habe kein Taschentuch.«

000

Auf der Terrasse werde ich von Sonnenschein und einer Katzenmutter mit drei kleinen Jungen empfangen. Die Palme steht
kerzengerade. Es duftet und es ist unendlich warm. In den Ros-
marinbüschen blitzen die Nadeln.

Der Wind ist weg, fort, verschwunden, vergangen, aus, Ende,
vorbei! Ich kann es kaum glauben und reibe mir buchstäblich die
Augen. Es ist überstanden!

Zwischen den Zypressen und Olivenbäumen steige ich auf
das Mäuerchen und schaue mich um. Rechts liegt ein altes Ge-
stüt mit einem Dutzend Olivenbäumen, riesigen schwarzen
Ochsen und dem alten Schieferplattenring, in dem man früher
das Heu gedroschen hat. Unter mir hügelt es sich nach Chora hinab, hinter dem Meer liegt Syros glasklar im Kristallblau des Tages. Auf der Weide zu meiner Linken, die den Namen kaum verdient, weil es im Mittsommer nichts zu weiden gibt, stehen zwei
wunderschöne Pferde. Dahinter sind nur noch Mykonos, Rinia
und Delos zu sehen. Irgendwo bellt ein Hund. Aus dem Tal steigen weiße Tauben auf, der Beerenbusch vor den Schlafzimmern
steckt voller Ameisen. So bin ich, alleine an einer Straße zwischen zwei Dörfern, hauptsächlich von Tieren anstatt von Menschen umgeben.

Die Katzenmutter jault mich an und verzieht ihr süßes Gesicht zu einer Fratze. Ich nenne sie Drama. Die drei Kleinen werden Flummi, Joseph und »Der scheue August« getauft. Ich verteile, was der Kühlschrank einem Katzenmagen zu bieten hat, und
mache mich mit Emma auf den Weg.

Weiter Strand und ein flaches Meer. Ich schwimme über eine
Stunde. Am Horizont flimmert eine gütige Sonne und steigt
mächtig über das filterlose Land. Ich frühstücke in Chora. Der
Kerl, der mir die Geschichte von Aiolos erzählt hat, kommentiert

Flummi, flauschigster Mitbewohner und Sohn der wunderbaren Drama.

die Windlosigkeit mit dem Satz, nun sei Aiolos wohl betrunken und schlafe.

Ich zahle unsere Kaffees. Dann nehme ich die Küstenstraße Richtung Osten, die in die volle Kraft des Mittags getaucht ist. Alles dies – die steil und trocken ansteigende Küste, das splitterglitzernde Meer, die weißgewaschenen Häuser – scheint nun die richtige Welt zu sein. Substanzlos, wie es ist, setzt sich das Licht bis in den letzten Winkel des Körpers und hebt sich unter die Zellwände. In dieser Berührung ist auch der letzte Gedanke immer nur Sonne. Die Kür der Kykladen: Das Sein ist durchlässig geworden, das Herz unaussprechlich und der Blick glücklich, über eine so bedingungslose Erde wandern zu dürfen.

Dabei sieht Tinos oft genug aus wie eine braune, weich unter den Himmel geschwungene Distel- und Steinwüste, in der die Dörfer auftauchen wie Oasen. Jedes neue Dorf verspricht, das schönste der gesamten Insel zu sein. Es ist ein fulminantes Wettbieten mit rund fünfzig Gewinnern. Pyrgos hat man ganz aus dem hiesigen Marmor gemeißelt – es trägt eine Prinzessinnenkrone und wiegt sich selbst in den Armen. Isternia präsentiert sich wie ein märchenhafter Balkon, von dem aus jeder Stein auf dem benachbarten Syros zu sehen ist, und Panormos besitzt tatsächlich noch seine alten, wetterverwaschenen Fischer, die um ihr Hafenbecken sitzen und der Zeit mehr zurückzahlen, als sie kassieren kann.

Neben dem König Volax aber ist Kardiani eindeutig die Königin der Insel und so unverschämt schön, dass man schon fast verärgert ist. Die natürlichen Quellen sind ergiebig: Um die gekalkten Häuser liegen leuchtende Büsche und Bäume, ein grüner Ring zieht sich um das Dorf und rahmt es an den steilen Hang. Die Wucht des Meeres spiegelt sich an den Wänden. Asphodele, Hornklee, Bougainvillea, Sesam. Kardiani leuchtet und leuchtet. Über eine Hofmauer hinweg höre ich ein uraltes Filmlied, einen Song aus den fünfziger Jahren, als die Filme, die jeder auswendig kannte, noch keine Farbe hatten:

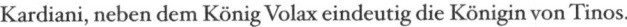

Kardiani, neben dem König Volax eindeutig die Königin von Tinos.

Habe Geduld
und der Himmel wird ein leichtes Blau
Habe Geduld
in der Nachbarschaft blüht schon
der Zitronenbaum

Ich schlage den Weg nach Volax ein, der mich durch die Inselmitte führt. Irgendwo hatte ich gelesen, dass es fast tausend Kirchen und Kapellen auf der Insel geben soll, dass also auf jeden achten Tinoten ein Gotteshaus kommt. Diese Zahl schien mir enorm zu sein, fühlt sich mittlerweile jedoch gering an. Auch, wenn ein Dorf nur aus fünfzehn Familien besteht, hat es um den Marktplatz mindestens zwei pompöse Kirchen und an seiner Peripherie eine Handvoll Kapellen gebaut. Zudem stehen auf jedem noch so kahlen Felsen und auf jedem noch so abgeschiedenen Hügel meist nicht nur eine, sondern gleich mehrere Kapellen. Aber wer soll hier vorbeikommen, wer wohnt überhaupt in der Nähe? Welcher Gott wartet an diesem Hang auf Verehrung? Steht die Kirche wirklich nur für den einen Bauern, der hier vor langer Zeit einmal die Erde durchpflügte und mindestens einen Ort an seinem Arbeitsplatz haben musste, von dem aus sein Gott seiner Schaffenskraft beiwohnen konnte – oder ist es gerade umgekehrt?

Nein, der Besucher nimmt den Tinoten die Symbole des Überweltlichen nicht ab. Ich erzähle es Emma, die schon seit Jahrzehnten durch diese von Taubenhäuschen und Gotteshäuser verniedlichte Landschaft rauscht und mir zustimmt: Diese kleinen Gedenkstätten sind weder für einen Gott noch für Federvieh aufgestellt worden, sondern zu Ehren der von den höchsten Mächten gestalteten Landschaft. Sie erinnern daran, dass die hiesige Welt stets die sichtbare Form der unsichtbaren Idee ist, auf der sie beruht. Es sind platonische Tempel für die Beziehung zwischen Himmel und Erde. Durch das diesseitige Werden präsentieren sich lediglich die Prinzipien des Jenseits, und wer eine Kirche an den trockenen Hang baut, auf dem im Frühjahr der Klee sprießt und die Insel grün färbt, der denkt an nichts anderes als das, was ihm zweifelsfrei zu Füßen liegt.

Tinos weiß: Was sich offenbart, genügt als Gottheit.

In Volax hat Joseph alle Mühe, Fivos zurückzuhalten, der einen anderen Hund und dessen Besitzerin anbellt. Die Frau ist rot im Gesicht und echauffiert sich im Rückwärtsgang. Scharf plärrend macht sie sich davon. Als sich Fivos beruhigt hat und wieder friedlich nach Essen schnüffelt, erklärt Joseph: »Das war eine schlechte Frau, ein schlechter Mensch. Wenn Tiere zu lange in der Nähe von schlechten Menschen sind, werden sie auch schlecht. Fivos merkt das sofort. So ein Hund, schau ihn dir an, er ist eine reine Seele und weiß gar nicht, was eine Lüge sein soll.«

Er drückt mir einen Ballen frisch gepflückten Salbeis in die Hand.

»Falls mal ein schlechter Mensch in dein Haus kommt«, erklärt er, »dann räuchere es hinterher mit diesem Salbei aus. Mit Menschen gibt es meistens Probleme. Entweder man kämpft mit ihnen, oder man zündet Salbei an und umarmt sich.«

Er lacht, knuddelt Fivos und stellt mir Alexander vor, einen Freund, der nach dreißig Jahren Athen wieder nach Tinos gezogen ist und der wie ich nach Volax kommt, um zwischen den Felsen zu sitzen und mit Joseph den Tag einen Tag sein zu lassen.

Schon spitzt Joseph die Lippen. Er hat bereits eine Unterrichtung im Kopf, aber ich unterbreche ihn, bevor er beginnen kann.

Ich brauche einen Mittagsschlaf, sage ich, streife mir die Flipflops ab und lege mich auf die Holzbank.

»Eh eh eh«, macht Joseph, die Augen groß wie Schirme.

Mit einem Male ist er ernst geworden und zieht mich von der Bank hinunter.

»Hier, leg dich auf den Stein. Das ist viel besser.«

Er räumt die riesige Steinplatte frei, die uns als Tisch dient. Ich lege mich hin, strecke Arme und Beine und werfe einen letzten Blick in den Eukalyptusbaum über mir.

Der Schlaf kommt schnell.

Ich erinnere mich an die Schlafhallen, die die alten Griechen besaßen. Dort fiel man in den Schlaf, während Priester auf und ab schritten und aus den heiligen Texten vorlasen. Heute ist Volax meine Schlafkuppel, das hohe Bild der Monde und Sterne, und Joseph der Geistliche. In dem halb anwesenden Geisteszustand, den ein zehnminütiges Nickerchen zulässt, trage ich die Sonne auf den geschlossenen Lidern und höre Josephs Stimme, die Alexander erklärt, die Energie der Steine sei »truly true«. Der Granit und der Marmor reflektierten die Galaxie, und die Galaxie bringt Energie. Es sind die letzten Worte, die ich höre. Durch alle nun folgenden Silben träume ich wie durch Wasser. Das Licht macht ein Geräusch, das ich aufzuschreiben versuche. Als ich im Traum meinen Stift suche, werde ich wach. Mein erstes Wort: Einverleibung. Über mir schwebt das zufrieden grinsende Gesicht Josephs. Seine hypnotische Stimme fragt mich, in welcher Richtung ich normalerweise schlafe.

»Was in aller Welt meinst du?«, frage ich.

Das Einzige, woran ich denken kann, ist Kaffee.

»Wohin zeigt dein Kopf, normalerweise, wenn du schläfst? Nach Norden, Westen, Osten ...?«

Ich überlege und antworte grob schätzend: »Osten.«

»Osten ist oben«, sagt Joseph und bittet mich, aufzustehen. »Siehst du, wenn du stehst, ist das Magnetfeld ein anderes. Auf Delos gibt es einen Tempel, einen Tempel, den niemand kennt, noch niemand hat —«

Joseph schweigt kurz, um nachzudenken. Seine grün wummernden Augen starren in die Ferne. Alexander bestellt Kaffee. Fast hätte ich ihm gesagt, wie sehr ich ihn dafür liebe.

Joseph sagt: »Es ist zu viel Sauerstoff in der Luft heute. Schau mal!«

Joseph, Wächter und Wundermacher von Volax.

Er zeigt auf den Exobourgo, über dem eine breite Wolke
schwebt.

»Zu viel Sauerstoff kommt vom Meer«, sagt er. »Das verändert
die Atmosphäre und das Bewusstsein. Ich bin einmal auf den Exebourgo geklettert, nicht den Pfad hochgegangen, sondern hinten
die steile Wand hochgeklettert. Es war Winter. Ich wäre beinahe
gestorben. Ich hing an der Wand, kam nicht mehr vor und zurück
und habe schon fast mit meinem Leben abgeschlossen. Aber als
ich oben war, gab es so viele Wolken, dass ich das Land unter mir
nicht gesehen habe. Ich saß über den Wolken. Das hat sich ange-
fühlt, als säße ich da oben wie ein Gott, haha.«

»Apropos Gott«, fällt ihm Alexander ins Wort und beginnt einen Witz, der mit Gott nicht das Geringste zu tun hat. »Eine junge Frau mit Geldsorgen kommt zu einem alten Mann und sagt,
›hey mein Lieber, für nur zehn Euro kümmere ich mich zehn Minuten lang um deine Eier‹. Da lacht der Alte und sagt: ›Meine Liebe, ich gebe dir zwanzig, wenn du sie findest!‹«

Da ist sie, die griechische Realität. Von den übergroßen Ideen, die sich hier auf Erden verwirklichen, geht es schnurstracks zu Pimmelwitzen.

Verehrung und Humor.

Wer könnte behaupten, dass dieses Volk jemals etwas Böses im Sinn hat.

Es dämmert. Joseph beginnt, seine Kräuter ins Wünschelhaus zu räumen. Wie ein Ring legt sich das Licht über das Tal, breitet den Thymian ein letztes Mal über die Felder und schnürt die Felsbrocken zusammen. Die Welt fällt uns entgegen, wie Neutronen durchdringt sie uns, tun müssen wir nichts. Eine greifbare Stille lässt uns stumm werden und wird schließlich von jenem Dunkelblau verschluckt, das Joseph den Kykladenmund nennt.

Wir verabschieden uns.

Emma und ich nehmen Alexander mit hinauf unter den Exobourgo.

Er ist zu Fuß nach Volax gekommen, woher weiß ich nicht. In seiner Tasche stecken zwei Karten für das Eröffnungskonzert des Tinos-Jazz-Festivals in Koumaros, ein winziges Dorf mit einem wunderschönen Amphitheater.

Er lädt mich ein. Wir hocken uns unter die riesige Eiche, die das Theater überschirmt, und sitzen direkt vor dem Exebourgo, an dem der weiße, wache Mond hängt. Die Häuser von Koumaros sehen aus, als seien sie aus dem Felsen herausgewachsen und wunderten sich über die Augen, die zu ihnen hinaufblicken. Eine Kulisse, die die One-Man-Jazz-Band dankend annimmt. Mithilfe einer Loopstation ist das Konzert des Athener Bassisten so kurzweilig wie dieser erhabene Ort.

Nach dem Konzert helfe ich Thomas, dem Organisator des Festivals und einer von Alexanders ungezählten Bekannten. Alex hat uns beide bekannt gemacht und ist dann sofort abgehauen. Es gibt viel zu tun. Neben Fokas, dem kraftvollen, pummeligen Tonmann, der sofort wunderbare Geschichten erzählt, sobald man in seine Nähe kommt, ist sonst nur Thomas zur Stelle, um all die Kabel und Geräte zusammenzupacken und im Auto zu verstauen.

Doch wir haben Zeit und arbeiten dementsprechend. Die Fastvollmondnacht, die Stunde der Göttin Hekate, fließt über uns hinweg und schüttet ihrer Taler aus. Von den Hängen duftet der Thymian, die letzten Ziegen trotten in ihre Ställe. Alle unverkauften Biere stehen uns zur freien Verfügung, und Thomas hat seine Flasche selbstgebrannten Raki dorthin gestellt, wo eben noch der Bürgermeister saß. Nachdem alles erledigt ist, starren wir zufrieden in die Nacht. Thomas schwitzt noch immer und ist glücklich. Man sieht es ihm an, es steht in seinem Blick großbuchstabengroß, in seinen erhitzten Augen: Er will sich sorgen und alles richtig machen, er freut sich, wenn es Menschen gibt, die auf so einer winzigen Insel auf ein Jazz-Konzert kommen, er huldigt dem Beisammensein und seinem Selbstgebrannten, von dem er uns nachschenkt und nachschenkt. Wer so lebt und nicht müde wird, obwohl er hundemüde ist, hat sich die rechtschaffenen Falten und Augenringe verdient. Thomas schnürt seine langen Haare zurecht und grinst das schelmenhafte Bubengrinsen, das ihm so gut steht, weil es einfach nicht unterzukriegen ist.

Wir fahren nach Chora. Nachdem wir all das Equipment verstaut haben, verabschiedet sich Fokas. Ich lerne Thomas' Frau Miranda und die beiden Kinder kennen, die alle schon auf dem Weg ins Bett sind, während er noch überhaupt keine Lust hat, schlafen zu gehen.

Ich lade ihn hoch ins Haus ein. Er sagt zu, nicht ohne noch eine volle Literflasche selbstgebrannten Raki einzustecken. Mit viel gutem Willen passt der lange Hansel in Emma und überlebt die Fahrt, während der er laufend – vor Anstrengung und vor Freude – aufseufzt und vor sich hin lacht.

Wir schieben uns die Stühle auf die Terrasse. Über Mykonos schwebt der Mond und zeichnet die Inseln messerscharf ins glei-

ßende Meer. Thomas verlangt zwei Gläser, und als ich zwei bringe, sagt er, nein nein, *große* Gläser. Der Raki tut seine Wirkung
und lockert eine Zunge, die eh nicht fest saß.

Er zeigt hinüber nach Delos.

»Tinos«, erzählt er, »war der Ort, wo die Menschen drei Tage
lang Rast gemacht haben, bevor sie weiter nach Delos reisten.
Das geht schon seit Jahrtausenden so. Sie haben sich hier gerei-
nigt, und dann ging es weiter. Delos war das Manhattan der antiken Zivilisation. Es gab viel, viel Geld in Delos, und das Leben
dort war teuer, man konnte sich als normaler Mensch keine Über-
nachtung leisten.«

Er macht eine kurze Pause und grinst und klopft sich auf die
Brust.

»Weißt du, wir Tinoten sind schlau und trickreich. Wir wollten immer wie Delos werden, und weißt du, wie wir es geschafft
haben? Nach der Revolution, nach dem Befreiungskrieg gegen die
Türken, hat sich die Kirche etwas einfallen lassen, und so fiel die
Unabhängigkeit genau mit dem Zeitpunkt zusammen, als man
hier die Ikone der Jungfrau Maria gefunden hat. Was für ein Zufall! Hahaha. Und es hat funktioniert, nun sind wir ein Wall-
fahrtszentrum, und in Delos gibt es nichts außer Archäologie.
Weißt du, mein Vater hatte früher einen der religiösen Souvenir-
läden auf der Straße, die zur Kirche hinaufführt, und ich habe ihm
schon als kleiner Junge geholfen. Mein Leben lang habe ich die
Leute an mir vorbeikriechen sehen. Als ich in Athen gewohnt
habe, habe ich immer erzählt: Da wo ich herkomme, schrubben
die Leute auf den Knien an mir vorbei.«

Er lacht und hebt das Glas.

Ich frage ihn nach Athen, was zu seiner ausführlichen Lebensgeschichte führt. Die Kurzversion: Der ewige Querulant,
Saxofon-Spieler und Jazz-Liebhaber hat irgendwann die klein-
geistige und ach so heilige Gesellschaft seiner Heimatinsel verlassen und ist ins bunte, pralle Athen, hat dort als Musiker gear-

beitet, einen Club aufgemacht, der nach der Krise pleite gegangen ist, und ist somit wieder hier in Tinos gelandet, wo er einen kleinen Apartmentkomplex besitzt, den er im Sommer an Touristen vermietet. Verdienen tut er damit fast nichts, die Saison ist kurz und die Unterhaltskosten sind hoch. Zudem besitzt er aus seiner Athener Zeit und dem baden gegangenen Club einen Berg Schulden.

»Jetzt«, sagt er, »vermiete ich manchmal die Apartments und verkaufe Shampoos und Toilettenpapier an die Hotels. Als Miranda und meine Freunde hörten, dass ich komplett pleite bin und Schulden habe, sagten sie alle, du musst irgendwas arbeiten, Teller waschen oder so, Hauptsache etwas Geld. Aber ich kann das nicht machen. Ich bin nicht gut darin, für Geld zu arbeiten. Ich muss das tun, was ich tun muss. So habe ich das Jazz-Festival gegründet, nur, um es zu machen und meinen Traum zu verwirklichen, durch den Jazz die Kykladen mehr und mehr zu vereinen. In Tinos hat es 2009 angefangen, aber ich habe auch Festivals auf Syros, Mykonos, Santorini und Paros gemacht, immer mit viel Risiko und ohne Geld. Es ist egal, verstehst du? Ich bin noch immer hier, und auch dieses Jahr gibt es ein Jazz-Festival – es funktioniert! Ich weiß nicht wie, aber wir sind noch da.«

Thomas hält kurz inne, um sich neu zu sammeln. Ich merke: Er redet nicht um des Redens willens und nicht aus Eitelkeit. Er redet, um von seinen Träumen zu erzählen und sie damit zu festigen. Mit jedem Wort bekommt das, was er sagt, mehr Gewicht und nistet sich tiefer in den Bereich des Möglichen, aus dem sich die Wirklichkeit formt. Dass seine Träume – buchstäblich trotz allem – in Erfüllung gehen: Das ist neben seinem Überlebensinstinkt und einem ungebrochenem Optimismus auch dieser autosuggestiven Kunst zu verdanken.

Ich biete ihm meine Hilfe an. Immerhin werde ich Tinos nicht so schnell wieder verlassen und habe Zeit.

Er haut sein Glas gegen meines.

»Dennis, du bist eingestellt. Deine Bezahlung ist die gleiche wie meine. Unendlicher Ruhm und ein Platz unter den Göttern, haha, sobald uns der Schnaps und die Musik dahinraffen. Dann werden wir ein neues Tinos gründen irgendwo, und ein neues Delos daneben. Prost, Jamas.«

So ist es ausgemacht. Für einen Moment schweigen wir und starren auf das silberne Meer hinunter. Es ist so windstill, als habe es niemals überhaupt wehbare Luft gegeben. Um uns herum sieht man jeden Stein, jede Distel, jedes Korn. Die Ölbaumblätter schimmern, als lege sich eine Sonne auf Tinos. Oben aber lässt der Mondkönig alle Sterne verschwinden. Drama und die Kleinen liegen in der Ecke und blinzeln nur zu uns herauf, wenn wir laut werden oder die Baststühle knarzen.

Schmunzelnd blicke ich zu Thomas, der schmunzelnd über das Meer blickt.

Er lässt mich an das Nachtlied denken, das Nietzsche seinen Zarathustra singen lässt:

> *Nacht ist es, nun reden lauter alle springenden Brunnen.*
> *Und auch meine Seele ist ein springender Brunnen.*
> *Nacht ist es, nun erwachen alle Lieder der Liebenden.*
> *Und auch meine Seele ist das Lied eines Liebenden.*
> *Ein Ungestilltes, Unstillbares ist in mir; das will laut werden.*
> *Eine Begierde nach Liebe ist in mir, die redet selber die Sprache der Liebe.*
> *Licht bin ich: ach, dass ich Nacht wäre!*
> *Aber dies ist meine Einsamkeit, daß ich von Licht umgürtet bin.*

»Sag mal«, fragt Thomas, »habe ich dir schon davon erzählt, warum ich als Sechsjähriger von der Schule flog?«

ooo

In den nächsten Tagen versuche ich, den besten Strand der Gegend zu finden.

Nur zehn Fahrradminuten unter mir liegen einige Buchten, mal von schwarzem, mal von weißem Sand an die friedliche Ägäis gezogen, und hinter Chora liegt ein nordwindgeschützter Felsenstrand, der vor allem bei den Einheimischen beliebt ist.

Meinen Lieblingsort allerdings finde ich zufällig. Auf einer meiner Volax-Fahrten biege ich auf dem Plateau, das sich direkt hinter dem Exobourgo in einem weichen Lauf von Weiden und Grasland breitet, Richtung Steni ab, ein im Vergleich zu den übrigen Märchendörfern recht unscheinbares Dorf. Eine Teerstraße führt hinunter zur Nordseite der Insel. Emma ist guter Dinge. Plötzlich aber endet das, was man noch eine Straße nennen kann, und geht in ungepflasterte Schlagloch-Serpentinen über, die geröllüberschüttet den Berg hinablaufen. Ich steige aus. Die Küstenlinie ist nicht zu sehen. Nur löchrige, braunverschwommene Erde und Meer. Ein einziges Schild verrät, dass dort unten noch etwas liegen muss. Livada. Ich glaube nicht dran, aber irgendwohin muss diese Piste ja führen. Ich steige wieder ein und spreche Emma gut zu.

Emma. Du kennst das. Es ist deine Insel. Du warst bestimmt schon überall, selbst hier unten in Livada bist du bestimmt schon rumgerattert, hast diese Nicht-Straße bewältigt. Ich weiß, wir kommen da runter und bestimmt auch wieder hinauf. Was meinst du?

Wir fahren ins Leere.

Plötzlich aber tauchen sie aus der Versenkung auf, die Taverne, die Süßwasserlagune, das beige Kliff und die zehn in einer Linie aufgereihten Tannen, hinter denen Millionen glattgewaschener Steine zum Meer führen, ein wildes, kaltblau schäumendes Maul von einem Meer.

Trotz Saison bin ich fast alleine. Livada macht den Eindruck, als müsse man sich seine raue Extravaganz verdienen. Vom Strand aus ziehen sandgraubraune Felsenformationen die Küste hinauf. In ihren glattgeschliffenen Wellen kann man stets einer weißen Mar-

morspur folgen. Die Felsen sehen aus wie Fossilien, wie jahrtau-
sendelang verhärtet und gleichzeitig so hohl und porös, dass man
sie aufheben und herumtragen könnte. Das ist alles, und es genügt.
Den ganzen Tag liege ich in dieser Steinlandschaft und lausche den
Vögeln und den Wellen und dem Licht. Zwischen Himmel und
Meer herrscht eine blauversandete Stille, die mich mit beiden Beinen in die Erde zimmert. Das Meer wird grün, dann weiß. Schließlich rollt es, sonnengewendet, in meine Hand und bleibt.

Wenn es nichts mehr über Livada zu berichten gibt, ist alles
vollbracht.

Emma schafft es hinauf.

Als Dank verspreche ich ihr frisches, leckeres Benzin, eventu-
ell neues Motorenöl und eine Außenreinigung. Als ich vor Chora
in der erstbesten Tankstelle halte, um meine Versprechen einzu-
lösen, ist es Billy, der in dem Kassenhäuschen sitzt und sich nicht
wundert, dass ich da bin.

»Denni, OHHLALA, BIG WAIT!«

Er stolziert nach draußen, präsentiert sein in alle Richtungen
verlaufendes Grinsen und füllt mir den Tank auf.

Er sagt: »Nach der Arbeit: Vassili. Alles unter Kontrolle.«

»Wann«, frage ich.

»Sieben. Pame!«

Er haut mir auf die Schulter und brüllt:

»Raki mit Godzilla!«

Ich lasse Emma zu Hause und fahre mit dem Fahrrad runter in die
Stadt.

Chora verwöhnt sich. Weinreben wachsen in weit aufgerisse-
ne Fenster, in denen der Abend aufquillt wie warmes Brot, die
Bougainvilleen hängen als Torbögen in den Gassen und streicheln
den Streunenden sanft über den Schädel. Tinos-Stadt ist ein
Schmuckkästchen. In den Cafés sitzen Kleinkinder, Jugendliche,

Eltern und Großeltern beisammen und bereuen es nicht, einander zu haben.

Der Familienzusammenhalt ist groß.

Außer auf der bei Jugendlichen ziemlich unbeliebten Kriechspur.

Unter den Fuchsteufelsaugen ihrer körperlich greisen, aber geistig von der Flamme ihres herbeigesehnten Himmelreiches in Brand gesteckten Großmutter muss ein Mädchen den Gebetsteppich hinauf. Ein semi-göttlicher Anblick: Die todernste Frau begleitet jedes Voranrobben ihrer Enkelin mit in die Hüfte gestemmten Armen, die jeweils eine kleine Wasserflasche halten – einziger Proviant des Mädchens, dessen Gesicht verrät, dass sie alles verachtet, was mit ihrem von dem Großmuttergott auferlegten Vierfüßlerstand zu tun hat.

Im Byzantin sitzen Billy, Joannis, Vangelis, eine mir unbekannte Frau und ein Mann mit erdbefleckten Knien. Dazu Aristos und der altehrwürdige Joannis Kondilla alias Godzilla, der mit gigantisch gottlosen Flüchen das Fußballspiel kommentiert. Vassili trinkt Kaffee aus seiner heiligen Kaffeetasse, auf der *My Coffee Taste* steht, während Maria etwas schrubbt, das nicht dreckig ist.

Billy schubst mich an und zeigt auf Vangelis, der so betrunken ist, wie ich ihn noch nie erlebt habe. »Problem«, sagt Billy. In der Tat ist Vangelis bereits seinem Delirium verfallen. Gerade noch so auf seinem Stuhl sitzend, baumelt er über der Tischplatte und hebt ab und an den Kopf, um die roten Augen aufzureißen und etwas zu brüllen, das die anderen zu einer großen Runde Stöhnen und Abwinkerei veranlasst.

Das Theater beginnt. Joannis braucht Feuer und niemand hat eins. Selbst Vassili findet keines. Joannis fragt mit ruhiger Stimme, was das hier für eine Versammlung von Arschgeigen und Malakas sei, wenn noch nicht mal ein Feuerzeug aufzutreiben ist. Als habe es dieser genüsslich vorgetragenen Beleidigung bedurft, kramt der mir unbekannte Kerl ein Feuerzeug hervor und schmeißt es Joannis herüber. Krachend saust es über den Tisch und fällt zu Boden. Joannis muss unter unsäglichen Verwünschungen aufstehen und es aufheben. Eins zu null für den Mann, der sich mir als Adonis vorstellt und sagt: »Deine Merkel, du musst sie mal richtig rannehmen, damit sie zur Vernunft kommt. Wie kann eine Frau nur so schrecklich sein? Das ist nur, weil sie keine Kinder hat und mit einer Schwuchtel verheiratet ist. Hitler hat Juden zu Seife gemacht, und Merkels Mutter ist Zionistin, sie hat dasselbe vor. Aber was machen die Juden? Sie zerstören sich selbst ...«

Hinter Adonis wird mir mehrfach signalisiert, dass er nicht alle Tassen im Schrank habe. Joannis nickt mit geschlossenen Augen und presst die Lippen aneinander. Plötzlich macht es PRAFF. Vangelis hat mit seinen Armen Aschenbecher und Glas vom Tisch geräumt. Die mir unbekannte Frau kichert kurz auf, dann versinkt sie wieder in sich selbst und versteckt ihre Augen mitten im Gesicht. Nie schaut sie jemanden an. Oft reibt sie an den Ohren herum, die ihr weit über den Kopf hinauswachsen. Sie trinkt ein Bier nach dem anderen. Mit jeder neuen Flasche schiebt sich ihr Kinn tiefer in den Mund.

Vassili stellt uns Gurken und Nüsse auf den Tisch. Kondilla verlangt nach einem Messer. Als Vassili es ihm aushändigt, holt er einen großen, in Alufolie eingepackten Brocken aus seiner Tasche, so groß wie ein Ziegelstein. Er blättert die Verpackung ab und präsentiert seinen Schatz. Käse.

Von den Kanten bricht er riesige Brocken ab und verteilt sie. Der blättrige, weißtrockene Käse ist der beste, den ich seit langer Zeit im Mund gehabt habe. Genüsslich stöhne ich auf. Das war genau das Signal. Genau darauf hat Kondilla gewartet.

»Selbstgemacht«, sagt er und klopft sich mit der Messerspitze auf die Brust.

»Du«, frage ich. »Du machst den selbst? Wo?«

»Na zu Hause, wo denn sonst! In einer Fabrik? Im Zoo?«

»Ich komme vorbei«, sage ich, »und du zeigst mir, wie du diesen Käse machst, Kondilla.«

Er hebt sein Glas und trinkt. Stolz grinsend ist er sofort einverstanden.

Noch bevor ich meinen Brocken gegessen habe, liegt schon ein neuer auf meinem Teller. Kondilla erklärt mir den Weg zu seinem Haus, das irgendwo in der tinotischen Pampa liegt und noch nicht mal ein Dorf um sich herum hat. Je weniger ich ihm folgen kann, desto lauter schreit er. Ich sehe schon, dass es einem Wunder gleichkommen wird, ihn zu finden, kündige mich aber trotzdem für den nächsten Tag an.

Simon kommt mit dem Rollstuhl angefahren. Jassu Simon! Er parkt an seiner Stufe und steckt sich seine Kippe an. Die anderen erzählen ihm die Geschichten des Tages. Kondilla kramt erneut in seiner dreckigen Bauerntasche. Er hat Stroh mitgebracht und gibt es Simon, der es für seine Vögel, Katzen oder Tauben braucht.

Währenddessen bestellt die kinnlose Bierfrau bei Vassili ein Glas Wasser. »Problem«, flüstert mir Billy zu, lehnt sich zurück und deutet mit den Augen auf die Frau, wie um zu sagen, nun sperr die Ohren auf und hör es dir an. Und tatsächlich. Als die Frau den ersten Schluck Wasser nimmt, spricht sie den kryptischen Satz: »Es kommen bald andere Zeiten, das ist klar, aber wenn Alkohol wieder zu Wasser wird, bin ich darauf vorbereitet.«

»Bei uns anderen«, sagt Kondilla so schnell, dass selbst Lucky Luke zu spät gezogen hätte, »ist es genau umgekehrt.«

Er erntet einen kollektiven Lachanfall, der das Byzantin zum Überkochen bringt. Vassili bringt Runde um Runde. Bald ist es so weit, das Kondilla unbedingt auf mein Fahrrad steigen muss, um zu beweisen, dass er noch so fit ist wie eh und je. Stolz schwankt er die Straße rauf und runter. Drinnen werden die Gummibänder gespannt, um ihn jedes Mal abzuschießen, wenn er an der offenen Tür vorbeifährt.

Ich sage ihm, er solle verdammt nochmal absteigen. Kondilla beschwert sich über den hohen Sattel und hat Glück, als er endlich auf mich hört, an der Stange hängenbleibt und zur Seite stürzt. Die Wand fängt ihn auf, bevor er zu Boden gehen kann. Nun hängt er dort wie ein Fisch auf dem Trockenen. »Fick den Christ«, plärrt er. Ich helfe ihm unter dem tosenden Gelächter der Byzantiner, die sogar zu filmen beginnen, vom Rad. Den Sattel stelle ich runter, aber die Lust ist ihm vergangen. Als Vangelis das letzte Stück nüchternes Wachbewusstsein verliert, mit dem Kopf auf den Tisch knallt und von Joannis davor gerettet wird, anschließend auch noch vom Stuhl zu kippen, packen wir ihn und legen ihn auf die kleine Bank neben der Theke. Vassili holt eine dünne Decke, damit er es gemütlich hat. Anscheinend ist es nicht das erste Mal, dass er hier pennen muss. Noch zappelt er hin und her und stöhnt. Bevor er in seinen komatösen Schlaf fällt, aus dem ihn Maria am nächsten Morgen mit einer Tasse Kaffee wecken wird, versucht er etwas zu sagen und packt Vassili am Hosenbein.

Zuerst sind es die Laute eines Kleinkindes. Nichts als das Gebrummel zittriger Lippen. In einem Halbkreis stehen wir alle um ihn herum und stecken die Köpfe zusammen. Er brabbelt, sucht ein Wort, ärgert sich, wenn er es nicht findet. Als wir es fast schon aufgegeben haben, spuckt er sich einige dicke Tropfen auf die Wange und reckt die Faust in die Luft. Er holt es tatsächlich noch aus den Untiefen seines tauben Körper hervor, ein Wort, *das* Wort, geflüstert zwar, aber doch so gerade in die Nacht gesprochen, das die Buchstaben leuchten.

Godzilla!

ooo

Flummi ist so groß geworden, dass er auf die Fensterbank springt und von draußen rummotzt. Ich stehe auf, hole das Katzenfutter aus dem Kühlschrank und beginne die Raubtierfütterung. Danach gehe ich rüber zu den Pferden und verteile das alte Brot. Sie sind neugierig, stupsen mir mit ihrem Maul gegen den Kopf und wollen unterhalten werden. Die schwarzen Ochsen mit den vorsichtigen, scheuen Augen liegen nun direkt neben dem Haus. Uns trennt nur der hüfthohe, rostende Zaun, der mit einer Handbewegung umzukippen ist. Es ist erstaunlich, dass diese riesigen Tiere, die den Menschen innerhalb von Sekunden töten könnten, nicht die geringste Ahnung von ihrer Gewalt besitzen und sich argwöhnisch zusammenrotten, sobald ich mich ihnen nähere. Aber sie reagieren auf sanfte Worte und Geduld. Langsam wackeln sie zum Zaun, um mit angematschten Feigen gefüttert zu werden.

Aus dem Tal steigen die Tauben auf und segeln in ihre Häuser. Windlose Wärme. Syros, Mykonos und Delos sitzen wie Oasen in glitzerndem Blau. Die Katzen liegen mittlerweile gesättigt unter dem Granatapfelbaum, der sich Millimeter für Millimeter seine Früchte formt. Winzig noch hängen sie an den Zweigen, gerade mal halb so groß wie ein Daumen, die noch unreifen, bereits fransig nach oben geöffneten Kessel, auf deren Boden die Druiden ihre Mahlzeit brauen. Kein Tropfen Wasser sitzt in dieser trockenen Schale, und doch, wenn im Oktober der Apfel sternrot von den Zweigen kracht, wird sein Saft über die Erde schießen und, hellhörig geworden, zu den eigenen Wurzeln sickern.

Alles ist eingerichtet.

Und doch fehlt etwas.

Ich weiß, ich muss mich auf die Suche machen.

Auf die Suche nach Godzilla.

Emma und ich fahren zum Exobourgo hinauf und lassen ihn sofort im Rückspiegel verschwinden. Wir rollen die Oleanderallee hinunter nach Falatados.

Kondilla sagte: Hinter Falatados noch fünf Kilometer, dann irgendwann rechts auf einen unasphaltierten Weg abbiegen, runterfahren und Ausschau nach einer Kirche halten. Hinter der einen Kirche kommen drei Häuser. Und eines dieser Häuser, das sei dann seines.

Hinter Falatados zieht sich die Straße den von riesigen Felsbrocken übersäten Berg hinauf. Von einem Meter auf den nächsten beginnt die Stein- und Felsenlandschaft, die wie ein Ring, wie eine natürliche oder übernatürliche Grenze das tinoische Hinterland teilt. Von hier oben sieht man Volax im Zentrum dieser Landschaft liegen.

Die Straße führt über einen langen Bergkamm immer weiter die Nordküste entlang. Die Landschaft erinnert an die schottischen Highlands. Es kommt kein Dorf und keine Menschenseele. Ich zähle die Kilometer, so gut es meine Schätzung zulässt, und verlasse die Straße hinter einem winzigen Weingut.

Hätte ich mit Emma nicht schon die Livada-Erfahrung gemacht, wären wir wahrscheinlich nicht diesen aus plattgedrückter Erde zusammengerafften Hang hinunterfahren. Doch bevor die Straße endet, finden wir zwei Kapellen und ein Haus. Obwohl Joannis Kondillas Truck weit und breit nicht zu sehen ist, rufe ich nach ihm. Ein altes Ehepaar tritt aus seinem Haus, lebendig gewordene Steine: Sie stehen zwischen ihren Ziegen und Disteln und reichen mir ihre schweren Jahrhunderthände. Sie knetet eine Kartoffel und bewegt stumm ihre Lippen, als wolle sie sagen, dass es nichts mehr zu sagen gibt. Er wischt sich die Hand an seiner Hose dreckig und blinzelt in die Sonne.

Die beiden sind die Handschrift des Menschen im Buch der Erde. Wir stellen uns vor. Einen Joannis Kondilla, na klar kenne man denn. Der Mann zeigt in die Richtung, aus der ich gekommen bin.

An der nächsten und übernächsten Ausfahrt treffe ich auf die gleichen Häuser und Menschen, eine bleibende Geschichte. Sie alle haben Steine übereinandergelegt für ein Haus, und im Winter ist es kalt bis in die Knochen, und das Licht ist immer da und man schneidet sich abends das Brot mit verschwitzten Händen, und es

schmeckt und alles ist gut so, wie der Herrgott es eingerichtet und
der Mensch dankend erhalten hat. Eine halbe Straße führt sogar
runter bis ans Meer.

In der Tat ist es das Einzige, was mit diesem Tag zu tun ist:
Man sitzt auf dieser Insel und lässt sich über das Meer treiben.
Ich wähle Godzillas Nummer.
Kein Empfang.
Ich wundere mich nicht. Immerhin hatte er mir gesagt, dass
kein Satellitenfunk der Welt in sein mysteriöses Tal hinabreiche.

Ich parke Emma vor dem Kloster direkt unter dem Exobourgo.
Von hier aus ist es nur noch ein Aufstieg von zehn Minuten durch
die Johannisbrotschoten, den trockenen Fenchel und die
Überreste der alten Festungsanlage, die sich der Berg Meter für
Meter zurückholt. Der Exobourgo wurde schon während der
Kupferzeit besiedelt und blieb über Jahrtausende das Zentrum
der Insel. Aus jener Zeit stammt noch der erste Wall, der die wenigen Einwohner vor unzähligen Invasoren schützen musste, aber
erst im 13. Jahrhundert machte man mit der eigentlichen Bebur-
gung ernst. Nach dem Fall Konstantinopels nahmen die venezia-
nischen Ghisi-Brüder Tinos ein, errichteten dort ein Kirche, wo
früher ein Tempel der Göttin Demeter geweiht war, und ließen
einen uneinnehmbaren, sechshundert Meter langen Festungsring
um die Burg ziehen. Unter venezianischer Herrschaft umfasste
die Siedlung später bis zu zweitausend Einwohner, die sich fast allesamt dem Ackerbau widmeten.

In den komplett verfallenen Straßen und den Überresten der
Häuser und Lagerstätten lässt sich noch immer nachfühlen, wie
das Leben an diesem Hang einmal ausgesehen haben muss. Oben
angekommen, bietet der Exebourgo einen 360-Grad-Panorama-
blick über die Kykladen. Direkt unter mir aber, an der Südwest-
seite des Felsens, liegt das winzige Xanthia. Ringsherum verschwimmen die Inseln und die Ägäis im sich unendlich machenden

Azur und stürzen in einen fassungslosen Himmel. Auf den Dächern von Xanthia allerdings kann ich jeden Riss erkennen. Und
Thomas' Auto, das die Landstraße verlässt und auf das Dorf zu-
rast.

Eine halbe Stunde später stehe ich vor Xanthias Amphitheater.
   Die Begrüßung durch Thomas ist nahezu stürmisch – wahrscheinlich hat er nicht damit gerechnet, dass ich tatsächlich auf-
tauche. Ohne großes Tamtam geht es an die Arbeit. Nachdem wir
alles ausgeräumt und zum Theater geschleppt haben, bekomme
ich mein Tinos-Jazz-Festival-T-Shirt übergestreift und anschließend den Job zugeteilt, den ich bald perfektionieren werde: die
Biertonne. Sie muss bis oben hin mit Eis und Bierflaschen gefüllt
und ihr Inhalt, mit Herz und Seele, an die durstigen Mäuler ver-
hökert werden. Kein Problem. Aber gerade gibt es weder Eis
noch Bier.
   Die Band ist eingetroffen und stimmt die Instrumente. Zeit,
kurz durch Xanthia zu streifen, das den Exobourgo als Krone
wahrlich zu tragen versteht. Der Feigen sind so viele, dass sie an
den Ästen vertrocknen. Unter dem Maulbeerbaum ist der Boden
rotweinfarben getreten und hat den Stein geschluckt. Zwei riesige Kirchen für fünfundzwanzig Häuser, einige Kapellen an der
Peripherie, wo der Übergang zu den Obsthängen mit dem Jahr-
tausendschlaf Dutzender Katzen vollzogen wird.
   Kein Café, kein Fremdenzimmer, noch nicht mal eine Taverne. Dafür Mispel, Zypresse, Wacholder, Rosmarin. Der Name für
solch eine Landschaft und für solch ein Dorf, plötzlich kenne ich
ihn: Lust.

Thomas schwitzt.
   Er muss noch so viel machen, dass er nicht genau weiß, wo er
anfangen soll. Lieber erzählt er mir von den Dörfern, in denen im
letzten Jahr die Konzerte stattfanden. Ihm geht es nicht nur um

den Jazz, sagt er, sondern auch um die Verbindung der verschiedenen Teile der Insel, die sich nach Konfession, Höhenmetern
und allgemeiner Lage unterscheiden, und außerdem –
    Urplötzlich unterbricht er sich und stopft sich seine Haare
hinter die Ohren. Er müsse nochmal runter nach Chora, duschen,
Flyer holen, ein spezielles Kabel und das Eis für die Tonne besorgen.
    »Und verdammt«, sagt er, »das Bier auch. Ich versuche, um
halb acht wieder da zu sein.«
    Seine Worte sind absolut ironiefrei.
    Ich schaue auf die Uhr.
    Halb acht ist in einer halben Stunde.
    Ich klopfte ihm auf die Schulter und sage, natürlich. Thomas
flitzt los. »Wir sehen uns in einer halben Stunde«, schreie ich ihm
lachend hinterher. Er hätte auch sagen können, dass er sich in einen einflügligen Adler verwandeln und Aphrodite aus dem Meer
fischen werde, nur, um sie in einem Taubenhäuschen auf dem
Olymp in den paranormalen Gebrauch der Elektrooculographie
einzuweisen – es wäre eine ebenso wahrscheinliche Behauptung
gewesen.
    Fokas der Tontechniker, Kabelmann und generelle Mann für
alles sitzt auf dem Steinring und hört den Proben zu. Ich setzte
mich zu ihm. Seiner Meinung nach sind die meisten Vorbereitungen schon erledigt. Sein rundes Gesicht leuchtet.
    »Kann es sein«, fragt er, »dass ich dich heute in einem alten Fiat
gesehen habe, oben hinter Falatados?«
    Ich bejahe. Die Insel ist klein. Sehr klein. Ich erzähle von Jo-
annis »Godzilla« Kondilla, meiner Irrfahrt und der Felsenlandschaft, die mich nicht loslässt. Fokas nickt.
    »Die Frage nach den Felsen«, sagt er, »und dem Exobourgo be-
schäftigt uns alle. Es gab einmal ein Komitee, das extra gegründet
wurde, um herauszufinden, ob diese Steinformationen tatsächlich
die Reste eines Meteoritenaufpralls sind oder gar, wie es die My-

thologie sagt, auf krachende Titannenkämpfe zurückgehen. Die
Steine sind seltsam, man spürt es. Ich schätze, du warst du schon
mal auf dem Exobourgo?«

»Gerade eben.«

»Dann hast du ja die schreckliche Antenne gesehen, die nun da
oben steht. Das ist alles Politik, weißt du, die Mächtigen haben
Einfluss, aber sie sind im gefährlichen Maße dumm, und sie halten
uns für dumm. Wie unser Ex-Bürgermeister. Weißt du, als Mykonos zu dem internationalen Hotspot heranwuchs, der er jetzt ist,
all die Touristen und das Kapital, da brauchte man dort mehr
Strom und mehr Energie und alles. Die Stromgesellschaft wollte,
dass die Leitungen auch über Tinos laufen. Also plante man Masten auf der ganzen Insel, hässliche Dinger, die unsere heilige und
wunderschöne Insel verschandeln, und das noch nicht mal zu unserem Wohl, sondern für die reichen Japaner und Amis da drüben. Unser toller Bürgermeister wollte das Projekt natürlich genehmigen, aber die Leute haben sich beschwert. Kein Problem,
hat er gesagt, wir streichen die Masten einfach blau, dann sehen
sie aus wie der Himmel und man sieht sie nicht.«

Wir lachen so laut, dass uns die Musiker verärgerte Blicke zuwerfen.

»Oh«, macht er und springt los. Das Konzert beginnt in Kürze,
die ersten Gäste sind schon da, und Fokas hat vergessen, die Lichter aufzustellen.

Thomas schafft es pünktlich, genau eine Stunde zu spät zu
sein. Ich schmeiße das Eis in die Tonne. Das Konzert beginnt,
und es soll eines meiner Lieblingskonzerte der gesamten Reihe
werden, da der Bassist und Bandleader viel riskiert und eine Geschichte erzählen will, die mir für das eher dörfliche Publikum ein
wenig zu intellektuell scheint, aber eben gerade noch so passgenau funktioniert, dass man den Tönen der Musik folgen kann und
am Ende ein geschlossenes Bild in der Hand hält, musikalisch wie
konzeptuell.

Alle sind hochzufrieden.

Nach dem Konzert trinken wir die Reste aus der Eistonne. Thomas bekräftigt noch einmal, die Kykladen zum dritten Ort auf der griechischen Jazz-Landkarte machen zu wollen, direkt hinter Athen und Thessaloniki. Wenn das gelingen würde, dann wäre alles erreicht. Als wir gerade mit dem Abbau beginnen wollen, verrät uns Fokas, dass wir das meiste nicht zum Parkplatz schleppen müssen, weil er kein Auto hat.

»Ich war gestern in Athen«, sagt er, »da ist die Karre zusammengebrochen. Ich musste ohne sie zurückkommen. Eigentlich wollte ein Kumpel mir seinen Pick-up leihen, aber er arbeitet heute Abend in einer Bar und braucht ihn selbst.«

Gut. Wir packen die kleineren Sachen in Emma und Thomas' Wagen. Der Rest kommt in den Gemeinderaum.

Als wir schon unten in Chora sind, fällt mir ein, dass wir die Biertonne draußen haben stehen lassen.

ooo

An windstillen Tagen bewegt sich nichts.

Die Palme steht so gerade, dass es mich fast beunruhigt. Man hört die Luft knistern und den Lärm der Sonne, spürt, dass sie nicht nur unvorstellbar heiß, sondern auch laut ist. Das Licht fällt über eine glasklare Insel. Ab und zu ein Vogel, surreal in der festgefahrenen Luft, oder das Rascheln der Echsen in den braunen Olivenblättern. Das war's. Ansonsten Stille. Himmelblau, Stein, Erde. Wir sitzen in einem großen Sommer und es reicht.

Dann aber, dann kommt der Wind zurück.

Immer.

Aiolos vergisst seine Insel nicht. Er spitzt den Mund und bläst über das Land. Ich stelle mich auf die Straße, wo sich das Tal verengt, und höre sein hohles Pfeifen die Hügel zum Meer hinunterrasen.

In Chora parke ich auf dem Hafenparkplatz. Die Architekten
dieses leeren Raumes müssen davon ausgegangen sein, dass hier
einst die gleichen Kreuzfahrtschiffe anlegen würden wie auf
Mykonos, megalomane Städte, die sich den Inseln auf Raubtier-
pfoten nähern. Der Parkplatz ist riesig. Emma steht verlassen
auf weiter Flur, ein weißgrauer Fleck in einer dunklen Asphalt-
landschaft.

Da ich nicht weiß, wie Daniel aussieht, haben wir ausgemacht,
dass ich bei Emma auf dem Parkplatz bleibe. Als er mit hundert
anderen Reisenden von der Fähre steigt und mit erhobener Hand
auf mich zumarschiert kommt, habe ich das Gefühl, ihn schon
ewig zu kennen.

Einen alten Kumpel am Hafen einsammeln.

Das ist alles, was ich hier unten tue.

Daniel übernimmt das Steuer und ist zufrieden mit dem Namen, den sein Auto bekommen hat. Wir verbringen den ganzen
Tag im Haus und richten uns ein. Er bekommt das linke Schlaf-

Mittagessen mit Daniel.

zimmer, ich das rechte, dazu jeder einen Schreibtisch, einen Stuhl, ausreichend Stifte und einen Ventilator.

Daniel hängt eine Hängematte zwischen die Olivenbäume. Während er sein Recherchematerial im Wohnzimmer ausbreitet (er hat, passend zu seiner geistigen Zeitreise ins 18. Jahrhundert, nur *einen* Koffer dabei, der bis obenhin mit Büchern gefüllt ist), ein Inventar seiner schon geordneten Zettelwirtschaft vornimmt und seinen Arbeitsablauf der kommenden drei Wochen festlegt, gehe auch ich durch meine Mani-Notizen. Er hat noch genau drei Wochen, um sein Buch über Cagliostro zu beenden und wird Tag und Nacht arbeiten müssen – ich hingegen stehe am Beginn meines Manuskript, dessen erstes Wort noch nicht mal gefallen ist.

Zum Abendessen sitzen wir auf der Terrasse.

Daniel ist froh, seine Insel wieder unter den nackten Füßen zu wissen. Unsere Gespräche drehen sich um die Fußball-WM, Wein und das kategorisch Gute und Böse. Niemand von uns beiden hat Sorge, dass unser Projekt misslingt. Über Syros steht eine breite, nach unten auslaufende Wolke, ein Bruch im Horizont, als sei ein Atompilz in den Himmel geschossen. Die Abendsonne ist hinter den Hügeln versunken, erreicht aber noch die Wolke. Feuerrot brennt das Licht in ihr. Sie wird zu einer zweiten Sonne, und die zweite Sonne malt eine leuchtende Straße über das Meer und zieht sie bis zu unseren leeren Tellern hinauf.

Eine Wolkensonne, sagt Daniel.

Ich schreibe mir das Wort auf und weiß: Es ist der Einstieg in unsere Erzählung.

ooo

Ich bin natürlich nicht der Einzige, der nach Volax fährt, um mit Joseph und Fibo die Nachmittage zu verbringen. Diese Landschaft ist ein einziger offenliegender Tempel und Joseph ihr Priester. Auf der Bank hinter dem Kräuterstand erwarten mich Alexander, Andrei und Milan. Von Alexander weiß ich bereits alles, was ich wissen muss und darüber hinaus nie erfahren werde. Andrei ist einer der besten Violinisten Griechenlands und für zwei Wochen auf der Insel, um Urlaub zu machen und Salbei zu pflücken. Marco ist ein Fotograf aus Italien, der, wie er es ausdrückt, so lange hier auf Tinos bleiben will, bis er von der verdammten Insel die Schnauze voll hat.

Joseph, dem das glänzende Harz des Marihuanas an den Fingern klebt, unterbricht seine Geschichte kurz, um mich mit einem breiten Grinsen zu begrüßen. Dann macht er weiter. Ich streichle Fivos und lehne mich zurück, abermals Teil der bunten Volax-Gesellschaft, die ihrem wolkentopfschweren Zeremonienmeister lauscht.

»Die Menschen müssen aufwachen«, sagt Joseph, »die Menschen in der Stadt haben aufgehört, ihren Körper zu energetisieren. Sie verkaufen ihre Seelen, aber Geld bringt dir kein Glück und keine Zufriedenheit. Schaut uns an! Wir sind die armen Leute, aber wir sitzen hier und sind begeistert. Und wir atmen. Wir riechen den Baum und die Blumen. Wir haben Zeit, zu sitzen und zu philosophieren, wir, die nichts haben, nichts, außer das alles hier – das ist Reichtum!«

Zustimmendes Gemurmel der vier Apostel, die, zumindest diese Zusatz-Glückseligkeit kann man durch Geld erwerben, in der Zwischenzeit eine Runde Bier bestellt haben.

Joseph wird deutlich. Er vermisst uns die Zehen und sagt, wir seien direkte Abkommen der Erstgeborenen, von Licht, Griechen eben. Die Kennzeichnung von Nase, Lippen, Kopfform und Knochenmaßen bestätigt unsere Gesundheit. Sonst, so das Ergebnis, wären wir ja auch nicht hier.

Joseph leckt sich eine neue Zigarette an. Seine Lebensgeschichte war mittlerweile zu mir durchgedrungen, jeder kannte ihn, ob in den Tavernen von Triandaros, im Byzantin oder am

Strand von Porto. Bevor er den Giften, dem Alkohol und einer
weniger nachhaltigen Lebensweise entsagte, war er ein waschech-
ter *Kamakias*.

Die Achtziger waren das goldene Jahrzehnt des lendenstarken
griechischen Mannes. Aus dem Rest Europas, gerade dem Norden, kamen scharenweise aufgeklärte Frauen nach Griechenland
und sogar bis nach Tinos, Frauen, denen im ach so nüchternen
Heimatlande schweißtreibende Spielereien und nackte körperliche Lust verwehrt blieben. Hier aber fanden sie genau jenen ehrli-
chen, weil harmlosen Machismo, den man sich als Abenteurerin
nur wünschen konnte – der Geschlechteraustausch der Völker
begann, und Joseph befand sich mittendrin. Er besaß Charme,
eine poetische Zunge und gutes Aussehen. Zusammen mit seinem
Bruder machte er in Chora sogar eine Disko auf und erlebte wunderbare Jahre, bis plötzlich Aids auftauchte und noch niemand
genau wusste, was das war. Der Sextourismus brach ein, Josephs
Gesundheit folgte. Ich weiß nicht genau, was vorgefallen ist, aber
ich kann es mir denken. Die fetten Jahre hatten Joseph satt gemacht, übersäuert, gestresst – sein Körper machte nicht mehr
mit. Vor einigen Tagen erzählte er mir, dass sein Geist zwar klar
und wach war, sein Körper aber nicht mal mehr die Energie hatte,
auch nur einen Schritt zu gehen.

Mittlerweile ist seine Gesundheit wiederhergestellt, und er ist
in eine neue Lebensphase getreten. Seine Konzentration widmet
er nun anderen Dingen, seinen Kräutern, Pflanzen, energetisier-
ten Spaghetti und einer kühnen, von Wolke zu Wolke flatternde
Volax-Philosophie, für die er einfach nur an der frischen Luft sitzen und sich vom Licht mitreißen lassen muss. Was nicht bedeutet, dass er seinen Charme verlernt hat und nicht mehr in der Lage
ist, seinen Kundinnen schöne Augen zu machen.

Fivos hebt den Kopf und sprintet davon. Joseph schaut zum
Parkplatz hinüber und strahlt. Wir bekommen Besuch. Nikos,
ebenfalls ein häufiger Gast, schleppt schwer keuchend an seinem

Eimer und kommt dennoch herangeschritten wie eine Majestät. Fivos springt ihm freudestrahlend um die Beine. Joseph greift in seine Kasse, zieht zwei Fünfzig-Euro-Scheine heraus, wedelt mit ihnen durch die Luft und tanzt auf ihn zu. Der rote Eimer wird im Märchenhaus verstaut. Ein ganzer Eimer voller Tinos-Kapern. Die nassen Knospen wird er trocknen. Er wird sie in dem alten Haus auslegen, denn dort ist gutes Licht für die Energetisierung. Später sortiert er sie in Gläser und stellt diese kopfüber auf seine Auslagefläche.

Als Nikos bei uns sitzt, sagt Joseph: »Schau, er ist ein Engel, wir haben zehn Kilo ausgemacht und er bringt mir elf, er ist ein Engel wie du und ich, wir haben nun Kapern genug.«

Da ich die Ankunft Nikos' nicht zum ersten Mal erlebe, weiß ich, was jetzt kommt. Nikos ruft zum Kellner der Taverne rüber und bestellt sich ein Bier. Pavlos bringt es herbei. Langsam und grinsend. Er weiß genau, was auf seinen Auftritt folgt.

»Was kostet das Bier?«, fragt Nikos.

»Nur 3,50 Euro, Nikos.«

»3,50 Euro! Für was, es ist doch nur Bier! Es kostet ein Drittel im Laden!«

»Das hier ist kein Supermarkt«, sagt Pavlos. »Es ist etwas anderes. Es ist ein Restaurant.«

»Jaja, du und ein Restaurant! Zum Teufel, warum bezahl ich so viel?«

»Service.«

SERVICE! Nikos bekommt einen knallroten Kopf. Ich kann meine Freude kaum zurückhalten, denn ich weiß, welche Ansage sich Pavlos nun abholen wird. Ich stoße Marco in die Rippen und sage: »Listen!«

»SERVICE! Du hast den Kühlschrank aufgemacht und bist die fünf Meter bis hierher gelaufen, und das auch noch so lahm, als hättest du heute all deine Kraft bereits bei deiner Frau gelassen. Service, Malaka! Sei ruhig stolz darauf, dass du ein Bier abstellen kannst! Ein Euro für deine Langeweile, ein Euro fürs Abstellen, noch ein Euro fürs Aufmachen, Malaka, was bist du nur für ein Grieche!«

Joseph sagt: »Jorgos ist ein Engel. Und du, Nikos, bist auch ein Engel.«

Er legt seine riesigen Hände auf Nikos' Schultern und erklärt: »Nikos, Engel auf Erden mit dreckigen Schuhen, er wandert durch die Berge und über die Hügel. Er pflückt seine Kapern frisch mit seinen starken griechischen Händen. Die Frauen lieben ihn dafür. Sie kommen hierher und kaufen die Kapern, und wenn sie sie essen, dann denken sie an ihn. Nikos weiß das. Er hat magische Hände, und sie finden die Kapern, für jede Frau sucht er einen speziellen Kapernstrauch.«

Nikos nickt, nachdem er Jorgos mit einer verächtlichen Handbewegung weggeschickt hat, und erzählt anschließend einen Witz, über den nur er lachen muss. Er ploppt sich sein Bier auf. Ein Self-Service, den er Jorgos verweigert hat, um jene Servicemünzen einzusparen, die er später doch wird zahlen müssen.

Joseph ist in voller Fahrt. Die Anwesenheit eines Germanen und besonders eines Italieners beflügelt Josephs Zunge. Er erzählt Marco, dass die Griechen den ersten Körper kreiert hätten, die erste Vernunft und Intelligenz, aus denen sie letztendlich auch die Italiener erschaffen haben.

»Sieh, die Griechen fuhren nach Italien und bauten dort Tempel und eine griechisch-italienische Gemeinschaft. Also haben sich tausend Jahre später die Musik und die Philosophie verändert. Es gibt zwei Arten von Musik. Heavy Metal, das zieht nach unten, und natürliche Musik und Licht, da schwebt der Zuhörer nach oben. Wir waren mit Atlantis vermischt. Atlantis ist nicht untergegangen. Manchmal gehen Dinge unter oder steigen hinauf. Aber es gibt Überlebende dieser Zeit, sie sind die Wissenden. Drei Stück. Sie haben die Kontrolle über die Wahrheit und geben dir immer nur ein bisschen, sehr langsam, so viel eben, wie man verkraften kann. Wir alle fangen irgendwo an. Aber immer mit dem Wort.«

Marco fragt: »Wie geht das, von einem Wort zum anderen und von einer Sprache zur nächsten zu kommen, Griechisch, Italienisch, Deutsch? Warum geschieht dies überhaupt?«

Joseph zieht an seiner Zigarette und sagt:

»Mathematik. Das kann nur Pythagoras beantworten oder ein Mensch, der sich viel damit auseinandergesetzt hat. Sieh, nach der Schule lesen die Griechen, sie lesen ein Buch zehn Mal im Jahr, finden immer etwas Neues, bis sie es verstanden haben, dann lesen sie es erneut. Das Altgriechische ist aus Zahlen- und Gottestreue entstanden, die Ursprache, aber jetzt sprechen wir Französisch und Türkisch und all diese Sprachen. *Ascanser* auf Französisch ist der Aufzug. Das griechische Wort ist *anelkistiras*. Keiner benutzt es, wir Griechen sagen *Ascanser*. Aber hier in Volax ist alles noch Sonne, ist einhundert Prozent und ist ... voll!«

Andrei hat Joseph am aufmerksamsten zugehört. Der Musiker ist der einzig wahre Meisterschüler unter uns und fährt einmal im Jahr zu seinem Chi-Guru nach China. Nun will er von Joseph etwas über Energiezonen wissen, Kraftdreiecke, die sich unter anderem zwischen Delos, Volax und Delphi bilden, da Letzteres das Energiezentrum des Planeten ist.

Joseph beginnt zu erzählen. Er gibt, und er gibt ihm reichlich.

Je mehr ich diesem Menschen zuhöre, der kein Gramm Böses im Herzen und die durcheinandergewirbelten Ideen allerlei griechischer Bilder stolz auf den Lippen trägt, merke ich, dass er genau der Wächter, Geschichtenerzähler und Unerklärliche ist, den diese Landschaft verdient. Einst verloschen, ist er nun wieder auferstanden. Volax ist sein Palimpsest, sein Chromosom, seine Sprache, für die seine Gedanken nicht real genug sein können. Schwerelos gleitet er durch den offenen Raum, in dem alles geschehen kann, und verweilt stolz bei den wiedererwachten Versprechen seiner Erde.

Er selbst hatte es mir letzte Woche erklärt.

Sein Name.

Immerhin bedeute er »Möge Gott es vermehren«.

Fokas biegt um die Ecke. An jedem seiner Arme hängen drei Rollen Kabel. Fivos beschnüffelt seine nackten Beine und beschließt, dass er zu den Guten gehört. Obwohl er behauptet, dass wir schon in Verzug sind, bleibt noch Zeit für Kaffee und Raki, das griechische Herrengedeck. Anschließend schleppen wir das Equipment die gesamten einhundertfünfzig Meter ans andere Ende von Volax. Thomas und seine beiden Söhne sind schon da, einen der beiden befördere ich zu meinem Biertonnenassistenten – gemeinsam kümmern wir uns um das Eis und die Bierflaschen. Unsere Pflichten üben wir mit wachsender Professionalität aus. Nicht nur, dass ich meinen eigenen Geldbeutel mit zuvor gefülltem Kleingeld parat habe, nein, es hängt auch ein Abtrockentuch über Dimis Schulter, damit die nassen Bier- und Wasserflaschen schön trocken gerubbelt werden können, bevor sie die samtenen Hände der Kundschaft berühren. Service! Wenn Nikos das sehen könnte!

Nach dem Konzert beeilen wir uns mit dem Abbau. Wir müssen weiter, und die gesamte Volax-Mannschaft kommt mit, inklusive Andrei, Alexander und Marco. Nur Joseph lässt es gut sein mit dem Tag und fährt nach Hause.

Auf drei Autos aufgeteilt geht es nach Duo Horia, wo das Fest des Jahres bereits in vollem Gange ist.

Die Paniyiri.

Duo Horia liegt direkt über Triandaros. Es ist ein steiler Anstieg hinauf in das Dorf, das wörtlich »zwei Dörfer« bedeutet. Wir hätten ihn nicht ganz nehmen sollen. Ein Dutzend völlig überforderter Parkeinweiser und Verkehrsregler in gelben Hemden versuchen, eine unmanövrierbare Unmenge an Autos und Besuchern durch die einzige Dorfstraße zu dirigieren. Wir drehen um und parken so weit von Duo Horia entfernt, dass wir schon fast im Nachbardorf sind.

Bei meiner Ankunft in Tinos hätte ich nicht geglaubt, dass der Hochsommer tatsächlich solch einen Andrang provozieren würde. Aber es ist die Zeit der großen Dorffeste, zu denen ganz Griechenland nach Hause findet.

Überall werden Namenstage gefeiert und die großen Heiligen geehrt, jedes Dorf hat seine eigenen Festlichkeiten und Traditionen, überall hüpfen Joannis-Kondilla-Wesen übers Feuer. In Duo Horia allerdings wird kein Name gefeiert, sondern ein Kraut.

Der heilige Oregano.

Der Dorfplatz ist nicht wiederzuerkennen.

Ich war einige Male hier oben und streunte durch die von Haus und Hof überbrückten Treppengassen, für die Worte wie malerisch oder pittoresk eine horrende Beleidigung wären. Der Dorfplatz: Er war nun wirklich der Allerschönste unter jenen übrigen Allerschönsten, die zweifelsohne noch ein bisschen schöner sind als alle anderen. Über dem weichen Steinboden – jeden Abend kommen eifrige Elfenhände angeflogen, um ihn neu einzuweißen – schirmt sich eine endlose Platane über die Köpfe der Tavernenbesucher, ringsherum träumen die Häuser.

Heute ist das alles vergessen. Nachdem wir uns buchstäblich auf den Platz wühlen mussten, bietet sich uns eine Szene, die den anderen vielleicht vertraut vorkommen mag, mich aber vollkommen überwältigt. Drei Viertel des Platzes sind mit langen Tischen besetzt. Auf der Treppe ist kein einziger Platz mehr und nirgends ein Durchkommen. Die Menschen stehen sogar auf den flachen Dächern, schieben sich an den endlosen Bratständen und Ausschänken vorbei, die alle mit großen Schüsseln Oregano dekoriert sind. Auf der Bühne spielt sich eine zehnköpfige Band in einen anhaltenden Rausch, die gelben Lichter, die man in die Bäume gespannt hat, tun ihr Übriges. Säuglinge und Kleinkinder, Kinder und Jugendliche, Männer und Frauen, Großväter, Großmütter: Eintausend Menschen sind von eintausend Hähnchenschenkeln und Hunderten Flaschen Wein angezündet und in Bewegung gebracht worden! Wie eine riesige, wabernde und im Gleichschritt taumelnde Masse tanzen sie Arm in Arm ihre Kreise um den Platz, der viel zu klein ist für diese große, ohnmächtige Geste. Derwischen gleich schrauben sie sich in den Himmel und behalten doch die Füße auf der Erde.

Selbst Andrei, der an große Feste gewöhnt ist, macht große Augen.

Er wischt sich über den Mund, sagt, er werde ein paar Flaschen Wein holen, und lässt uns mit den verwirrenden Worten zurück: »Genießt es. Seid glücklich. Und manchmal, manchmal muss man etwas Illegales tun.«

Das Gute am Syrto, dem traditionellen Tanz, sind vor allem zwei Dinge. Erstens: Den Hauptschritt lernt man innerhalb von zwei Minuten. Und zweitens: Selbst ohne diese zwei Minuten kann man sich einfach einhaken und die Füße so schwingen, dass weder Mittänzer verletzt werden noch der Rhythmus des summenden Kreises gestört wird.

Jeder, den ich auf Tinos kenne, ist anwesend. Erst hier begreife ich, dass die Insel selbst nicht nur das größte, sondern auch das einzige Dorf von ganz Tinos ist. Je später die Stunde, desto mehr Freunde und Freundinnen kommen hinzu, und desto mehr Tische werden aus dem Weg geräumt, um Platz für die Tanzenden zu schaffen. Die Musiker wissen: Sie werden noch einige Stunden durchhalten müssen, denn ihr Dank ist ein tanzendes, feixendes, besoffenes und lachendes Dorf.

Wir wirbeln im Kreis umher, bis der Morgen graut, lassen uns fallen und fangen uns auf.

Um halb sieben sind wir noch ungefähr vierzig.

Das Abschlussspektakel: Der letzte noch stehende Kellner
klettert in die Platane und wirft packenweise Servietten aus dem
Baum. Ein weißer Schneeregen fällt über uns her. Marco versucht,
so viele es geht, aus der Luft zu fangen. Mit dem Mund.

Dann sagt er: »Dennis Mann, leck mich am Arsch, lass uns
nach Volax fahren!«

ooo

Daniel hat nicht nur eine Hängematte im Gepäck, sondern auch
einen platten Ball. In Triandaros finden wir eine Pumpe. Das
Spielgerät wird unser Partner, unser Therapeut, Kuckuck, Boxsack. Wenn ich am Schreibtisch sitze und plötzlich den Ball dotzen höre, weiß ich Bescheid. Dann unterbreche auch ich meine
Arbeit, um mit Daniel eine wortlose halbe Stunde den Ball hin-
und herzuschießen. Das Dotzen und Treten klärt den Kopf. Die
rhythmische Leere lässt uns neu denken. Wenn sich das jeweilige
Problem gelöst hat, kochen wir Kaffee und machen uns zurück an
die Arbeit. Der Schreibtisch, hatte Marcuse gesagt, sei ein Kloster
aus Holz.

Der Nordwind ist wieder verschwunden. Sein Fehlen schafft zu-
sätzlichen Platz. Die Zikaden rücken wieder heraus, kleben an den
Unterseiten der Ölivenzweige und schreien. Vom Hafen dröhnen
die Hörner der Fähren. Alles riecht nach Aufbruch. Ich überrede
Daniel, eine Stunde nach Porto runterzufahren und zu schwimmen.

Auf dem Rückweg packen wir Amalia ein. Eine gemeinsame
Freundin aus Athen hatte uns miteinander bekannt gemacht. Die
zierliche Frau arbeitet als Rettungsschwimmerin, heute aber ist
ihr erster freier Tag, seit sie auf die Insel gekommen ist. Waren
wir sonst nur gemeinsam an den Stränden, an denen sie arbeiten
musste, nehme ich sie heute mit auf Schatzsuche.

Unser Ziel: Joannis Kondilla.

Die Oleanderallee nach Falatados verzückt Amalia, die sonst nur auf das Blütenblau von Himmel und Meer hinausschaut. Auf dem Highlands-Highway fahren wir Richtung Unbekannt. Ich hatte Joannis Kondilla noch einmal nach dem Weg gefragt und weiß nun: Ich soll erst abbiegen, wenn die Teerstraße zu Ende ist und sich in ungepflastertem Terrain verläuft, das sich bis zur Nordspitze der Insel zieht. Dann irgendwann rechts. Eine Kirche und drei Häuser. Eigentlich nicht zu verfehlen.

Fünf Minuten tuckern wir in Schrittgeschwindigkeit den Weg entlang, der von der Straße noch übrig geblieben ist. Vor einer unbeschilderten Kreuzung, die ein paar Staubpisten zu verbinden sucht, halten wir an. Ich sehe fünf Häuser und eine Kapelle. Nichts bewegt sich. Ich kann weder ein Auto noch einen Menschen ausmachen, nur einen grünen Garten mit ein paar Ziegen, die auch dürre Schafe sein können. Wir steigen aus. Amalia lehnt sich an Emma, lässt den Kopf gegen das Dach plumpsen und schließt die Augen. Der Sonnenbogen glänzt über dem einsamen Tal. Es ist so still, dass man die Steinchen an den Hängen liegen hört.

Mit zusammengekniffenen Augen sehe ich endlich einen Menschen unter den Bäumen hervorwackeln. Oberkörperfrei läuft er auf einen Schuppen zu, gefolgt von zwei Hunden. Wenn man den Griechen Joannis Godzilla Kondilla einmal hat laufen sehen, dann erkennt man diese Haltung, diese einzigartige Silhouette auch aus vierhundert Metern Entfernung und mit Augustsonne in den Augen. Und das ein Leben lang.

»Verdammt«, sage ich, »wir haben ihn wirklich gefunden.«

»Bist du sicher, dass er es ist«, fragt Amalia?

Ich nicke.

»Godzilla«, schreie ich so laut ich kann.

Aber er hört mich nicht.

»Wie hast du mich gefunden?«, fragt er, als wir vor seinem Tor stehen.

Er schiebt den Riegel auf und haut mir schallend lachend auf die Schulter. Amalia, die ihn sofort in ihr Herz schließt, begrüßt er wie eine Enkelin.

Mit beiden Händen schiebt er uns in sein Reich. Eine alte Hündin beschnüffelt mein Bein. Dann legt sie sich auf den Rücken, um gekrault zu werden. Ihre fünf Zentimeter langen Nippel sehen aus wie vergilbte Riesendatteln. Joannis Kondilla haut mir auf die Schulter, diesmal die andere, und fragt, was wir trinken wollen.

Ich wundere mich nicht: Sein Bauernhaus ist ein richtiges Bauernhaus mit grünen Fensterläden und Bauernhausinventar wie aus dem Bilderbuch. An der Wand hängt ein Gemälde, das einen in die Ferne spazierenden Bauern zeigt. Auf den Schränken stehen handgeflochtene Bastkörbe aus Volax, auf dem blümchendeckenbezogenen Tisch die uralte Thermoskanne, deren Patina schon lange abgeblättert ist. In der oberen Ecke der Mini-Fernseher, im Schrank der Nippes, Kram, Figürchen und altes Handwerksgut. Hier drinnen hat sich seit dreißig Jahren nichts verändert. Nur ein grauer werdender Joannis Kondilla, der hier ein und aus geht, beweist seiner Stube das Voranschreiten der Zeit.

Auf der Veranda überdacht ein riesiger Maulbeerbaum den langen weißen Holztisch. Joannis Kondillas Kippe wabbelt zwischen seinen Lippen hin und her, während er auftischt: die Tomaten und das Brot, den selbstgebrannten Raki, Gurken, Feigen und einen Aschenbecher.

Zum Schluss stellt er uns den Käse hin.

Amalia ist hocherfreut über alles. Genüsslich lässt sie sich den Käse auf der Zunge zergehen. In den Jasminbüschen brummen Insekten. Es riecht nach Torf, Sonne, nach Hund und nach Laub und nach Ziegenscheiße.

Die Fliege, die vor seinem Gesicht herumschwirrt, vertreibt Joannis Kondilla mit unzähligen Verwünschungen, die sich alle um die weniger feine Variante des Beischlafs drehen. Die Ausdrü-

cke sind derart explizit und allgegenwärtig, dass man sich an die
Härte der Worte schnell gewöhnt hat und sie kaum noch wahrnimmt: *Gamw to mouni tis manas sou*. Ich ficke deine Mutter.
Gamw to mouni pou se petaye. Ich ficke die Fotze, die dich geboren
hat. Und natürlich der Standard eines Joannis Kondillas, *gamw to
christo sou*: Fick deinen Christus!

Als die Fliege fortverwünscht ist, beginnt er zu erzählen.

Joannis Kondilla holt weit aus und berichtet ausgiebig von seinem alten Leben und seinen Reisen und von Vassili und den verdammten Fliegen. Es war eine gute Idee, mit Amalia hier hoch zu
kommen. Joannis ist ganz gebannt von der wunderschönen Frau
und bestäubt seine Geschichten mit dem Charme eines Schür-
zenjägers, dessen vergilbte Schürzensammlung schon lange ausreicht.

Was ich nicht wusste: Dies hier ist nur sein Garten, seine Ru-
he-Enklave, sein Hobby. Sein eigentliches Haus steht in Falatados. Hier aber ist er am liebsten und arbeitet, sät, gießt, rupft,
melkt, schimpft und erntet. Joannis Kondilla – ich mache große
Augen, als er es fast beiläufig erwähnt – war ein Leben lang Inge-
nieur. Er arbeitete für die Marine und fuhr auf U-Booten durch
alle Gewässer Europas. Jetzt, als Pensionär, ist die Arbeit auf dem
Hof, die Käseherstellung, die Tiere und die Obstbäume und das
Schnapsbrennen sein Hobby, das ihm und seiner Familie die Teller füllt.

Er zündet sich eine Zigarette an und wirft uns mehr Käse auf
den Teller. Dann führt er uns herum.

»Hier«, sagt er, »ist der Generator für den Kühlschrank und
den Fernseher, ich habe eine Stunde Fernsehen am Tag. Und
abends Licht. Und diese Fliegen hier, verfickte Fliegen, zum Teufel mit ihnen. Sieh mal die Blumen und all das hier, habe ich vor
fünfzehn Jahren gepflanzt. Das ist der Brunnen, hier hole ich
mein Wasser, das hier ist Kompost, guter Dünger, Mist, genau
wie Vassili, haha der ist auch Mist.«

Er lacht und klatscht einem imaginären Vassili freundschaft-
lich auf den Nacken.

»Und der Käse, hier: Das nennen wir Wurla, daraus flechten
wir die Körbe, in die der Käse reinkommt. Ich muss viele Tücher
benutzen, um den Staub rauszufiltern, dann reift die Molke in
dem Korb. Am nächsten Morgen kommt sie woanders rein, und
die Flüssigkeit geht raus, ich streue Salz bei, ein wenig, damit die
verfluchten Fliegen nicht kommen. LUZIE!«

Er schreit nach Luzie und steckt die Nase in die Luft, als wolle *er* Witterung nach seinem Hund aufnehmen.

»Sie jagt Hasen«, sagt er, »sie treibt sich rum.«

Amalia fragt nach der Toilette, und Kondilla antwortet, sie
solle einfach ins Gebüsch machen – außer uns gebe es weit und
breit keine Menschenseele.

Als sie geht, stößt er mir in die Rippen.

»Soso. Ich freue mich für dich.«

Ich sage: »Sie ist lesbisch, wir sind nur befreundet.«

»Was?«

»Wir sind nur befreundet!«

»Warum?«

»Sie ist lesbisch.«

»Was?«

»Homosexuell«, schreie ich, dass es Amalia noch hinter ihrem
Busch hört.

Joannis Kondilla runzelt die Stirn. Sein Blick ist leer. Er hat
keine Ahnung, wovon ich rede.

»Sie mag Frauen, keine Männer! Amalia hat keinen Männersex!«

Joannis Kondilla guckt mich an, als hätte ich die Wirklichkeit
von der Erde gerissen. Ich halte ihm meinen Zeigefinger vor die Nase
und sage, »das ist eine Frau«. Dann halte ich ihm meinen anderen
Zeigefinger vor die Nase und sage, »dies ist auch eine Frau«. Dann
knutschen sich meine Zeigefinger ab und machen Bewegungen, die
man auf der gesamten Welt nicht falsch interpretieren kann.

In seinem Gesicht steht Panik.

»Du willst mich wohl verarschen«, sagt er und glaubt mir kein Wort.

Als Amalia zurück ist, nimmt er ihre Hand und sagt: »Mein Liebling, komm, ich zeige euch meine Kinder.«

Hinter den Gemüsebeeten beginnt das Tierreich.

Joannis Kondilla beherbergt Hunde, Ziegen, Katzen und Hühner und Schweine. Aber keine normalen Schweine. Die Viecher sind größer als er und schwerer als ich. Wenn sie sich auf die Hinterbeine stellen und den Kopf auf die Stallmauer legen, sind sie auch noch hoch wie ich. Ihre sensiblen Augen suchen den Kontakt mit unseren.

»Ihr müsst mir helfen«, sagt Joannis Kondilla.

»Das hier ist der Kerl. Und da hinten, in dem anderen Stall, die Frau. Ich muss beide zusammen bekommen, sie sollen Kinder machen, damit ich mehr Schweine habe. Die Sau darf mir nicht abhauen. Hier, nimm.«

Er drückt mir eine flache Holzplatte in die Hand, die uns als Schweineleitplanke dienen soll.

»Ich mache jetzt das Tor auf«, schreit er, »und wir schieben die verdammte Sau hinaus und in den anderen Stall. Fertig?«

»Fertig.«

Mit Entzücken beobachtet Amalia, wie wir das Riesenvieh zuerst aus dem Stall und dann in Richtung des aufgeregt über den Stallrand stierenden Begattungspartners jagen. Nach einigen heiklen Einsätzen der Leitplanke, die verhindern, dass unser gigantisches Weibchen durch die zarte Ziegenherde jagt, trappelt sie endlich in ihren neuen Stall. Joannis Kondilla klatscht in die Hände. Dann führt er seine beiden Zeigefinger zu schmatzenden Küssen zusammen und vollendet mit der Geste, die ich ihm vorhin unter die Nase gerieben habe.

Amalia nickt zustimmend und streichelt die beiden Tiere.

»Jetzt«, sagt Joannis Kondilla, »müssen wir essen und trinken.«

Eine Stunde später, wir haben den Magen voll Brot und Käse und Wein, lässt er uns unter dem Maulbeerbaum alleine. Von unten hört man das Grunzen der Schweine. Joannis Kondilla erntet ordentlich in seinem Gemüsebeet und an den Obstbäumen, das Ergebnis stellt er uns auf den Tisch. Zwei große Plastiktüten voller Tomaten, Auberginen, Zucchini, Gurken und Birnen, die wir mit nach Hause nehmen sollen. Aus seinem kleinen Kühlschrank holt er Käse und packt ihn obendrauf. Eine Honigmelone schneidet er uns sofort auf und wirft sie auf unsere Teller.

Joannis Kondilla fummelt eine Zigarette aus seiner Schachtel. Er ist zufrieden. Im letzten Sonnenlicht ertönen Steine und Felsen. Als es dunkel wird, bemerken wir den über uns wachenden Vollmond. Hell steht er in der weißen Nebelwand und bewegt sich nicht. Als wir uns verabschieden, muss uns Joannis Kondilla noch den hinteren Teil seines Hauses zeigen, in dem das muffige Gästezimmer liegt.

»Wenn ihr das nächste Mal kommt«, sagt er, »könnt ihr hier schlafen.«

Ich schaue ihm in die Augen. Sie grinsen, wie ich Augen noch nie habe grinsen sehen. Ich weiß: Es kostet ihn eine fast übermenschliche Überwindung, seine Zeigefinger nicht aneinander zu reiben und uns beide aufs Bett zu schubsen. Stattdessen greift er auf eine Ablage und zieht ein paar lange, braune Stofftaschen hervor. Bis auf eine legt er alle zurück. Er zieht ein Gewehr hervor, klappt es auf, füllt den doppelten Lauf mit Patronen und fragt uns, ob wir damit umgehen können.

Amalia verneint.

Ich habe, erkläre ich ihm, auf Kuba mit einem ähnlichen Gewehr in den Dschungel ballern dürfen, aber mehr auch nicht.

»Für die Hasen«, schreit Joannis Kondilla.

Nächstes Mal gehen wir jagen.

Und zwar nachts.

Joannis Kondilla präsentiert seine Gewehre, mit denen es
auf Hasenjagd geht.

ooo

Es ist der 15. August. Der Tag, an dem Tinos vergisst, dass sie eine
kleine, einsame und von Bauernhänden geformte Insel ist, ein
Käsemacher- und Winzerland, dem die Bewohner ausgehen. Es
ist der Tag der Jungfrau Maria, und wo ließe er sich besser feiern als zu Füßen der Panagia Evangelistria, der Kirche der Mutter Gottes.

Offensichtlich folgt man dem Ruf dieses orthodoxen Heilig-
tums, einem der wichtigsten Wallfahrtsorte der Welt: Zehntausend Besucher haben das Zentrum von Chora eingenommen und
strömen die Kriechspurstraße hinauf. Selbst unten am Hafen ist
alles dicht. Neben den an die Peripherie gedrängten Fischerböt-
chen rangeln eine schwarze Luxusyacht und zwei Kriegsschiffe
der Marine um die besten Plätze. Dass die schweren grauen Schif-

fe hier sind und die griechische Flagge ins Sonnenlicht hissen, hat
zwei Gründe. Zum einen ist das Militär seit jeher eng mit der Kirche verbunden, zum anderen kam es hier vor achtzig Jahren zu einem noch
immer schwerwiegenden Eklat, als ein griechisches Kriegsboot
von den Italienern zu Friedenszeiten angegriffen und direkt hier
im Hafen versenkt wurde.

Befinden sich üblicherweise höchstens ein paar Leute auf der
Kriechspur, kommt es heute auf Griechenlands längstem roten
Teppich fast zu Auseinandersetzungen – einige Pilger rutschen
bereits auf allen vieren, seit sie die Fähre verlassen haben. Während die Männer versuchen, Haltung zu bewahren und ihre Lippen mit inwärts gesprochenen Sprichworten versiegeln, legen die
Frauen ihr Gesicht in Trauer, was als Verehrung interpretiert
wird. Die Stimmung ist hell und gelöst, und doch fallen einige
Wehklagende schluchzend um ihre Männer und Kinder.

Zwischen den überwiegend zurückhaltend gekleideten Griechen strömen immer wieder bunte Farbflecke in die Meute, af-
rikanische Frauen, die in wunderschönen Gewändern daran erinnern, dass man kirchliche Feierlichkeiten nicht immer in
Beerdigungsstimmung absolvieren muss. Außerdem sehe ich indische Nonnen, malaysische Orthodoxe und türkische Bauern-
frauen.

Der Park unter der Straße ist wie jedes Jahr von den Zigeunern
besetzt. Seit einigen Tagen schwirren sie schon durch Chora.
Tagsüber stehen sie meist mitten auf der Straße herum und keifen
sich unentwegt an – von den Griechen werden sie beispiellos ver-
abscheut, ignoriert und umgangen. Aber nicht heute. Unter der
harten Mittagssonne stehen wir alle dicht zusammengedrängt vor
dem Haupteingang der Kirche, der von unzähligen Polizisten,
Marinesoldaten und dem Klerus der tinotischen Politik abge-
schirmt wird. Seltsamerweise ist der Nebeneingang völlig unbe-
wacht. Ich komme gerade rechtzeitig auf den Hof, um zu sehen,

wie unter Aufsicht der Geistlichen die Marienikone die Treppe hinunter getragen wird. Die schwarzgekleideten Hohepriester: Sie tragen einen gold- oder silberverzierten Stab, der gut als Requisite für viertklassige Fantasyfilme taugen könnte. In der anderen Hand leuchtet ein Topf Basilikum. Ihre ehrfürchtigen Augen sind auf die Treppe gerichtet, wo perlweiß gekleidete Kadetten die Sänfte auf den Schultern balancieren. Die Marienfigur lässt sich vor lauter Gold, Silber und Gefunkel nicht erkennen, aber das stört keinen. Tausende Menschen bilden einen riesigen Pulk um die Ikone. Langsam strömen wir den halben Kilometer hinunter zum eisblauen Meer. Eine murmelnde Mannschaft, trommelschlagend und schwitzend. Alte Frauen setzen sich in den Schatten, um zu rauchen. Ihre Männer hocken daneben und blinzeln in den Himmel.

Auf der Bühne, die man auf die Promenade gezimmert hat, predigt der Priester mit dem Pathos eines modernen Moses. Der pa-

Prozession der Ikone der heiligen Jungfrau Maria.

radiesische Tag, das funkelnde Meer und das schier unkaputtbare
Panzergrau der Kriegsschiffe inspirieren ihn offensichtlich zu einem gewaltigen Rundumschlag, der schon bald so gehörig den spirituellen Rahmen dieses Tages sprengt, als hätte es ihn nie gegeben. Die Religion, das ist eben nicht nur die Kirche, sondern
Griechenland: Er spricht von den tausend Gefechten, die man
ausgestanden hat, um alle Invasoren über kurz oder lang zu vertreiben. Er spricht von Ehre, Sabotage und der Größe der Armee.
Er spricht, das Blut gehörig in Wallung geredet, natürlich auch von
Alexander dem Großen und vom aktuellen Streit mit den Maze-
doniern. Seine Theorie, die von vielen anderen Griechen geteilt
wird: Jemand mit der Größe und der Vision eines Alexanders, erzogen von Aristoteles, ja solch einen Mann dürfe nur ein Volk wie
das griechische für sich beanspruchen.

An den Blicken meiner Mitmenschen meine ich zu erkennen,
wie überaus gelangweilt sie von dem Geschwafel des Geistlichen
sind. Immerhin befinden wir uns auf einer gemütlichen Insel und
nicht in Athen. Aber wir bleiben. Der Anstand verbietet es, jetzt
schon nach Hause oder in die Taverne zu gehen.

Tatsächlich wechsele ich mit einer älteren Frau vielsagende
Blicke. Sie grinst, deutet auf den Priester und sagt: »Der redet zu
lang!« Dann drückt sie mir eine Plastikflasche in die Hand und tät-
schelt mir das Handgelenk.

»Hier«, sagt sie, »das ist geweihtes Wasser aus der Kirche.«

Über Arme und Hals fummelt sie sich zu meiner Wange herauf
und sagt, das Wasser sei um einiges heiliger als dieser Kerl hier, ich
solle es an einen schönen Ort in meinem Haus stellen und ab und
zu daran denken. An die Kirche und den Heiligen Geist, den Vater
und die Mutter Gottes.

Ich verspreche es.

Mit der Flasche fahre ich zurück nach Hause.

Daniel glaubt, ich hätte Thomas getroffen und etwas von seinem selbstgebrannten Raki erhaschen können. Als ich ihm erzäh-

le, wo der Inhalt der Flasche herkommt, stimmt er mir zu: Ausreichend gesegnet ist es nun an der Zeit, nach Delos aufzubrechen.

ooo

Die etwas längere, aber schönere Fahrradroute nach Chora führt
über Triandaros. Wenn man den Anstieg, der halb fahrend und
halb schiebend zu bewältigen ist, einmal hinter sich gebracht hat,
ist alles geschafft. Ein einziger Blick rollt Meer und Inseln ins
Auge. Tinos singt. Wenn man nun losfährt, braucht man kein einziges Mal mehr in die Pedale zu treten. Zehn Minuten geht es nur
bergab, bis man am Hafen steht und schon die Fähre über den
Horizont ziehen sieht.

Die Überfahrt nach Mykonos ist ereignislos. Erneut fällt mir
auf, wie flach die Insel ist, auf die wir zusteuern. Überall fehlt ihr
der Anstieg in den Himmel. So bleibt alles erdig und gedrückt.
Im Hafenstädtchen bin ich ein wenig an das kretische Chania
erinnert. Alles hier ist süß und nur die Miniaturausgabe einer
echten Hafenstadt, wäre da nicht die Schwulenszene, die Mykonos berühmt gemacht hat. Diese Männer, die stets halbnackt
und in Dreier- bis Vierergruppen durch die Eisdielen und Bou-
tiquen bummeln, sind beinahe die Sinnbilder altgriechischen
Körperkults, der die Materie möglichst in die Nähe einer göttlichen Gestalt trainieren will. Hier aber ist der Körper nicht mehr
ein Tempel, sondern Versuchsobjekt. Die Blutbahnen schwimmen so voller Steroide und Chemie, dass die Adern zu platzen
drohen, die Muskeln sehen nicht mehr wie Muskeln aus, und alles ist in einer grotesken Art überdefiniert, dass es nicht wie die
höchste Form der Kunst, sondern künstlich wirkt. Die meisten
Männer sehen tatsächlich aus wie der Hulk und werden wohl die
gleiche Lebensspanne haben. Gut nur, dass es ihnen egal ist. Niemand hat es je so gut verstanden, das Heute dem Morgen und
den Körper dem Geist vorzuziehen wie die hiesige Homosexu-

ellenszene, die aus zwei Ägäis-Wochen einen einzigen Höhen-
rausch macht.

Mit fünfzig anderen Touristen besteige ich das kleine Boot,
das uns die zwanzig Minuten rüber nach Delos bringt. Wir verlassen Fantasia und fahren aufs Meer. Als wir zurückblicken, ist Mykonos schwarz. Das Gewitter, dem wir gerade entflohen sind,
hängt in einer riesigen schwarzen Wolke über der Insel und
schickt seine Blitze über die Erde.

Über unseren Köpfen hingegen ist es wolkenfrei. Ich stelle
mich auf einen der Sitze, um über das Führerhaus blicken zu
können.

Vor uns liegt eine kahle, von Ruinen, Steinen und Disteln
übersäte Insel.

Vor uns liegt das einzigartige Licht von Delos.

Der Unterschied zu anderen archäologischen Ausgrabungsstät-
ten: Man betritt kein bestimmtes Stück Land, keinen alten Tempel oder ein spezifisches geschichtliches Fragment.

Hier ist es die gesamte Insel.

Nachdem die übrigen Besucher sich in alle Himmelsrichtun-
gen verstreut haben, setze ich mich auf den erstbesten Stein und
blicke über das vor mir ausgebreitete Feld, den harten Erd- und
Granitboden, der zu allen Seiten von Steinen, zerfallenen Tempeln und Häuserruinen übersät ist. Säulen stecken wie Skelette in
der Erde. Ohne mich groß um die halben Statuen und alten Hera-
und Isis-Tempel zu kümmern, steige ich als Allererstes den Berg
Kynthos hinauf, die einzige Erhebung auf der nur drei Quadratmeter großen Insel.

Das Erste, was ich sehe, ist der Exobourgo. Mein nassge-
schwitztes Shirt lege ich zum Trocknen über die Steine. Fast wünsche ich mir meinen guten alten Feind, den Nordwind, herbei, der
Delos komplett auszulassen scheint. Es ist siedend heiß. Von
meinem Ellenbogen kullert der Schweiß. Die Sonne hat den Him-

mel weiß gebrannt, das Meer ist von einem unermesslichen Blau. Das Delos-Licht: Es ist gelb und klar und so alt wie der Grund der Augen.

Ödes, hellbraun vertrocknetes Land. Und überall Spuren. Kleine braune eckige Steine und Wege und Gassen, Artefakte der Menschen, Spuren der Verehrung und Anbetung, von Zivilisation und Untergang, Reichtum und Verarmung.

Ich sitze eine Stunde und lasse mir Haut und Schultern verbrennen. Als ich schließlich wieder hinabsteige und inmitten der Überreste der antiken Stadt stehe, weiß ich: Es gibt keine Möglichkeit, die zügellosen Jahrtausende zu verstehen, die sich hier zugetragen haben.

Die Götter wohnten schon immer auf Delos.

Ab dem dritten vorchristlichen Jahrtausend kamen auch Menschen hinzu. In der Folge wurde Delos Hauptsitz des attischen Seebundes, der wichtigste Außenposten zur Abwehr gegen die

Ruinenlandschaft auf Delos.

Perser. Die Schätze der ionischen Staaten wurden nach Delos ver-
schifft, Silberwaren und Schmuck von Königen und Königinnen.
Der Freihafen empfing und versandte Waren von und nach Ost
und West. Schwer vorzustellen auf diesen paar Quadratmetern,
aber auf Delos befand sich womöglich der größte Sklavenmarkt
der antiken Welt, an einem Tag wechselten bis zu zehntausend
Sklaven ihre Besitzer. Das kleine Reich etablierte sich darüberhi-
naus als internationale Finanzbörse und Austragungsort der Deli-
schen Spiele, Wett- und Kunstkämpfe, zu denen ganz Griechenland seine besten Sänger und Sportler schickte. Jedermann fand
seinen Weg nach Delos: Bankiers, Piraten, Ringer, Buchhalter,
Handwerker und Künstler. Dazu jene Pilger und Sucher, die nicht
aufgrund materiellen, sondern seelischen Reichtums anreisten.
Zuerst verehrte man Gaia, später Serapis und Isis, Hera, Leto, Artemis und natürlich Apollon. Der ihm geweihte Tempel bewachte eine acht Meter hohe, in Gold gegossene Statue des Gottes,
drinnen erhielt man die Prophezeiungen, die genau wie in Delphi
über Krieg und Frieden, Liebe und Tod bestimmten und ganze
Zivilisationen auszulöschen vermochten.

Und das alles hier, auf einer winzigen, im Meer verbrennenden
Insel.

Die Andenken an die alten Zeiten sind teilweise erhalten geblieben oder wurden restauriert. Über meinem Kopf strecken
sich freizügig die Überreste von Penis und Hoden in den Himmel,
phallische Säulen, die Terrasse der Löwen oder die Überreste der
Stadttore. Am Rande der Ruinenstadt steht noch immer das Amphitheater. Einst lag es außerhalb der Stadt, dann wuchs sie so
schnell, dass sie das Theater schluckte.

Eine Security-Frau winkt mich zu sich und bietet mir ihren
breiten Sonnenschirm an. Gemeinsam sitzen wir im Schatten und
schauen das große Theater hinauf.

Ob ich schon im Dionysos-Haus war, fragt sie.

Die dicke Frau hat kugelrunde, froschgrüne Augen.

Sie zeigt die Gasse hinunter zur Stadt.

»Es ist natürlich nicht das Haus von Dionysos«, erklärt sie mir. »Kein Gott hat darin gewohnt, wahrscheinlich war es ein reicher Kaufmann. Es heißt so wegen des Mosaiks, das du dort findest.«

Sie macht eine Pause und wartet, dass ich gehe.

Fast unbemerkt dreht sie den Schirm so weit zu sich herüber, bis ich in der prallen Sonne sitze.

Lachend verabschieden wir uns. Ihr Tipp ist lohnenswert. Auf dem Boden des Dionysos-Hauses liegt ein einzigartiges Mosaik, das einen einzigartigen Gott zeigt. Dionysos, abgebildet als junger Schönling und auf einem Löwen reitend. Aus seinem Rücken wachsen zwei gewaltige Flügel. In seiner rechten Hand hält er den Thyrsosstab, die linke hat die Zeit verwaschen beziehungsweise aus dem Boden getreten. Löwe und Gott scheinen zu schweben. Auf dem Boden liegt der umgestürzte Weinbecher, mit dem Dionysos seine Welten füllt.

Ich erinnere mich an das uralte Gesetz, welches laut Plutarch auch auf das Apollo-Heiligtum in Delphi zutrifft: Überall dort, wo Apollon verehrt wird, darf Dionysos nicht fehlen. Auf der Suche nach dem idealen Weltenzustand wussten die Griechen, dass sich die Vereinigung dieser beiden Gottheiten vollziehen muss. Es ist die eigentliche Harmonie, die der Kosmos den Wesen verspricht: Aus dem Tier ist ein Mensch geworden. Jetzt ist es an der Zeit, dass aus den Menschen ein Gott wird.

ooo

Hera.

Die Göttin der Ehe und der Geburt, die ihren Platz im olympischen Himmel neben ihrem Gatten Zeus einnimmt – und diesen mit allen Mitteln unter Kontrolle halten will. Es ist ein aussichtsloses Unterfangen. Der Göttervater hat den Menschen so viele Söhne und Töchter zu schenken, dass es sich seine Zeugungskraft nicht leisten kann, nur im Schoße der verehrten Gattin zu liegen. Eine seiner vielen Geliebten ist die Titanentochter Leto – sie wird den Verlauf der Götter- und Menschenwelt weitreichend verändern.

Als Hera erfährt, dass Leto von ihrem Mann schwanger ist und ein Kind erwartet, kann sie vor Wut keinen klaren Gedanken mehr fassen. Es ist nicht nur die nackte Eifersucht, die ihren Hass auf Leto befeuert. Von Gaia wird ihr prophezeit, dass die Kinder, die Zeus von seiner Geliebten empfangen wird, ihre eigenen in Schönheit, Kunstfertigkeit und Größe übertreffen werden. Hera belegt ihre Rivalin, die einen geeigneten Ort für die Niederkunft ihres Kindes sucht, mit einem Fluch: Auf keinem Flecken des fest verankerten Erdenreiches soll Leto sich niederlassen können, ohne dass diesen Ort mitsamt seinen Bewohnern nicht auszumalende Strafen überkommen. Alle Städte, Länder und Inseln gehorchen Heras Befehl, ihrer rachsüchtigen Warnung. Monatelang irrt Leto umher, ohne sich irgendwo ausruhen zu können. Schließlich ist es Zeus, der ihr zu Hilfe kommt und Poseidon veranlasst, eine Insel aus dem Meere hervorzuzaubern.

So entstand »Die Erscheinende«.

So entstand Delos.

Nur diese öde, menschenleere Insel wird geeignet sein, die Geburt gleich zweier Gottheiten zu veranlassen. Denn Leto gebar nicht nur Apollon, den Gott des Lichtes, sondern auch seine Zwillingsschwester Artemis, die Göttin des Mondes, des Waldes und der Jagd. Später, als Menschen auf Delos wohnten und diesen beiden Gottheiten huldigten, war es verboten, seine Nachkommen auf Delos zu gebären – oder hier zu sterben. Archäologen fanden Jahrtausende später heraus, mit welcher naheliegenden Lösung man sich behalf. Da auf der unbewohnten Nachbarinsel Rinia eine Nekropolis gefunden wurde, wusste man, dass die Deloten ihre Sterbenden ein letztes Mal über das Meer setzten, damit sie hier den Gesetzen nach sterben konnten. Mit an Bord waren aller Wahrscheinlichkeit nach all jene schwangeren Mütter, die kurz vor der Geburt standen.

Apollon war noch keine Minute geboren, da sprachen seine
Lippen bereits die ersten Worte. Der weissagende Gott verlangte
nach einer Lyra und einem Bogen. Mit ihnen, so ließ das Kind seine Mutter wissen, wolle er der Welt die Absichten seines Vaters
überbringen.

So wurde Apollon nicht nur der Sonnengott, der Aton des
Echnatons, der babylonische Shamash, sondern auch der Gott der
Prophezeiung, der Bogenschützen und vor allem der Kunst. Er
wird ein turbulentes und gleichzeitig seltsames Leben führen. Sowohl von Größe als auch von Tragik gezeichnet, wird er nie die
Liebe treffen, die er sucht, und nicht die Unterstützung bekommen, auf die es ankommt. Eros selbst war es, der mit einem gut ge-
zielten Schuss sein Herz in Brand setzte – und gleichzeitig jenes
seiner Angebeteten, der Daphne, mit Blei infizierte. Derart erkal-
tet war es ihr nicht möglich, die Liebe des Gottes zu erwidern. Sie
flüchtete vor den Anbetungen ihres Verehrers zu Mutter Erde
und wurde in einen Lorbeerbaum verwandelt. Immerhin fand
Apoll so seinen Lieblingsbaum. Aus dessen Zweigen knüpfte er
sich den Kranz, den er zeitlebens trug.

Mit Zeus verband ihn eine komplizierte Vater-Sohn-Bezie-
hung. Stets war sein Vater skeptisch und lebte in Angst, dass
Apollon ihm seine Macht streitig machen könnte, und Apollon
lehnte sich ein ums andere Mal gegen seinen Übervater auf – es
folgten die üblichen Tragödien, Strafen und Versöhnungen.

In Erinnerung bleibt Apoll jedoch nie durch seine persönlichen Abenteuer. Stets rücken sie in den Hintergrund, um seine
symbolische Bedeutung hervortreten zu lassen. Apoll repräsentiert die Ratio, das Wissen, die ordnenden Lebenskräfte und das
nach den Parametern der höchsten Wahrheit ausgerichtete individuelle Sein. Er war der einzige Gott, dem selbst die Römer keinen neuen Namen gaben.

Einen anderen griechischen Gott kannten die Römer als Bac-
chus. Er wird das Licht Apollons ergänzen und psychologisch

komplementieren. Apollon ist der Eine, der Nicht-Viele: Und er
wird nicht auf Dionysos verzichten können: den zweimal Geborenen.

Neben Hermes ist Dionysos die schillerndste, wildeste und bei
weitem spannendste Figur der griechischen Mythologie. Schon
die Umstände seiner Geburt sind derart spektakulär, dass diese
bis in die Neuzeit bestaunt wurde und noch immer als Studien-
objekt tiefenpsychologischer Untersuchung dient.

Natürlich ist wieder Zeus im Spiel, der das Rad des Lebens
durch die Begattung einer weiteren Frau am Laufen hält – diesmal
trifft seine Lust aber keine Göttin oder Titanin, sondern einen
Menschen: die schöne Semele, Königstochter von Theben.

Da kein Gott einem Menschen in seiner wahren Gestalt ent-
gegentreten kann, besucht Zeus seine Geliebte in Form eines
menschlichen Liebhabers – und das so oft, dass Hera wieder einmal von den Taten ihres Mannes Wind bekommt und der ah-
nungslosen Semele einen Besuch abstattet. Hera offenbart ihr,
dass es niemand anderes ist als Zeus, der in fremder Gestalt Nacht
für Nacht in ihr Gemach geeilt kommt.

Als dieser das nächste Mal zu der inzwischen Schwangeren
kommt, fragt ihn Semele nach seiner wahren Natur. Ihr Liebha-
ber antwortete wahrheitsgemäß: Ja, ich bin Zeus. Und da Semele,
immerhin Prinzessin von Theben, nicht von ihrem Wunsch ab-
rückt, Zeus solle sich zum Beweis seiner Worte auch als Göttervater zeigen, offenbarte er sich schließlich, wohl wissend, was sein
wahres Erscheinen für Konsequenzen haben wird.

Blitz und Donner wüten durch Theben und brennen als Feuer-
säule über die Erde. Semele überlebt die Erscheinung Zeus' nicht,
ihr ungeborenes Kind aber bleibt am Leben. Zeus entnimmt es
dem toten Körper seiner Menschengeliebten, schneidet sich den
Oberschenkel auf und näht seinen Sohn, den er Dionysos nennt,
kurzerhand in sein eigen Fleisch und Blut. Wenige Monate später

gebiert er das Kind, voller Stolz, solch einen Sohn nicht nur ge-
zeugt, sondern ihm auch ein zweites Mal das Leben geschenkt zu
haben.

Ino, die Schwester Semeles, übernimmt zunächst die Erzie-
hung des jungen Gottes, der weiterhin nur von Frauen, von Nymphen erzogen wird und seine Jugend ganz selbstverständlich in
Mädchenkleidern verbringt. Dionysos gehört ganz dem Schoße
Gaias, der Großen Mutter und ihrer vor dem nüchternen Tageslicht verborgenen Geheimnisse. So ist er eben nicht nur der Gott
des süßen Weines und des damit einhergehenden, fast übersinnli-
chen Rausches, sondern auch die Gottheit aller Lebenssäfte. Als
Dendrites treibt er die Bäume kraftvoll unter den Himmel und
weicht die Knospen aus dem harten Stamm, als Phleos sorgt er für
die Vollebigkeit des Lebensatems, der in allen Säften und okkul-
tem Wachstum zu finden ist, im Harz, im Blut, im Sperma. Wo
Apollon Einhalt gebietet, um sich der Klarheit des Lichtes zu nähern, lässt der Wanderer Dionysos dem ewigen Druck des Schöp-
fungsfeuers, das in allen Dingen flammt, freien Lauf.

Als der wilde Knabe die Volljährigkeit erreicht hat, wird er zu
einem in der weiten Welt umherirrenden Gott. Man sagt, dass
Hera den unerwünschten Sohn ihres Mannes mit Wahnsinn
schlug. Sein Gefolge, das er mit sich führt, vermittelt genau diesen
Eindruck – zumindest auf den ersten Blick, der viele Skeptiker des
Dionysos täuschen wird.

Sein Erzieher wird Silenos, der immer beides war: sowohl weise als auch betrunken. Mit den beiden zieht ein Tross aus kunterbunten Anhängern in alle Herren Länder. Ihr Ruf – und ihre Musik
– eilt ihnen voraus. Um seinen von Panthern gezogenen Festwa-
gen singen und tanzen die Mänaden, halbnackte und zügellose
Frauen, die, durch den Wein in Ekstase versetzt, von Stadt zu
Stadt wirbeln, wilde Tier reissen und alles überschreiten, was Frau-
en zu jenen Zeiten tun oder denken sollten. Unter ihnen die
Satyrn, seltsame Zwitterwesen mit Knollen- oder Stupsnasen,

schweifenden Mähnen und spitzen Tierohren, deren Genitalien ständig bereit sind, die lebenspendende Säfte ihres großen Gottes zu versprühen: Es ist eine heisere, johlende, feuchte und tranceartige Menge, die durch die Welt zieht, um ihre Auflösung zu feiern. Die Karawane reist durch Thrakien, Libyen, Ägypten – und schließlich bis nach Indien. Das Land, das sofort erkannte, wer sein Gast war.

Indien lehrt Dionysos seine Kulte, seine Ehrlichkeit und zügellose Anbetung. Hier macht man aus ihm abermals einen Schüler und einen Meister, ein ewig spielendes Kind und einen über allen Weltendingen thronenden König. Als er und seine Jünger schließlich aus dem mystischen Fernost wieder in Hellas eintreffen, sind sie trunken von Welt, Wachstum und der unersättlichen Kraft einer sich in ständiger Schöpfung befindlichen Erde. Sie kommen zurück aus jenem heiligen Land, in dem alles dröhnte, schepperte, sang und sakrale Musik des Werdens ist, ein Ort, wo die Asche der letzten Gewissheit leuchtete und die Erde bunt färbte.

Der indische Poet und Yogi Aurobindo nannte das Weltall »die endlose Selbstvervielfachung eines von der Lust seiner eigenen unversieglichen Schöpferkraft berauschten Dichters«, und es sind die Verse solch eines singenden Gottes, die Indien jederzeit hervorbringt. Alles, was die Welt sein kann, rückt in unmittelbare Nähe. Alles steht offen, entblößt, schamlos und ist somit das Gegenteil des allzuvernünftigen Abendlandes, in dem die klare Gestalt des Logos die Grenzen des Erlebbaren zieht. Hier in Indien, wo keine Angst herrscht vor der Gesamtsumme des Seins, hat Dionysos den Nataraja kennengelernt, den tanzenden Shiva, der kraft seines Tanzes die Welt gleichzeitig schöpft und vernichtet. Die Hindus nennen Shiva den Mahadeva, den großen Gott, weil die Auflösung, die er betreibt, nie eine Zerstörung ist, sondern immer die Wiedererlangung einer Einheit, die sich mit unseren Vorstellungen von Licht und Schatten nicht messen lassen wird.

Denn Werden und Vergehen sind keine Gegensätze, sie sind eins.

Sie sind *ein* Tanz, *eine* Bühne.

Und in der Distanz, die beide überbrückt, herrscht nur eine Gewissheit:

Das Spiel des Lebens.

Den Spieler Dionysos, den lärmenden, wallenden, den Allesmacher: Schwerlich nur erkannten ihn die Menschen als Gott und als Sohn des Zeus, ihn, der nicht mit dem Engelsblick aus dem Paradiese herabsteigt, sondern, in Hirsch- und Tigerfelle gekleidet, seine Bakchen unterweist, wilde Verehrerinnen, die den Gott auf all seinen Abenteuern begleiten. Überall, wo er seine Feldzüge bestritt und der Welt den Rebstock schenkte, musste er sich die Anbetung, die er einforderte, redlich verdienen. Aber es gelang. Bald huldigte ihm die ganze Welt und erkannte seine Größe, in allen Städten dichtete man seine Lieder, nur nicht in einer: in Theben.

Die Stadt seiner Geburt und seiner Mutter Semele.

Der frühere König Kadmos und seine Frau hatten die Göttlichkeit des Dionysos anerkannt, nicht aber ihr Enkel Pentheus, der neue König von Theben und Neffe der Semele. Um ihn zu überzeugen, schickt Dionysos zunächst alle Frauen der Stadt hinaus in die Wälder, ins Gewitter seines Mänaden-Ordens. Pentheus geht vom Schlimmsten aus und schickt einen Boten hinterher, der das Schauspiel ausspäht und, nach einer nur knapp geglückten Rückkehr, von den vermeintlichen Orgien berichtet. Er schildert, in den Worten von Euripides, wie Agaue, die Mutter des Pentheus, sich mitten unter den Bakchen erhob, um sie aus dem Schlaf zu rütteln:

> *Diese rieben sich den tiefen Schlaf aus den Augen*
> *und sprangen auf, ein Wunder an Zucht und Sittsamkeit,*
> *jung und alt, und unvermählte Mädchen unter ihnen.*

Erst ließen sie das Haar auf ihre Schultern niederfallen,
brachten die Hirschfelle in Ordnung, deren Knoten
sie gelöst, und gürteten sich die gescheckten
Felle mit Schlangen, die ihnen die Wangen leckten.
Einige hielten ein Rehkitz oder junge wilde Wölfe
in ihren Armen und tränkten sie mit weißer Milch,
von der die Brust der jungen Mütter noch strotzte,
da sie ihre Säuglinge daheimgelassen.

Pentheus staunt. Das waren so gar nicht die Bilder hedonistischer
Ausschweifungen, die er erwartete. Aber sein Bote berichtet lediglich von der anderen Seite des Dionysos-Kultes, die gleichsam
real ist: der seligen Erd- und Naturverbundenheit. Dionysos kennt
nicht nur den Lärm und den Aufruhr, sondern auch die Stille und
die Kontemplation, nicht nur das Verzehrende und Grauenhafte,
sondern auch das Nährende und Friedvolle.

Die Szenen, die sich dem Auge des Boten am Morgen offenbaren, sind also gänzlich andere als die, mit denen die Nacht einge-
läutet wurde.

Die gleichen Frauen, die morgens noch junge Wölfe mit ihrer
Muttermilch nährten, reissen am Abend Ochsen entzwei, tranken
deren Blut und tanzen für ihren Gott.

Da hättest du sehen können, wie manche eine Kuh
mit schwerem Euter,
die entsetzlich brüllte, mit bloßen Händen in Stücke riß,
andere zerstückelten junge Rinder Glied um Glied.
Man sah Rippen und gespaltene Hufe
durch die Lüfte fliegen; im Tannenzweig
bleiben sie hängen und tropfen blutverschmiert.
Und wütende Stiere, die Hörner eben noch zornig
zum Stoß gesenkt, strauchelten und stürzten zu Boden,
von tausend jungen Weiberhänden fortgezerrt.
Schneller noch war das umhüllende Fleisch zerfetzt,
als dein königliches Auge zwinkern kann.

Pentheus beschließt, von Dionysos selbst dazu überredet, sich das Spektakel mit eigenen Augen anzuschauen. Als Frau verkleidet, geht er ins Gebirge, wo seine Tarnung auffliegt und er von den wilden Frauen, allen voran seiner Mutter Agaue, getötet und in Stücke zerrissen wird. Später erst, als der Rausch in ihren Adern nachlässt, wird sie erkennen, dass sie ihren eigenen Sohn ermordet hat.

»Dionysos hat uns vernichtet.«

Das sind die Worte, die sie zu ihrem Vater spricht.

Und Kadmos antwortet: »Ja, schwer gekränkt von euch, denn ihr hieltet ihn nicht für einen Gott.«

Dionysos hatte sein Ziel erreicht.

Die ganze Welt kannte und ehrte ihn als den Gott, der er war. Er stieg in den Götterhimmel empor und nahm seinen Platz neben Zeus, Hades, Demeter und den anderen Größen des Olymp ein. In der gesamten Welt hat er die Weinkultur verbreitet und jene omophagischen Feste initiiert oder weitergetragen, die sich dem Rausch und der Selbstvergessenheit widmen.

Die Philologin Jane Harrison hat angemerkt, dass das Wort Tragödie von Tragos stammt, dem Dinkelweizen. Er war eine der vielen Getreidesorten, aus der man in Griechenland Bier gewann.

Die griechische Tragödie mit Dionysos in Verbindung bringen wird auch der Neu-Grieche Friedrich Nietzsche, der dem schöpfungstreibenden Gott mit seinem Zarathustra das wohl größte Denkmal gesetzt hat.

»Die wohlgeratenste, schönste, bestbeneidete, zum Leben verführendste Art der bisherigen Menschen, die Griechen – wie? gerade sie hatten die Tragödie nötig?« Diese Frage Nietzsches ist eine von vielen, die seinem ersten Werk *Die Geburt der Tragödie aus dem Geiste der Musik* vorangestellt sind. Mit den hier erstmals vorgetragenen Begriffen des Apollinischen und des Dionysischen leitet er ein, was sein Lebenswerk ausmachen wird.

Der dualistische »Doppeltrieb der Natur«, von den Griechen durch die so unterschiedlichen Götter versinnbildlicht, durchzieht natürlich nicht nur die Kunst, sondern alle Lebensbereiche. Apollon und Dionysos, sie sind das Bewusste und das Unbewusste, Licht und Schatten, Ordnung und Chaos, Mozart und Beethoven, Tradition und Moderne, das symbolisch Maskuline und das Feminine, Himmel und Erde, Tag und Nacht, Narziss und Goldmund, Klassik und Romantik, Geist und Körper, Yin und Yang, Sonne und Mond, Horus und Osiris, Eros und Thanatos, Okzident und Orient.

Apollon ist das Bild, die Erscheinung; Dionysos ist die Musik. Apollon ist das in sich geschlossene und reglementierte Individuum, das sich an der kontemplativen Relevanz des Seins orientiert, und Dionysos dessen strahlende Auflösung. Nietzsche schreibt: »Apollo steht vor mir als der verklärende Genius des principio individuationis, durch den allein die Erlösung im Scheine wahrhaft zu erlangen ist: während unter dem mystischen Jubelruf des Dionysos der Bann der Individuation zersprengt wird und der Weg zu den Müttern des Seins, zu dem innersten Kern der Dinge offen liegt.«

Laut Nietzsche feiert hier, sobald die gewöhnliche Einheit des Individuums durchbrochen ist und die Erde in all ihrer unbefleckten Seinsgewalt dasteht, die Natur ihre Versöhnung mit dem Menschen, ihrem in das wärmende Zauberbild des Getrenntseins verlorenen Kinde. Alles ist wieder eins geworden. Jedoch zu einem Preis. Denn das Wiedererlangen dieser größeren Einheit ist ein tragischer Vorgang, da uns liebgewonnene Illusionen abhanden kommen. Nicht, dass das Wahre, Schöne und Gute eine formale Illusion ist, im Gegenteil – wohl aber die Annahme, diese in solcher Weise über das Erleben von Welt und Zeit streifen zu können, dass deren Kehrseiten – Auflösung, Zerfall, das Beängstigende und Nicht-Schöne – einfach so verlöschen. So stark die Prämissen des Logos und des Wahrhaften auch sind und so sehr sie uns vor einem tiefen Sturz zu unseren ureigensten Dämonen zu schützen vermögen: Der Abstieg in die Tiefe des Seins ist kein Fallen, sondern ein Aufsteigen. Diese unvermittelbare Seite der Seinsgesamtheit bewegt sich nur auf den Umlaufbahnen des Tragischen, wenn wir die Illusion der Kontrolle behalten möchten. Mit eigentlicher Tragik hat sie nichts zu tun, da sie selbst weder gut noch schlecht ist, weder moralisch noch unmoralisch, sondern integraler Bestandteil der sich offenbarenden Welt. Ohne sie könnte das Schöne ebenso wenig existieren wie das Leben ohne den Tod.

Ohne Werden kein Sein.

Und so herrscht Dionysos, wenn es egal ist, ob der nächste Morgen kommt, weil der taumelnde Zauber real ist. Apoll ist, wenn der nächste Morgen gekommen ist und man ihn, zurückgenüchtert in die lebenserhaltenden Grenzen des Individuums, bewältigen muss.

Gerade Sokrates steht ganz in der Tradition des aufklärenden Gottes. Seine göttliche Stimme ist stets eine mahnende, Nein-sagende, apollinische. Er ist der Wahrer des Wissens, für den alles verständlich sein muss, um schön zu sein.

Über den dionysischen Dichter hingegen setzt Nietzsche die Worte: alles muss *bewusst* sein, damit es *gut* ist.

»Alles Vorhandene ist gerecht und ungerecht«, weiß er, »und in beidem gleichberechtigt.«

Nur so, und niemals anders, ist es eine Welt.

William Blake schrieb, dass es bekannte und unbekannte Dinge gäbe, und dazwischen existierten Türen. Durch diese Türen, welche die Schnittstelle zwischen dem Apollinischen und dem Dionysischen ausmachen, stolzieren die griechischen Erzählungen, um uns die Verehrung des tragischen Helden und das Ideal des Menschen zu präsentieren.

Leicht ist es nicht: Als verwunschene Geschöpfe stehen wir in der Mitte unserer Existenz, die uns wie Nebel umschließt. Immer wissen wir zu wenig, um vollständig sein zu können, und stets zu viel, um auch am morgigen Tag auf das Bekannte hoffen zu dürfen. Die Menschen sind von unverstandenen Seinskräften verlebendigte Wunder, die niemand benötigt. Nie wird es eine andere Aufgabe geben: Um als Mensch in der eigenen Gegenwart und vor allem als Mensch unter Menschen bestehen zu können, müssen wir stets, wie es die Griechen tun, zwischen den beiden grundlegenden Wirklichkeiten, zwischen den relativen und absoluten Prämissen des Seins vermitteln.

Wir müssen Ordnung schaffen, weil uns zu viel Chaos nicht nur der pathologischen Selbstvernichtung näherbringt, sondern auch die langfristige Anwendung des Bewährten und Schönen verhindert. Und wir müssen innerhalb der Ordnung, des Apollinischen, stets Dionysos wüten und wildern lassen, da das Bewährte sonst zu starr wird und keine neue Formen und Erkenntnisse freizusetzen weiß. Das Hochhinauswollen muss mit Tiefgang und der Taumel mit Meditation ausgeglichen werden.

Die großen Männer und Frauen der Geschichte, die Helden der Mythologie, die verwundbaren Götter: Sie alle verkörpern ein Ideal, nach dem wir uns sehnen, ein Ziel und eine Mitte. Das Ideal ist ein Wagnis, ein Zauber, eine stündlich zu erkämpfende Überwindung und Aufbruch dorthin, wo das, was für alle möglich ist, sein verwirklichtes Beispiel erhält. Der Held, wie er im Buche steht, mit seinen Abenteuern, Trophäen und Rekorden, ist stets die volle Möglichkeit unseres Selbst.

Tragisch jedoch, dass selbst dies nicht ausreicht.

Denn auch der gerechteste Held kann sich nie gegen das Schicksal behaupten, welches ihn oder sie bis ans Ende der eigenen Tage schleift. Die Inklusion des Tragischen ist so notwendig wie die Luft, die wir atmen, denn auch mit maximaler Anstrengung lauern uns jene irdischen Stunden auf, von denen König Ödipus ein Lied singen kann. Ein Held, ein Gerechter, ein Vollkommener – und der trotzdem, obwohl er es nie wollte, seinen Vater tötet und die eigene Mutter zum Altar führt. Ein *gerechtes* Schicksal ist unmöglich. Es lässt sich nicht beherrschen, aber tragen: Es

ist das große Wort JA, noch unausgesprochen, gleichwohl es seit
Anbeginn der Zeit auf unseren Zungen kitzelt, das *amor fati* Zara-
thustras, welches das Schicksal und das Leben genau so, wie es ist,
immerzu zu begrüßen und zu umarmen weiß.

So benötigen wir die Akzeptanz, welche Orpheus nicht ins
Herz fahren wollte.

Wir brauchen einen Apoll, der gerne über dem Abgrund taumelt, einen Sokrates, der auch singen und tanzen kann. Und wir
brauchen einen Dionysos, einen Dichter, der zu beten versteht.
Denn am Anfang war nicht das Wort, nicht der Logos oder die
Wahrheit, am Anfang stand das Ja.

Und das Ja wurde Licht, und das Licht wurde Leben.

Deswegen bauen wir Tempel für Apoll und Dionysos:

Erkenne dich selbst, o du verwunschenes Geschöpf, du Alles,
du Immer-Nichts, aber bleibe der Erde treu!

Werde, der du bist.

Nietzsches griechische Formel ist einfach:

»Rüstet euch zu hartem Streit, aber glaubt an die Wunder eures
Gottes!«

ooo

Ich schleiche zum Fenster. Wenn ich behutsam und nahezu laut-
los vorantappe, bemerkt mich Drama nicht. Zufrieden liegt sie im
Garten und beobachtet ihre spielenden Kinder. Sobald sie jedoch
hört, dass sich die Türklinge auch nur einen knarrenden Millimeter bewegt, springt sie auf und steht, das gesunde Gesicht zu einer
hart verhungernden Fratze verzogen, vor mir, schimpfend, kei-
fend, jaulend.

Daniel ist in der Küche und kocht Kaffee.

Wie viele Stunden er wohl geschlafen hat? Drei, vier? Wir setzen uns auf die Terrasse und blicken aufs Meer. Sicher bin ich mir
nicht, ob er tatsächlich die Ägäis sieht und noch den Namen der

Insel kennt, auf der wir im Ring der Kykladen treiben, verteilt auf griechische Ufer und Küsten. Sein Kopf steckt derart tief im 18. Jahrhundert und reist mit seinem Grafen kräuterwickelnd durch Europa, dass ich nicht sagen kann, wie viele Tagesstunden ihn an die Gegenwart binden.

Aber er ist zufrieden, schimpft seinen Protagonisten mal einen Scharlatan und Tausendsassa, dann wiederum ehrt er ihn als Phänomen und alchimistischen Seher. Mir gefallen die Satzfetzen und Worte, die ich ständig aus seinen herumliegenden Arbeitsunterlagen und Notizen, aus dem »sympathischen Pulver« Cagliostros herauslese.

Zitwerwurzel. Lärchenschwamm. Belladonna. Augentrost. Bärentraub. Edelgamander.

Worte wie Wunder.

Sie und Daniel werden mir fehlen.

Morgen Mittag geht es für mich zurück aufs Festland, nach Athen, wo mich ein gänzlich anderes Griechenland erwartet.

Ausflug mit Andrei, um säckeweise wilden Salbei zu pflücken.

Ein letztes Mal fahren wir gemeinsam runter nach Porto und
schießen unseren Ball über den Sandstrand. Anschließend fahre
ich nach Volax, wo ich mit Andrei verabredet bin. Wie angekün-
digt hat er zwei Säcke dabei und Scheren und Messer. Wir trinken
einen Kaffee mit Joseph und schmiegen uns sorgfältig in die Stühle, die wir in die Sonne geschoben haben. Fivos springt um uns herum und zerkaut eine riesige Plastikpuppe, die er wer weiß wo her
hat. Nach einer Stunde packen wir unser Werkzeug und laufen
hoch Richtung Koumaros, um den berühmten Tinos-Salbei zu
finden. Andrei sagt: »Wo Marmor ist, da ist auch Salbei.« Sein Ge-
spür täuscht ihn nicht. Wir steigen querfeldein, zwischen zusam-
mengebrochenen Schafställen und kniehoch aufgetürmten Stein-
mauern hindurch Richtung Exobourgo. Wilder Thymian,
Dornendisteln, Schafsköttel. Die runden Knollen der Meeres-
zwiebel, die ihre Buckel aus der Erde strecken. Und dann: Salbei-
büsche, so weit das Auge reicht. Innerhalb einer Stunde sind die
beiden Säcke voll. Andreis rundes, von einem dichten Bart zuge-
wachsenes Gesicht ist mit so viel Freude erfüllt, dass es der Strahl-
kraft der Sonne Konkurrenz macht.

Er erzählt mir eine Geschichte aus Ios. Er war dort einmal für
eine Konzertreihe gebucht worden, und der Veranstalter brachte ihn in einer hübschen Familienpension unter. Der allerorts
salbeiaffine Geiger zog in jeder freien Minute los, um sein wildes Kraut zu suchen und zu schneiden. Da er keinen Sack hatte, nahm er die Kopfkissenbezüge des Hotels. Die Stängel ris-
sen Löcher in den Stoff, der zudem noch wochenlang nach Salbei
roch. Als die Besitzerin später die Bezüge im Garten aufhängte,
konnte sie es kaum glauben. Sie setzte Andreis Veranstalter über
die Machenschaften des Gastes in Kenntnis, und natürlich auch
alle Nachbarn, die die Geschichte wiederum ihren Nachbarn er-
zählten.

So ist Andrei in die Mythologie der Insel eingegangen. Und
sein Veranstalter bekommt bis heute bei jeder Buchungsanfrage in

jedem noch so kleinen Kaff die gleiche Antwort: »Wenn es nicht der Salbeimann ist, dann gerne!«

Zurück in Volax staunt Joseph über unsere Ausbeute und weist uns erneut in die korrekte Handhabung des Salbeis ein. Auch Nikos ist mittlerweile erschienen und sitzt, durchaus zufriedengestellt, vor seinem Drei-Euro-Bier. Wir tauschen Salbei gegen Kapern. Dann drückt er mir eine dünne, kreditkartengroße Metallplatte in die Hand, auf der ein Boot abgebildet ist. Diese religiösen Votivbildchen werden in Griechenland *tama* genannt. Nikos schaut mich ernst an und fragte, ob ich schon in *der* Kirche war.

Ich verneine.

»Dann nimm dies und bring es der Jungfrau Maria«, sagt er.

»Und küss die Ikone von mir.«

Die heiligen Hallen des Byzantin sind noch fast leer. Nur Joannis ist da und trinkt sein Bier. Vassili und Maria schneiden Gemüse und hantieren an den Fritteusen, Mikrowellen und Kochern herum, die nie in Betrieb sind. Chora ist schläfrig. Seine Abendlichter sind blau und rosa und reißen den Himmel auseinander. Schwerelos halten sie sich in den weißen Gassen, die aufs Meer hinauslaufen.

Aus einem Haus höre ich, wie eine Frau ihrem Mann die Einkaufsliste zuschreit.

Bring Öl.

Brot.

Und Tomaten.

Kauf Kaffee und Nüsse.

Und vergiss nicht wieder alles!

Der Kirchenvorplatz ist leer. Eine weiße Stille schwebt über den Marmor. Aus dem Inneren der Kirche tönt Gesang, die rhythmische Litanei eines einzigen Mönches. Tauben flattern in den Dach-

stuhl. Ich drehe einige Runden um den Hof, bevor ich die letzte
Treppe zum sanctum sanctorum hinaufsteige. Die Kirche ist fast
menschenleer. Wir sind zu viert. Der Mönch sitzt mit geschlossenen Augen vor seinem Mikrofon und singt von den Toten, die aus
dem Leben kamen, und den Lebenden, die aus dem Tod kamen. Ein
Mann sitzt in der Mitte der Kirche auf seinen Knien, und die Frau
sammelt den alten Wachs aus den Kerzenbecken.

Welch ein gewaltiger Kontrast zu der Welt, aus der ich gerade
komme! Nichts ist still, klar, weit und licht. Der gesamte Raum ist
prunkvoll überladen und überdekoriert, sodass ich mich frage, wie
vielen Göttern solch eine Ehre gebühren soll. Ketten, Lampen,
Fransen, Öllampen, Blumen und Schmuck, so weit das in das
dunkle Kirchenschiff fallende Auge blicken kann.

Selbst die Ikone lässt sich kaum erkennen. Die *megalócharē*, die
Gnadenvolle, ist derart mit Gold, Silber und Edelsteinen dekoriert, dass sie von den weltlichen Geschenken vollkommen über-
deckt ist. Um sie herum liegen die *tamatas*. Auf den Blättchen
erkenne ich ein Auge, ein Bein, eine Hochzeitskrone, ein flam-
mendes Herz. Jedes den Heiligen dargebrachte Bild hat eine spezielle Bedeutung, die sich nur dem Gläubigen selbst vollständig
erschließt. Oft sind die Tafeln eine Danksagung für bereits erhal-
tenen Segen, meistens jedoch die Hoffnung auf erhörte Gebete
und auf ein Wort, ein Signal, ein Zeichen.

Ein Bein – gute Heilung nach einem Unfall.

Eine Hochzeitskrone – Segen für eine lange und glückliche
Ehe.

Ein Auge – Milderung einer Augenentzündung oder der
Wunsch nach dem geistigen Blick.

Und natürlich das Herz: Möge man der Liebe, wenn man sie
gefunden hat, auf ewig nahe sein, oder möge sie sich, falls man
noch auf sie wartet, bald beweisen in Gestalt eines Menschen.

Die Ikone: War sie wirklich einmal hier in der Erde vergra-
ben und wurde durch die Vision der Nonne Pelagia entdeckt? Das

wäre in der Tat so etwas wie ein Wunder, aber möglich. Erstaunli-
cher aber ist, dass die heutige Kirche genau dort steht, wo früher
ein Dionysos-Tempel stand, und dieser genau dort errichtet wurde,
wo man einst Gaia huldigte. Thomas und Joseph hatten es mir unabhängig voneinander erzählt, und ich habe es in der Tat nachlesen
können. Die geistig-spirituelle Evolution des Menschen: Gaia, ge-
bende Mutter Erde, sie war die erste Vorstellung, die sich die Menschen von der schöpferischen Welt, der Natur machten; es folgten
die Götter im Himmel und die Götter auf Erden. Aus Uranos, Vater
Himmel, wurde der Vater im Himmel, aus Mutter Gaia die Mutter
Gottes. Aus den Kultstätten wurden Tempel und aus den Tempeln
Kirchen, in denen sich der testamentarische Gott mit den Attri-
buten des Göttervaters Zeus kleidete und schließlich Christus aus
sich hervorgehen ließ, den fleischgewordenen Gott. Die fernen, in
die Wolken oder Meere gesetzten Götter verschwanden für die Gewissheit des individuellen Bewusstseins, dass alles gleichzeitig ist:
Tier, Mensch, Gott. Christus ist nichts anderes als der Archetyp des
idealen Menschen, der zur Erleuchtung gelangte Zweibeiner. Womöglich kennen wir kein größeres Symbol als diesen Helden, der
weiß, dass er all sein Leiden selbst zu tragen hat und gegen Tyrannei, Schmerz und Verrat nicht Ressentiment und Anklage, sondern
nur die Liebe des Schicksals, nur die Verehrung der höchsten Wahr-
haftigkeit zu setzen weiß. Deswegen gräbt man eine Ikone aus der
Erde und umrahmt sie mit Gold und Silber, deshalb baut man eine
Kirche: Jesus war ein Mensch, der Christus werden konnte, weil das
Himmlische auf Erden für jedermann möglich ist. Ich und der Vater
sind eins. Körper und Seele sind eins. Himmel und Erde sind eins.

Ich schaue mich um und begreife: Das Leben dieses Schreiners
ist so beeindruckend, so voller Heroismus und Hoffnung, Kampf
und Tragik, dass man sich wundert, dass es nicht aus der Feder eines griechischen Dichters stammt.

Ich lege das blecherne Boot, das Nikos mir mitgegeben hat, zu
den anderen Votivbildchen. Ob für ihn oder mich, kann ich kaum

sagen. Wie befohlen küsse ich die Glasscheibe, die die Ikone vor
Hunderttausenden solcher Küssen schützen soll. Der kniende
Mann hat sich mittlerweile erhoben, einen Zettel beschriftet und
in den Schlitz einer Box verschwinden lassen. Ich tue es ihm
gleich. Zu Ehren des Dionysos-Tempels, der hier einst stand,
schreibe ich das Wort dieses großen Gottes auf und lasse es geräuschlos in dem Kasten verschwinden.

Ein überglücklicher Thomas hatte uns eingeladen.

Daniel und ich fahren hoch nach Duo Horia. Der Dorfplatz ist
in dickes, gelbes Licht getaucht, die Taverne voll. Auf den Tischen
steht der Wein und das Moussaka und das Fleisch und das Öl – und
Oregano. Alles glänzt. Mein letzter Abend auf Tinos fällt mit Thomas' erstem zusammen, denn heute beginnt eine Reihe von Solo-
Konzerten, die er hier einmal wöchentlich auf dem Platz spielen
wird.

Er hat sein Handy an eine Box angeschlossen und spielt über
die Instrumentals, allesamt leicht wiedererkennbare Jazz-Stan-
dards. Sein Saxophon schimmert über den ganzen Platz. Er zwin-
kert uns zu. Wir setzen uns an den einzigen noch freien Tisch. In
der Pause kommt Thomas zu uns an den Tisch.

»Ich weiß, ich weiß«, sagt er. »Ich nenne es den Großmutter-
fluss, weil es die Songs sind, die selbst den älteren Damen zwischen den Beinen kitzeln. Immerhin sind die Leute zum Essen gekommen.«

Den Lausbuben in Mannesgestalt: Noch nie habe ich ihn so
zufrieden gesehen. Seit er diesen Gig hier bekommen hat, hat sich
in ihm etwas verändert. Auch, wenn er hier nur einmal die Woche
spielen wird, und das nur bis zum Ende des Sommers, ist dieser
Abend für ihn ein Heiligtum.

»Ich habe wieder meine Musik«, sagt er und muss sich zusammenreißen, keine feuchten Augen zu bekommen. Er grinst und
schmatzt mit den Lippen.

»Das Jazz-Festival wächst jedes Jahr, ich habe so viel Geld, dass meine Kinder nicht hungern, und zum ersten Mal seit langer Zeit kann ich einfach wieder mein Saxofon spielen und trinken. Es ist ein verrücktes Leben, ich sage es dir, aber noch bin ich hier und spiele.«

Wir stoßen an.

Obwohl er hier umsonst trinken kann, hat Thomas seinen Selbstgebrannten dabei. Daniel rutscht immer tiefer in seinen Stuhl und wird so leicht wie lange nicht mehr. Noch ein paar Tage, dann ist sein Buch fertig, noch ein paar Mal einschlafen mit seinem werten Cagliostro, und dann beginnt auch für Daniel ein neues Leben ohne diesen Geist der Vergangenheit, der sich auf so abenteuerliche Weise auf die Suche nach dem Stein der Weisen gemacht hat.

Über uns schwebt der große Wagen am Himmel.

Die Milchstraße schwankt und springt uns über die Lippen. Wir haben keine Wahl und lachen über uns: Kleine bewegliche Gegenstände des Abends, die nach Schnaps greifen und behaupten, man könne ewig so weitermachen. Wir lachen, und die Sterne decken uns zu.

Thomas steht auf, um sein Konzert fortzusetzen. Wie er so fortschlendert, sich in Position bringt, sein Mundstück zwischen die Lippen nimmt und einen Blick in die Runde wirft, betet er, dass dies alles so bleiben möge, wie es gerade ist, gestern war und morgen wird. Der Mann ist ein Gleichnis. Ein Mensch, der alle Krisen überwunden hat, obwohl er noch mitten in ihnen steckt, ein Mensch, der weitermacht, weil ihm der Klang geblieben ist, ein fast überlebensgroßer Ton, der ihn weiterzieht in den nächsten schrecklichen, großartigen Tag. Da steht er also, der heilige Thomas, und verkündet sein durch Tränen und Schweiß getriebenes Evangelium.

Er spielt.

Wie hieß es in dem Buch, das Daniel mir hingelegt hatte?

Die Religion, die Natur und die Menschen: Das sind die großen Eigenschaften von Tinos.

Athen

Wer weiß, ob ihm dieser Gedanke aus Langeweile kam oder aus einer besonderen Erkenntnis, die seine Entschlusskraft erleuchtete, ob er sich einfach nur unterhalten oder seine Brüder und Schwestern der menschlichen Gemeinschaft näherbringen wollte. Aber eines Tages beschloss Zeus, jeder Stadt eine besondere Verehrung zuteil werden zu lassen. Die Götter: Sie sollten sich über das großgriechische Land beugen und sich jeweils eine Stadt aussuchen, die fortan unter ihrem persönlichen Schutz steht – und in der sie im Gegenzug verehrt werden wie kein zweiter.

Ares ritt in Sparta ein und schwärmte von seiner eigenen Kraft, dass den Menschen die Tollwut kriegerischer Sehnsucht auch noch nach tausend Jahren das Blut in die Muskeln pumpte.

Aphrodite, einst aus dem Meeresschaum geboren, wählte Ko-
rinth, das gleich von beiden Seiten von ihrem geliebten Meer umgeben war. Apollon erklärte Delphi zum Mittelpunkt seiner Erde.
Seine Schwester Artemis zog es in den Osten, wo sie die Herzen
der Stadt Ephesus für sich gewinnen konnte.

Nur zwei alte Streithähne, die bereits im Himmel eine erbit-
terte Feindschaft führten und diese nun auch auf Erden fortsetz-
ten, ließen die Suche nach ihrer Stadt zu einem Wettkampf aus-
ufern. Poseidon und Athene wählten beide eine kleine, aber
bedeutende Stadt namens Kekropia im Herzen Attikas. Da keiner von ihnen klein beigeben wollte, ließ man kurzerhand die Einwohner entscheiden. Die beiden Götter waren dazu aufgerufen,
der Stadt ein einmaliges Geschenk zu machen. Siegessicher stieß
Poseidon seinen Dreizack in die Erde. Das hervorsprudelnde
Wasser rann über die Felder, sammelt sich in einem kühlen Bassin
und versprach, niemals wieder zu versiegen. Männer und Frauen
tunkten ihren Finger in den lebenspendenden Saft, nahmen eine
Handvoll und tranken. An ihren entsetzten Gesichtern ließ es sich
leicht ablesen: Der Herr der Meere hatte doch tatsächlich eine
Salzwasserquelle geschaffen, durch welche die Venen veröden und
die Felder verwittern.

Athene jedoch pflanzte den Menschen einen Ölbaum. Seit
Ewigkeiten gilt dieser als der Hervorbringer unzähliger Wunder.
Sophokles ging sogar so weit, die Olive den Terror aller griechischen Feinde zu nennen, den keine Hand verunreinigen kann,
und schrieb:

> *Es ist niemals*
> *Auf der Erde*
> *Ein solch Gewächs,*
> *Unbändig, eigenwüchsig*
> *Entsprossen, selbst den Feind erschreckt's;*
> *So groß gedeiht's*
> *Nur in unserem Lande,*

> *Lichten Laubes, dem Kinde*
> *Heilsam – der Ölbaum.*

Das Laub des Ölbaumes grünt das gesamte Jahr über. Das Fleisch der gründunklen Frucht besiegt nicht nur den Hunger, sondern beglückt den Gaumen von Bauern und Königen gleichermaßen. Ihr Fett glitzert und schmort in den Küchen, ölt und schützt in den Werkstätten; ihr dickes Wasser sorgt für Licht in den Tonschalen und pflegt die Haut; die Ringkämpfer nutzen es zur Massage ihrer schmerzenden Knochen; das Holz der Olive ist nicht nur wunderschön, sondern von solcher Qualität, dass Herkules daraus seine Keule schnitzte. In Griechenland finden sich Olivenbäume, die fast ein Jahrtausend alt sind. Trimmt man all ihre Äste, so grünen nach ein paar Jahren erneut die Silberzweige schattenspendend über die Erde.

Und dennoch: Neben all seinen praktischen Anwendungen dient der Ölbaum vor allen Dingen als Symbol. Er ist das Urbild der griechischen Erde und einer Landschaft, die dem rauen Boden anhaltendes Leben zu entreißen weiß. Es bedarf keiner Dichter wie Sophokles oder Aischylos, um zu erkennen, dass hier der Zauber, den wir Natur nennen, hoffnungslos in seine Verwandlungskraft verliebt ist. Sonne, Licht und Stein ringen dem scheintoten Stoff so viel Wasser und Fleisch ab, dass am anderen Ende des knochigen Stammes in hundertfacher Schar die dunklen Trauben entspringen. Unter deren glänzender Haut wühlt nun der Saft einer wachgeküssten Heimaterde, das fassbare Ergebnis infinitesimaler Verwandlungen, die auch uns Menschen aus dem Lehm emporsteigen lässt.

Die Einwohner Kekropias wussten, dass Athene ihnen das Symbol ewiger Fruchtbarkeit zum Geschenk gemacht hatte. Als es zur Abstimmung kam, entschieden sie sich für sie und gegen Poseidon. Die Stadt, die nun nach der Göttin benannt wurde, sollte für eines der goldenen Zeitalter in der Geschichte der Mensch-

heit sorgen. Dem zornigen Poseidon hingegen errichteten sie
ganz in der Nähe, am Kap von Sounion, einen prächtigen Tempel,
um seine Rage zu stillen.

ooo

Der Busfahrer nimmt das Kaugummi aus dem Mund und legt es
auf seinen nassen Finger. In der blasenschlagenden Spucke sieht
es aus wie eine frisch geborene Plastik. Er wartet. Wartet, bis ich,
der letzte Passagier, ausgestiegen bin, um sein Durchgekautes im
feuchten Bogen durch die offene Tür zu schnipsen. Mit einer
jeglichem Maß trotzenden Lässigkeit, die vor etlichen Spiegeln
einstudiert wurde, schiebt er seine Sonnenbrille die zur Haut-
und-Knochen-Rampe umfunktionierte Nase hinauf, seinem kör-
pereigenen Laufsteg. Bald pappen die Gläser an seinen Augen.
Eine cineastische Verabschiedung, zu der niemand applaudiert.
Er lächelt. Ohne darauf zu achten, ob es neben ihm auch noch andere Verkehrsteilnehmer geben könnte, zieht er zurück auf die
Straße und lässt uns alle im Herzen der Stadt zurück.

Mein erster Gedanke: Athen ist warm. Die gestrige Regen-
nacht hat die Hitze aus der Luft gewaschen und zum Meer hinunter gespült. Zurückgeblieben ist ein dröhnender, aufgescheuchter
und von zu vielen Straßen angelaufener Betonring, hinter dem die
Stadt beginnt und nicht mehr endet. Im erstbesten Café schiebe
ich mir einen Stuhl nach draußen. Tellerklappernd serviert der
Ober den Kaffee und behauptet, es sei der beste der Stadt. Ich nicke und will es glauben. Aus dem Haus nebenan höre ich Schreie.
Ein andauernder Lärm wälzt sich durch die Stadt und zwingt sich
durch die Gassen. Ich rühre im Kaffee und schaue zum Himmel,
wo das letzte Licht des Tages gerade die letzten Stockwerke verlässt und sich ins abfallende Blau seiner Nacht zurückzieht.

Ein Streifenwagen mit Blaulicht und Martinshorn rast vorbei.
Ich hatte vergessen, dass Streifenwagen mit Blaulicht und Mar-

tinshorn existieren. Jeder Mensch geht stets einen Schritt schneller, als es seine Natur vorgesehen hat. Etwa der Versuch, die eigene Lücke einzuholen? Zum ersten Mal seit Monaten sehe ich einen Menschen, der auf die Straße rotzt. Auf dem kleinen Grünstreifen, eine fast sinnfreie Ansammlung einiger Gräser und Sträucher, den die Stadt gewiss als Park deklariert, sticht unter den Obdachlosen, Junkies und obdachlosen Junkies eine junge Frau heraus. Die gefühllos gewordene Haut in eine zerfranste Lederjacke gehüllt, zappelt sie zu einer Musik, die nur sie hören kann, ein Ton, fern ab von allen Lichtern und Sonnen.

Hinter ihr rasen die Autos über den Platz.

Noch ein Krankenwagen.

Noch ein Blaulicht.

Ein Mann torkelt vorbei und beschimpft jeden, der ihm begegnet.

Ich rühre in meiner Tasse herum. Oben verbrennt der allerletzte Abend. Über meinem schwammigen Espresso werde ich Zeuge, wie die Dunkelheit in Athen einzieht. Als ich meinen Rucksack wieder aufhabe und losziehe, gehen mir zwei Zeilen des Dichters Giorgos Seferis nicht mehr aus dem Kopf:

Sie wiegen schwer in unserer Seele,
diese Freunde, die nicht mehr wissen, wie sie sterben sollen.

Es dauert eine halbe Stunde, um die richtige Busstation zu finden. Gregorius hatte mir die Routennummer durchgesagt, aber nicht, wo ich aussteigen sollte. Es fällt mir erst auf, als ich an den säuerlich zugerichteten Achseldrüsen jener Mitmenschen lande, die man mit mir in den vollgestopften Bus gepfercht hat. Ich rufe ihn an und verstehe kein einziges Wort. »Gib mir den Busfahrer«, höre ich schließlich. Tatsächlich ist es die richtige Konsequenz aus unserer Verständnislosigkeit. Der Busfahrer ist kein bisschen verblüfft, als ihm während seiner grimmig ausgeführten Fahrt durch das Schlachtfeld des Athener Straßenverkehrs ein Handy in den Schoß geschmissen wird – der nervöse Blick, dessen rote Wellen von schwarzen Augenrändern aufgefangen werden, ist Schlimmeres gewohnt.

Gregorius und der Busfahrer schreien sich an.

Wir spitzen die Ohren.

Jeder will wissen, worum es geht. Die halb aneinandergequetschten Gesichter sehen nun fast ein bisschen zufrieden aus: Willkommen, endlich etwas Unterhaltung in diesem Scheißladen!

Der Busfahrer gibt mir das Handy zurück und sagt: »Wait.«

Als er mir zehn Minuten später durch mehrmaliges Hupen andeutet, dass ich entweder meinen fetten Arsch aus seinem Bus frachten soll oder dies hier, mein werter Herr, meine korrekte Haltestelle ist, zwänge ich mich, neben meinem Rucksack auch ein unschuldiges Grinsen tragend, Richtung Tür.

»And many good luck in Athens«, schreit er mir hinterher.

Er winkt.

Ob aus Zuneigung oder Verachtung, kann ich nicht sagen.

Ich winke zurück.

Many good luck, wiederhole ich bestimmt einhundertmal, singe es in unterschiedlichen Intonierungen vor mich hin, murmele es bis in die Spitzen meines Barts und zurück. Many good luck in Athens. Es soll das Mantra dieser Stadt werden, der Heiland meiner kommenden Woche, und mich öfter retten, als mir lieb ist.

Wahrscheinlich hätte ich das Haus auch ohne Hausnummer erkannt. In einer vollbebauten und auf die Macht den Betons reduzierten Straße wirkt Gregorius' Haus wie ein Dschungelbau, der sich vor der Stadt verbergen will. Das scheint vor allem die Kinder aus der Nachbarschaft anzuziehen. Sobald ich das Tor aufschiebe, bin ich von weiteren Besuchern umzingelt. Maria erwartet mich auf der Terrasse. Ein kalter Rosé steht auf dem Tisch. Während wir auf ihren Mann warten, erzählt sie mir von ihrem Jahr und dem Sommer in der Stadt.

Als er schließlich auftaucht und sich schon von Weitem mit einem aus der Kehle rollenden Freudenschrei ankündigt, wird es mir abermals klar. Wenn es einen Menschen wie Gregorius nicht geben würde, es wäre unmöglich, ihn sich auszudenken. Noch nie wurde eine derartige Leichtigkeit in einem fast zwei Meter hohen Körper platziert, noch nie bin ich einem Menschen begegnet, der derart harmlos aussieht und doch mit einer Kraft ausgestattet ist, die die Planeten vom Himmel brechen kann.

Gestatten: Gregorius Apergi, Prototyp Grieche, Ehrenantlitz des Menschen. Die milde Sonne des Orients und die Klarheit einer skandinavischen Nacht treten aus seinem dunklen, in die breite Stirn gezogenen Gesicht, aus dem zwei cyanblaue Augen funkeln. Seine in Kokosnussöl geweichten Springfederlocken fallen ihm bis über die Schultern. Die dunkle und weiche Stimme passt zu dem friedlichen Krieger, den das Leben aus ihm gemacht hat. Er und Maria, eine so starke wie schöne, vollkommen in sich ruhende Frau, bilden ein außergewöhnliches Paar. Rada und Krishna, Penelope und Odysseus. Vor allem aber Adam und Eva, wenn sie nie aus dem Paradies vertrieben worden wären. Ich kann es nicht anders sagen: In ihrer Gegenwart fühlt man sich zu größeren Taten motiviert.

»Dennis, endlich«, sagt er und hebt mich einmal in die Luft. »Beeil dich, hoch mit dir, ich bin gerade erst von der Arbeit gekommen. Ich brauche etwas zu trinken.«

Aus dem Erdgeschoss schiebt er mich lachend die zwei Stockwerke hinauf, bis wir auf der Dachterrasse stehen. Gregorius lässt sich sofort auf eines der Sofas fallen. Mit einem großen »Ahhhhhhh« begleitet er seine Landung, ein Laut der Freude, der mich kaum noch erreicht. Sprachlos schaue ich mich um. Die beiden haben auf dem Dach ein kleines Paradies geschaffen, einen überdachten Schlafplatz, den sie in den Sommermonaten

Die Akropolis, fotografiert von der Rückseite der Stadt.

nutzen, Dutzende große Topfpflanzen und kleine Bäume, einen
Grill, einen Boxsack, ein Planschbecken. Dahinter die uns völlig überschwemmende Nacht. Endlos wellt sich die Stadt bis ans
letzte Ende der Dunkelheit. Hohe, karge Gebäude, ausgeworfe-
ner Stein-an-Stein, Kuppeln und Dächer, die von Kirchen oder
Moscheen stammen könnten. Plötzlich erinnere ich mich an
Kairo, an Kalkutta, Jakarta und Juárez. Einziger Unterschied zu
Athen: Hier ragt der Parthenon der Akropolis, einem Märchen-
schloss gleich, direkt vor uns in den Himmel. Es ist ein paralysie-
render Anblick. Inmitten der lauten, schnellen, dreckigen und
zugemauerten Stadt funkeln Millionen Lichter in die Nacht, ge-
krönt von diesem hell erleuchteten Zentrum, der anhaltenden
Gegenwart der Jahrtausende, die nicht mit Worten zu beschrei-
ben ist.

Maria drückt mir ein Glas in die Hand.
    Ich trinke es in einem Zug aus.

Mit einem Schlag wird mir klar, was mich die letzten Stunden wortwörtlich bedrückte. Es war das Fehlen von Weite. Mit Schrecken stelle ich fest, dass mir abhanden gekommen ist, was mir Griechenland in den letzten Monaten wie nichts anderes geschenkt hatte. Immer ging der Blick hinaus, fiel weit auf Meer und Horizont, über lange Täler und Strände. Es war selbstverständlich geworden, weit und lang und hoch zu sein, und dieser schier endlose Raum war nichts anderes als Sehnsucht. Die Ferne hält das Sein in ständiger, glücklicher Erwartung, die stets auf die Gegenwart zurückfällt. Hier begegnet das Träumende seinen noch unbekannten Gedanken. Ohne Horizont ist alles nichts. Griechenland, das waren immer Augen, die so weit schauten, wie sie nur konnten.

Hier jedoch, wenige Meter unter mir, war von diesem Griechenland nichts mehr übrig geblieben.

Gregorius klackt mit dem Feuerzeug.

Belustigt starren mich die beiden an.

Ich habe keinen Mucks von mir gegeben, und doch haben sie alles verstanden.

»Diese große Stadt ist unendlich klein«, sage ich. »All die Häuser lassen vom Licht nur Schatten zurück.«

Gregorius lacht und schüttet mir nach.

»Setz dich«, sagt er, »du machst mich ganz nervös. Und du verschüttest den Wein. Ich muss dir wohl nicht erzählen, wie kostbar so ein Lidl-Supermarktwein ist. Los, erzähle mir von Delos.«

Eine schlaue Strategie, denke ich. Die Insel ist schon immer unser Hauptgesprächsthema gewesen, unser großer gemeinsamer Nenner. Greg und Maria haben jahrelang dort gewohnt und die Ausgrabungen bewacht. Alle drei teilen wir eine große Liebe für die Stimmung der Kykladen, für Delos und das sonnenblaue Meer.

»Ich habe mich in Delos gefragt«, sage ich, »warum man es nicht wieder besiedelt. Man hat alles ausgegraben, kartografiert

und fotografiert. Das Bild der Vergangenheit ist gemacht. Wäre
es nicht sinnvoll, die Insel wieder zu bewohnen, anstatt nur die
Touristen durchzujagen? Dort erneut zu leben, in dieser Ruhe
und dem Licht und von einem stillen Ozean umgeben? Dort leben, wo Licht ist?«

»Mmh«, macht Gregorius. Er schlägt die Beine übereinander
und sagt: »In Griechenland haben wir ein Sprichwort. Was ist der
Feind des Guten?«

Ich zucke die Achseln.

Gregorius sagt: »Das Bessere.«

Er lacht so laut, dass selbst die nicht vorhandenen Wände der
Terrasse zu wackeln beginnen.

»Apollon ist tot«, fährt er in dem weichen Tonfall fort, mit
dem er all unsere Unterhaltungen zu ummanteln pflegt. »Das
Licht aber und die Sonne, die sind überall. Oder jetzt gerade, genau hier, der Mond. Und die Sterne drumherum wie immer. Warum machst du einen Unterschied zwischen Delos und Athen?
Warum nennst das eine hoch und das andere niedrig, dies Licht
und jenes Dunkel? Was ist das Gute und was das Schlechte? Wenn
du Delos wieder besiedeln würdest, stände dort bald eine Stadt
wie Athen, nur kleiner. Nein, trenne die Menschen nicht, schwel-
ge nicht in den Unterschieden, lass das nicht zu, es ist eine Illusion. Apollon ist tot oder überall, eines von beiden, such es dir aus,
aber trink erst mal noch ein Glas und setzt dich verdammt noch
mal hin.«

Ich setze mich.

Gregorius schließt seinen Sermon.

»Wir alle führen ein normales Leben«, sagt er langsam, »alle das
gleiche Leben. Wir essen und schlafen und gehen auf die Toilette
und bumsen. Mach dir keine Sorgen.«

»Ich mache mir keine Sorgen«, antworte ich.

»Du machst dir Sorgen«, sagt Maria.

»Ich weiß nicht, ob ich es Sorgen nennen würde, vielleicht −«

»Ich nenne es Sorgen«, lacht Gregorius und steckt sich die Zigarette, die er während unserer Unterhaltung gerollt hat, in den Mund.

»Dennis, glaubst du an Gott?«, fragt er.

Ich überlege kurz, starre in die Nacht und sage: »Ich kann nur wissen, was ich nicht abstreiten kann. Was ich weiß, ist: Es gibt Leben. Und es ist ewig, sonst wäre es irgendwann aus Nicht-Leben entstanden, was nicht möglich ist. Es gibt eine Bewegung, ein Zum-Leben-Kommen. Alle Seins- und Weltendinge sind durch eine Art Lebenskraft geworden, wachsen und sterben dank ihr.«

»Jaja blabla, sehr hübsch, es steckt kein einziger Fehler in deinen wohlerzogenen Worten, sehr brav, mein Freund. Aber wenn du Ja oder Nein antworten müsstest. Glaubst du an Gott?«

»Ja.«

»Und glaubst du, dass Gott, was auch immer das ist, die Anbetung der Menschen benötigt?«

»Nein.«

»Richtig. Der Mensch glaubt für sich selbst, um seiner selbst willen. Jeder für sein eigenes Wohl. Als die Menschen damals in Delos lebten und Tempel bauten und den Göttern huldigten und schliefen und aßen und bumsten: Wo sind diese Götter heute? Die Götter leben nur, wenn die Menschen an sie glauben. Aber die Menschen sterben, genauso wie die Götter. Was also ist der Unterschied zwischen Delos, Tinos oder Athen, zwischen Apollon und Nicht-Apollon?«

Maria hat sich unterdessen an ihn gekuschelt. Sie ist es, die für Gregorius den Schlussakkord übernimmt.

»Jede Liebe«, sagt sie, »jeder Akt der Verehrung und der Verzückung ist ein Akt des Eros. Ich glaube, dass Eros der einzige Gott ist, der uns ehren sollte – und umgekehrt.«

Gregorius schreit auf und kann sich nicht zurückhalten. Jubelnd verschüttet er den Wein und küsst seine Frau.

Mittlerweile stehe ich wieder und habe uns allen nachgeschenkt. Die Nacht ist unendlich warm. Ungläubig starre ich auf
die hell erleuchtete Akropolis, die wie ein verdammtes Raum-
schiff in der Dunkelheit thront. Ganz Athen ist in seine Dunkelheit versunken und leuchtet.

»Weißt du, was Sokrates an seinem letzten Tag gesagt hat«, fragt
Gregorius und lacht dabei, als beginne er einen Witz, den er sich gerade selbst ausgedacht hat. »Man hatte Sokrates in Ketten gelegt.
Als man ihn dann an seinem letzten Tag aus seiner Zelle holte, haben sie ihm die Fußfessel abgenommen. Er hat sich hingesetzt und
glücklich seine wunden, schmerzenden Knöchel massiert. »Ahh«,
sagte er zu den Wärtern. »Stellt euch vor, ihr hättet mich nie in Fes-
seln gelegt. Ich hätte nie dieses Glücksgefühl empfunden.«

ooo

Ich öffne die Kellertür und stehe zwischen dampfenden Hyazin-
then. Am frühen Morgen hatte es erneut geregnet. Athen duftet.
Ich ziehe mich an und steige aufs Dach. Schlaftrunken liegt ein
stummes Feld elysischen Rots über die Stadt. Die Morgenröte,
Eos, große Göttin des Neubeginns, die Homer die Safrangewan-
dete nannte – sie deckt sich über die Millionen Menschen, die gerade aus ihren Träumen treten, um hier auf Erden den nächsten
Spuk zu vollziehen.

Als ich wieder in meiner winzigen Kellerwohnung stehe, habe
ich bereits eine Ahnung, dass meine täglichen Gänge vom Keller
zum Dach und wieder herunter symbolisch für ganz Athen sind.
Aus der Dunkelheit geht es hinauf ins Licht. Und wieder zurück.

Auf der Terrasse sitzen Greg, Maria und die Kinder bei Kaffee
und Saft. Sie lesen und haben sich in der Zeit eingenistet wie Ban-
diten. Sie sind beschützt. Auf den knapp zwei Metern Vorgarten
ist so viel Grün in die Höhe und Breite gewachsen, dass man kaum
die Straße erkennen kann.

Ich hole Bananen, Joghurt und Nüsse, Zitronen und Honig. Mein Vorhaben, mir heute die Haare rasieren zu wollen, veranlasst Greg zum ersten Witz des Tages. »Es gab mal einen Friseur, der schrieb an seinen Laden: ›Der beste Friseur der Stadt.‹ Sein Nachbar, der auch einen Friseurladen hatte, schrieb daraufhin groß und breit, er sei der beste des ganzen Landes. Das ließ der Friseur von gegenüber nicht auf sich sitzen und behauptete: ›Hier arbeitet der beste Haareschneider der Welt.‹ Als ein neuer Friseur in die Straße zog, schrieb er an seinen Laden: ›Der beste Friseur der Nachbarschaft.‹«

Ich koche uns frischen Kaffee. Tanja, die zweitälteste Tochter, erzählt Amir, dem Hund, ihre tollkühnen Geschichten. Gregorius dreht eine Zigarette nach der anderen und horcht auf, wenn ein Vogel oder Insekt in die Büsche schlägt. Maria beobachtet ihre Familie mit einer Zufriedenheit, die das Herz in den Augen trägt. Bevor sie zur Arbeit aufbricht, stellt sie den Wein für den Abend kalt und sagt mir, ich solle sie am Nachmittag besuchen kommen.

In der Agora.

»Ich denke«, sagt sie, »das wird dir gefallen.«

Eine Stunde später steige ich im Stadtzentrum aus dem Bus. Das Erste, was ich sehe, ist ein Kind, das ein rohes Ei auf die Straße wirft, und eine Frau, die ihren sich leblos stellenden Hund Zentimeter für Zentimeter über den Boden schleift. Ich habe keine Ahnung, wo ich bin. Ziellos laufe ich drauflos und drifte durch dieses Gewölbe aus aufgebrochenem Stein und übereinandergestapeltem Staub, aus dem die Menschen zwitschern und stöhnen. Die Stadt rostet. Athen zersetzt sich in den letzten Rest aufsteigender Sonne, und niemand kann es verhindern: Um zwei Uhr sperrt die Hitze ihr riesiges Maul auf. Nichts bewegt sich. Weiße, tote Luft mischt sich in der Markthalle in den kalten Rachen toten Fleischs, krabbelt in die Lungen der Alten und ätzt sich in den Pissgeruch der Gassen.

Überall rutscht man auf dem Kondenswasser aus, das aus den Klimaanlagen tropft. Die Hunde legen ihre trockenen Zungen in diese grauen Oasen und schlappern sie weg.

Als durchwanderte ich einen niedrigen Tunnel, gehe auch ich leicht gebückt durch diesen Kosmos der halb aufgerichteten Gestalten und bemerke doch: Diese Kosmologie aus Mensch, Stadt und Zeit nimmt sich gerade dann, wenn man glaubt, nichts Schönes mehr vorzufinden, ein bisschen Licht und flüstert ein Wort tiefer Verehrung, das den Blicken häufig entgeht.

Ein Mann freut sich über ein Plastikwindrad, wie es die Kinder benutzen. Es ist rosa und dreckig. Er hat es auf der Straße gefunden. Er pustet hinein, es dreht sich, die Freude ist groß. Die Tatsache, dass es ihn freut, freut alle anderen.

Ein Kellner legt sein Handy auf den Tresen. Auf dem Display ist Jesus zu sehen, der mit den Fingern seiner rechten Hand ein Zeichen, eine Art Mudra formt.

»Was ist das für ein Zeichen?«, frage ich.

»Orthodox«, antwortet er. »Das ist Christus, der Erlöser.«

»Schon klar, aber was ist das Zeichen?«

»Orthodox. Welche Konfession bist du?«

Da ich protestantisch getauft bin, sage ich, protestantisch.

»Nicht gut. Nur die orthodoxe Kirche ist die wahre Kirche. Sie war zuerst da. Alle anderen kamen später.«

Um bei dem Fanatiker Eindruck zu schinden, erzähle ich ihm, dass ich in Jerusalem und in Bethlehem war, den Geburts- und Sterbeort seines Herren gesehen und dort gebetet habe. Und dass die scheinbar leblosen, in dunklen Stoff gekleideten Orthodoxen, die die Gedächtniskirche in Jerusalem betreiben, aussehen, als wollten sie jeden Pilger qualvoll umbringen.

Seine ungerührte Antwort: »Das heilige Licht von Jesus in Jerusalem, von Christus: Es kann nur von Orthodoxen gesehen werden.«

»Und was ist, wenn Protestanten behaupten, sie würden das Licht Christi sehen können?«

»Nein.«

»Was nein?«

»Können sie nicht.«

So hat es sich erledigt. Immerhin: Als er aufsteht und geht, zahlt er auch meinen Espresso.

Ein heruntergewirtschafteter Typ liegt mitten auf dem Bürgersteig und stützt sich lässig auf seinen linken Ellbogen. Im Mund hängt eine unangezündete Zigarette. Sein Blick geht stumm geradeaus. Jeder läuft an ihm vorbei. Bis ein Mann stehenbleibt, ein Feuerzeug aus seiner Aktentasche kramt und ihm die Flamme an die Zigarettenspitze hält. Ohne sich im Geringsten zu bewegen, schmatzt er die Zigarette an und beginnt zu rauchen. Der Mann steckt sein Feuerzeug ein und geht unbeirrt weiter.

Eine dicke Frau steht neben mir am Saftladen, verschwitzt und müde. Sie lässt ihren Blick über die Bilder von Obst und Gemüse gleiten und sagt aus tiefsten Herzen: »Ah, alles ist so wunderschön.«

Am Osmonia-Square, einer der großen Knotenplätze der Stadt, ist ein Mann auf eine Skulptur geklettert, die wahrscheinlich die künstlerische Abwicklung hypermodernen Fantasieguts ist. Am Ende des ohne Probleme zu besteigenden Stahlkonstrukts sitzt er auf fünfzehn Meter Höhe – ein wenig vornübergebeugt, die Hände ineinander gelegt. Er scheint nachzudenken. Eine Pose, die griechischer nur sein könnte, wenn er nackt wäre und diese Nacktheit einen marmorierten Adoniskörper vorzuweisen hätte.

Keine Sekunde glaube ich, dass er da oben ist, um zu springen. Nicht so die Polizei, die Feuerwehr und die mehreren Hundert Schaulustigen, die ihn filmen. Man spürt, wie versessen die Leute darauf sind, einen solchen Absturz im Kasten zu haben. Aber er sitzt nur da und schaut und reagiert nicht auf Zurufe. Mit einem »Many good luck in Athens« wünsche ich ihm alles Gute und steige in die U-Bahn, wo ich mir von einem Automaten einen frischen Orangensaft pressen lasse.

Am nächsten Tag erfahre ich von Maria, wie das Spektakel ausgegangen ist. Sie hatte es in der Zeitung gelesen. Anscheinend saß der Mann zwei Tage auf einer Polizeiwache, ohne dass sich jemand für ihn interessierte. Keiner nahm seinen Fall auf. Da ist er auf die Skulptur geklettert. Maria konnte mir allerdings nicht sagen, ob sein Protest erfolgreich war und wie es ihm mit den Ordnungshütern ergangen ist, nachdem ihn die Feuerwehr von dem Kunstwerk entfernt hat.

Libysche Gottheiten, große, im Wüstensand geborene Nasen, die die Minze großmachen und den Muskat, daneben die orientalischen, kleinasiatischen und iberischen Kieferknochen, Damen, so blond wie Amazonen blond sein können, Wikingergene, denen die Glut die breite Stirn höhlt, Augen aus indischem Zimt, tamarindfarbene Wangen, das fränkische Vierschrötlergesicht, welches von einer waschechten Saufnase aus seine Bahnen über den Schädel zieht, ägyptische Harmonie, syrische Ornamentik, wie man sie aus den Tempeln Palmyras und Heliopolis' kennt, der großohrige Baal, die breithüftige Astarte, in den Augenpaaren das Blau ganzer Meer und den rosa Schiefer mazedonischer Berge.

Die integrale Physiognomie eines Landes, das die halbe Welt in seine Wesenszüge aufgenommen hat: Man setzt sich irgendwo an den Straßenrand und schaut in die wilde Geschichte Griechenlands.

Schließlich erreiche ich die Agora. Maria hatte ihren Kollegen Bescheid gegeben. So freundlich wie unverzüglich werde ich, dem neiderfüllten Blick meiner Mittouristen ausgesetzt, durch den

Eingang gelotst. Maria finde ich in der langen Vorhalle der Stoa, eines eindrucksvollen, von mehreren Dutzend Säulen gestreckten Gebäudes, welches sie mahnend auf und ab schreitet. Ihre Aufgabe: aufpassen, dass sich jeder benimmt, nicht an den ausgestellten Statuen rumtatscht oder zu laut »awesome!« schreit. Ich bin beeindruckt, wie diese über alles liebenswürdige, weise Frau plötzlich fauchen kann, sobald sich die Menschen in der Gegenwart ihrer Geschichte despektierlich verhalten.

Maria sorgt sich bestens um mich. Sie bringt mir eine Tasse Tee, versucht, mich mit einer ihrer Kolleginnen zu verkuppeln, und bringt mich schließlich zu ihrem Lieblingsplatz. Von hier aus, sagt sie, kannst du alles am besten sehen. Sie drückt mir ein kleines Poster in die Hand, auf dem zu sehen ist, wie das vor mir liegende Ruinenfeld früher einmal ausgesehen hat mit seinen Theatern, Verwaltungsgebäuden, Statuen und Tempeln. Die Agora, der ehemalige Markt- und Versammlungsplatz, das antike Zentrum Athens.

»Grüß die Gespenster von mir«, sagt sie und verschwindet.

Nicht oben in den grünen Parks nahe der Akropolis, unter freiem blauen Himmel und allein mit dem völlig unverstandenen Wunder, das wir Natur nennen, rätselratend über eine Lebenskraft, die alles entstehen und sterben lässt: Nein, hier unten im gesellschaftlichen Zentrum der Stadt ging Sokrates auf und ab, hier unter den Zweibeinern, die ihn begeisterten. Für seine Philosophie bedurfte es keiner Waldsiedlerromantik à la Rousseau, sondern des Austauschs, des Wortes und des Dialogs. Nur hier, inmitten der Stadt, gab es all das, was Sokrates im Kern interessierte. Fragen, die jedermann zeigen sollten, dass alles, was man für wahr hält, an Bedingungen geknüpft ist, die niemals gänzlich zu überblicken sind, und dass wir immer mehr nicht wissen als wissen. Hier, zwischen den anmutigen Regierungsgebäuden, dem zu Ehren Hephaistos' errichteten Tempel, hier zwischen der Stoa, die der

Agora als antike Shoppingmall diente, zwischen dem Theater, dem Gymnasium und all den marmornen Götter- und Kriegerbildern gingen auch die Athener Helden aus Fleisch und Blut ein und aus, um sich zu begegnen. Solon, der für soziale Gerechtigkeit kämpfte, Kleisthenes, der der attischen Demokratie Namen und Inhalt gab, Zenon, Perikles und Platon, der wusste, dass den Erscheinungen die Idee der Erscheinung vorausgehen muss wie dem Spaziergang die Beine.

Hier stand Diogenes, holte sich in aller Öffentlichkeit einen runter und verkündete, als er seinen Mitmenschen das Schauspiel eines ejakulierenden Philosophen präsentierte, es sei schade, sich nicht auf gleiche Art den Bauch reiben zu können und der Hunger würde verschwinden. Dieser unkonventionelle Mensch pries eine Sache als die allesamt Schönste der Welt, ein Prinzip, dass heute immer noch so wertvoll ist wie damals und ohne das keine friedliche und freie Gesellschaft existieren kann: die Parrhesie, die Meinungsfreiheit.

Hier führte man den greisen Sophokles auf die Anklagebank, weil sein eigener Sohn ihn der Umnachtung und Altersnarrheit anklagte, hier las er – zu seiner Verteidigung – allen Anwesenden aus seinem König Ödipus vor, seinem Alterswerk, das den Gerichtssaal samt Richter und Besucher zu Tränen und Jubelstürmen hinriss.

Hier in diesen Theatern wurden die Dichtungen und Komödien von Aischylos, Telekleides und Euripides aufgeführt. Aristophanes, Xenophon, Antiphanes und Abertausende mehr: Sie alle suchten das, was Herodot *helicon* genannt hatte, das Griechische. Aus den Erkenntnissen, Prinzipien und Worten, die sie fanden, aus den Gesprächen, die hier ins Rollen kamen und noch heute in keine absolute Gewissheit gemündet sind, aus dieser Sprache erschuf sich die europäische Welt. Hier stellte man den Apostel Paulus, der von einem gewissen Jesus von Nazareth predigte, vor einen kleinen Steinaltar, den man, aus Respekt vor all dem, was man nicht weiß, dem »unsichtbaren Gott« gewidmet hatte – der Stein gehörte nun einem neuen Herrn im Himmel, der Zeus, Apoll und Dionysos bald vergessen machen wird.

Ich hebe den Kopf, blicke zur Akropolis hinauf und bedaure kurz, dass die pompöse Statue der Athene nicht mehr dort steht, ja, dass sich heute niemand mehr aufmacht, um diese einmalige Göttin zu ehren.

Wo sich heute die Besucher aus aller Welt unter dem dünnen Schatten weniger Bäume tummeln, hier direkt vor meinen Füßen, verlief früher die Athener Hauptstraße, auf der Waren, Ideen und Kriege ein- und auszogen. Einmal im Jahr machte sich von hier eine feierliche, gottestrunkene Prozession zur Akropolis auf, um im über Athen thronenden Parthenon das Abbild der Athene zu ehren, zwölf Meter hoch, aus Gold und Elfenbein geschaffen.

Das Lieblingskind des Zeus hatte bereits vor ihrer Geburt eine erstaunliche Reise absolviert. Wir erinnern uns: Die Götter Uranos und Kronos haben jeweils, wie es vorhergesagt wurde, ihre Macht durch die eigenen Söhne eingebüßt. Welchen Grund gab es nun, dass es dem Mächtigsten aller Götter, Zeus, nun anders ergehen sollte? Warum sollte dies anscheinend fest in den Lauf der Welt verankerte Gesetz nicht auch für ihn gelten? Hatte sich mit ihm denn bereits alles verwirklicht, was zu verwirklichen war?

Gaia und Uranos konnten nicht anders, als auch ihren Enkel darüber zu informieren, was das Schicksal für ihn bereithielt: Du sollst von deiner ersten Frau zwei Kinder empfangen, prophezeiten sie ihm, eine Tochter und einen Sohn. Beide werden dich an Stärke, List und Klugheit übertreffen, es werden Götter, wie man sie unter dem endlosen Gespann des Weltenraumes noch niemals erblickt hatte, Götter ohnegleichen, und dein Sohn, er wird dir dasselbe Schicksal, das du deinem Vater warst.

Die Titanin Metis war die Göttin der List, des Scharfsinns und der Weisheit. Als Zeus erfuhr, dass sie von ihm schwanger war, verschlang er sie mit einem einzigen Atemzug, noch bevor sie seine Tochter zur Welt bringen konnte – auf diese Weise sollte sich auch die Geburt des zweiten Kindes, des gefährlichen Sohnes, schon frühzeitig erledigt haben.

Aber die Stärke des Kindes, das Metis bereist empfangen hatte, war zu groß und ihr Drang nach Leben zu stark. Schon bald plagten Zeus, der nicht wusste, was mit ihm geschah, derart heftige Kopfschmerzen, dass er Hephaistos bitten musste, ihm ein Loch in den Schädel zu schlagen. Der Schmied gehorchte. Er schwang sein Beil und hieb zu. Aus dem Schädel des Zeus sprang eine junge Frau, ausgewachsen und vollständig in Kampfmontur gekleidet, und ihr Schrei ließ die gesamte Erde erbeben. Sogar die Sonne vergaß, weiter über dem Himmel zu ziehen, hielt den Atem an und bewunderte diese Erscheinung.

Das schöne Kind besaß die Intelligenz des Vaters und die kluge Weitsicht ihrer Mutter, Anmut und eine ungehörige Reife. Sie bekam den Namen Athene: die Göttin der Weisheit, des Kampfes und des Kunsthandwerks. Ihr Bruder wurde nie geboren. So blieb die Prophezeiung unerfüllt. Athene jedoch sorgte für eine gewaltige Wandlung unter den Göttern.

Sie wurde zwar eine große Kriegsherrin, aber sie führte den Krieg schlauer und weiser als all ihre männlichen Vorgänger. Sie ließ sich weder von wilden Instinkten noch von Eitelkeiten treiben, die sonst die Kriegsmaschinerie heraufbeschworen. Sie glättete die emotionalen Wogen, die auch im Götterhimmel zu allerlei Zwist und Hinterhältigkeit führten, und brachte ein neues Licht auf die Erde. Sie war der Vernunft verpflichtet. Dem Rausch ihrer Gefühle begegnete sie mit der Besonnenheit ihres Verstandes. Wenn sie kämpfte, dann mit dem Ziel, zu einen, anstatt zu entzweien, und wenn sie eroberte, dann, um Gerechtigkeit zu bringen, anstatt neue Tyrannei. Herrscherin über den Himmel und die Erde, wurde sie eine weise Anführerin und verkörperte in weiblicher Gestalt das ewige, archetypische Prinzip des weisen und gerechten Königs.

Ich falte den Lageplan zusammen.

Neben mir schwebt der gut erhaltene Hephaistos-Tempel. Außer dem Gemurmel der Touristen ist nichts zu hören. Ich bleibe lange und genieße die Stille der Agora, die sich jederzeit an den Lärm der Geschichte erinnert. Als ich Maria einige Stunden später die Tasse zurückbringe, glaube ich bereits nicht mehr, dass draußen das moderne, schnelle, hitzige Athen auf mich wartet.

Der Busfahrer erkennt mich wieder. Hocherfreut redet er auf mich ein, der ich die gesamte Fahrt neben ihm gegen die Fahrerkabine gepresst werde. Es ist eine frivole Mischung aus Griechisch, frei erfundenem Kauderwelsch und einem humorlosen Englisch, die mich zum verständnislosen Zuhörer degradiert. Aber wenn ich mal etwas verstehe, wiederhole ich es laut, woraufhin er es erneut laut wiederholt, und so haben wir uns geeinigt.

»Richte dem Kerl, den ich gestern am Telefon hatte, schöne Grüße aus.«

»Gerne, ich richte meinen Freund vom Telefon schöne Grüße von dir aus.«

»Ja, richte ihm schöne Grüße aus.«

»Ja, ich werde ihn grüßen.«

Durch mehrmaliges Hupen macht er mich erneut auf meine Haltestelle aufmerksam. Ich hinterlasse ihm sein eigenes many good luck.

Gregorius liegt auf dem Bett und macht ein Post-work-Nap wie ich es nenne. Als er mich in der Küche klimpern hört, wacht er auf. Ein Prozess, den ich bereits zu schätzen gelernt habe und als sein Getting-ready-to-be-a-good-human-being bezeichne.

Er stöhnt. Er stöhnt aus ganzem Herzen. Er windet sich im Bett. Er will nicht aufstehen und will es doch gerne, weil die Welt schön ist. Er stöhnt ein lautes und tiefes Arhhhhh in den Raum und versucht, alle Dämonen, die ihm noch geblieben sind, aus sich herauszustöhnen. Seine tägliche Urschreitherapie. Seine Katharsis.

»Lass uns nach oben gehen«, sagt er, »ich erzähle dir meinen Traum.«

Die ersten Sterne stürzen über die Terrasse. Alles ist weich. Ungeduscht rieche ich noch immer nach der Stadt. Aber es klebt auch Licht an meinen Sohlen und Glück an meinem Schweiß. Gregorius ist mein Zustand egal. Tiefeingesunken rekelt er sich in seiner Lieblingscouch und schüttet die Tabakreste aus zwei leeren Packungen zusammen. Wortlos schaut er hinaus in den Sonnenuntergang, der so tut, als sei alles schon immer so herrlich gewesen, ohne dass man es gemerkt hätte. Wir sind zufrieden.

Seine Lebensphilosophie hatte er mir mal in einem Satz erklärt: »We watch, and maybe from the watching something happens.«

Er will wissen, wie mein Tag war, und ich erzähle ihm alles.

»Du wirst es lieben lernen«, sagt er, nachdem ich ihm meine Athener Bekenntnisse zu Füßen gelegt habe. »Und du musst zu Platons Garten, zu seiner Akademie, um das heutige Griechenland zu verstehen.«

»Warum?«

»Nun, für die alten Griechen musstest du einen klaren Geist besitzen, Intelligenz mit Wissen paaren und die Lebensumstände so sehr im Griff haben, dass man nicht emotional war, sondern nur Ruhe und Klarheit ausstrahlte. So sollte man die Welt begreifen. Dieses Studium hieß vor allem: Musik, Mathematik, Jura und Philosophie. Solche gelehrten Menschen wollten die Griechen aus dem ehemaligen Tier herausschnitzen, und solche Menschen wollte Platon. Deswegen hat er seine Akademie gegründet, die erste Universität. Heute jedoch dient ein Studium nur noch dazu, dich zu einem Werkzeug für die Gesellschaft zu machen. Du sollst nicht lernen und frei werden, sondern funktionieren. Jedenfalls schließt an die alte Akademie ein Garten an, und dieser Garten zeigt dir viel über das heutige Griechenland. Unser Umweltminister hat ihn an Blackrock verscherbelt, die größte Schattenbank der Welt. Wenn du die größte Schattenbank der Welt bist ... na ja, haha, du kannst dir die Kriminalität und die Geschäfte dieses Vereins vorstellen. So ist es: Wenn der Protest nicht erfolgreich ist, wird sich direkt an die Akademie, auf dem Gelände des Platon-Gartens, eine fünfundvierzigtausend Quadratmeter große Shoppingmall anschließen.«

Er zieht an seiner Zigarette und lacht.

Nach kurzer Stille sagt er: »Weißt du, was mir mal aufgefallen ist? Die wahrlich großen Menschen, Sokrates, Christus, der Buddha – keiner von ihnen hat je ein Wort niedergeschrieben. Sie wollten ihre Lehren nicht aufschreiben. Warum? Ich glaube, mit dem geschriebenen Wort hört das Wahre auf zu existieren. Dann wird alles Religion.«

Er ascht von seiner Zigarette und schiebt sich seine Locken zurecht.

»Aber ich wollte dir ja meinen Traum erzählen! Ich habe von Indien geträumt, letzte Nacht, und von meiner Zeit in Pakistan. Ein Jahr lang bin ich da herumgelaufen. Die Sufis haben mich besonders berührt, ich möchte irgendwann noch einmal hin. Ich werde dir eine Geschichte erzählen, die mir ein Sufi in Lahore erzählt hat. Er sagte mir: ›Das Richtige ist ein Vogelkäfig. Und der Vogel ist das Glück. Was tun wir mit dem Käfig, wenn der Vogel fortfliegt?‹ Diese Geschichte erinnert mich immer ein bisschen an Epikur. Er ist mein Lieblingsphilosoph, vielleicht der erste Sozialist, wie man es heute dummerweise nennen würde. Er ließ auch Frauen und Sklaven zu seinem Unterricht zu, die damals keine Bürger im eigentlichen Sinne waren. Das darf man übrigens nie vergessen: Die alten Griechen erhielten ihre Visionen zwar aus göttlichen Sphären, aber die Männer, die ihnen hier auf Erden Formen und Gestalt gaben, waren Sklaven. Jedenfalls ... Epikur sagt: Kümmere dich nicht um die Götter, verdammt! Die Erde ist genug, und der Mensch auch, wenn wir es richtig anstellen. Wenn wir zur Freude kommen, zur bleibenden, tiefen Freude, weißt du?

In unserer gesamten Geschichte gibt es vielleicht keinen anderen
Menschen, der das Griechische so gut beschrieben hat wie Epikur.«

Wie vielen großen Männer und Frauen der Weltgeschichte kam
Epikur das Schicksal zuteil, zu Lebzeiten missverstanden und verachtet zu werden. Als man aus dem Garten, indem er mit seinen
Schülern und Freunden philosophierte, vernahm, dass da ein
Mensch über die Lust predigte, stieß das in einem Griechenland,
das gerade von dem sorgfältig polierten Glanz stoischer Tugend-
lehre besessen war, auf empörte Ohren. Den Weg zu Epikur
selbst musste man gar nicht erst wagen, da die Gerücheküche
ganz Athen mit all ihren leckeren Düften versorgte: In diesem so
weltzugewandten Garten käme es zu lustvollen Orgien, man be-
nehme sich schweinisch, Epikur selbst lebe in Saus und Braus und
gebe sich der dunklen Allmacht seiner fleischlichen Gelüste hin,
gleich dem in seiner Tonne hausenden Diogenes, den man als
Hund bezeichnete – ohne dass dies den Angesprochenen im Geringsten gestört hätte.
    Aber das Gegenteil war der Fall.
    Epikur sprach zwar ein Leben lang von der Lust, die ihm der
Schlüssel zu einem glücklichen Leben war. Sein Begriff der Lust
aber meint Erkenntnis und Selbstgenügsamkeit, nicht Wollust
und blinden Rausch. Er sprach von tief verankerter Freude anstatt
oberflächlicher Begierde. Er legte keinen Wert auf Besitz und
schon gar nicht auf Luxus, aß lediglich Brot, Käse und Oliven und
hauste mit seinen Schülern und Freunden gemeinsam in einem
Haus. Seine Lehre der Seelenruhe, die er auf der Atom- und Natur-
lehre Demokrits aufbaute, ist heute so hochaktuell wie zum Zeitpunkt seines Todes vor 2300 Jahren.
    Die Seele: Laut Epikur ist sie die Hauptursache der körperli-
chen und sinnlichen Wahrnehmung. Wie ein den Stoff lebendig
machender Schleier durchwogt sie den Raum der materiellen Ato-

mansammlung. Sie ist diejenige Instanz, die den Körper empfin-
dungsfähig werden lässt. Wenn aber die Seele den Körper verlässt,
ist dieser ganz und gar empfindungslos; wenn der Körper stirbt,
hat die Seele dort keinen Anker mehr. Die Atome, so will es das
ewige Gesetz der Natur, werden zerfallen, woanders weitermachen, sich neu zusammenfügen, erneut vergehen und so ad infini-
tum.

Für Epikur war klar, dass es mit uns unweigerlich vorbei sein
wird. Im Tod kann es keine Empfindungen geben. Alle Gefühle,
alle Welt gehen verloren. Weshalb es uns auch weder schmerzen
noch verärgern wird, tot zu sein – wir werden es nicht erleben,
nicht spüren können. Im Angesicht des Todes lebe man stets, wie
er es ausdrückt, in einer Stadt ohne Mauern.

Die Sterblichkeit aller Weltendinge machte den Epikureern
jedoch keine Angst, die sich in übersinnlicher Gottessuche, hitzi-
gem Hedonismus oder Nihilismus verklärte. Diese Einsicht be-
sagt lediglich: Wir haben dieses Leben und kein anderes, alles geschieht hier, sorgen wir also dafür, dass wir ein glückliches Leben
führen. Und um klar definieren zu können, was dieses ominöse
Glück genau ist, gilt es, die Bedingungen für anhaltende Freude
und Seelenfrieden genau zu erfassen.

Epikur schreibt, dass es die Stimme des Fleisches ist, weder zu
dürsten noch zu hungern oder zu frieren, und dass derjenige, der diese Begehren erfüllt, an Glückseligkeit sogar Zeus übertrifft. Sinnlichkeit ist kein Fehler. Der Körper ist unsere erste Realität. Wenn
er nicht friedvoll und still ist, wird uns seine Unruhe jede Minute
des Tages verfolgen. Da jedoch das Stillen der Instinkte und Sehn-
süchte des Körpers in ein tosendes, ebenfalls Unruhe stiftendes
Extrem umschlagen kann, gilt für Epikur das Prinzip der Schmerz-
vermeidung. Schon die Abwesenheit von Unbehagen und Sorge ist
für Epikur das, was er Freude nennt. Und die Vernunft letztlich die
Instanz, die die folgenreichen Freuden hedonistischer Vergnügun-
gen von den folgenlosen zu unterscheiden in der Lage ist.

Die wahren lustreichen Freuden, von denen Epikur spricht, sind Musik, eine gut geführte Unterhaltung, Freundschaft oder die Kunst. »Wir müssen gleichzeitig lachen und philosophieren«, schreibt er, und führt aus: »Man kann nicht in Freude leben, ohne mit Vernunft, anständig und gerecht zu leben; aber man kann auch nicht vernunftvoll, anständig und gerecht leben, ohne in Freude zu leben. Von allen Gütern, die die Weisheit sich zur Glückseligkeit des ganzen Lebens zu verschaffen weiß, ist bei weitem das größte die Fähigkeit, sich Freunde zu erwerben.«

Der Austausch mit anderen Menschen, der Dialog, das Sich-nahe-Sein, gemeinsames Philosophieren: Noch auf dem Sterbebett sagt er einem Freund, dass ihm zwar die Schmerzen, die die Krankheiten des Alters mit sich bringen, lästig seien, dass sie jedoch allemal von den Erinnerungen an die gemeinsamen Unterhaltungen aufwogen werden.

Hat jemals ein griechischer Philosoph seinem Volk mehr aus dem Herzen gesprochen? Die Vernunft und die Gerechtigkeit: Sie sind nichts ohne das höchste Gut des Lebens, sie sind nichts ohne die Lust der Freude. Nicht nur Gregorius, sondern jeder Bürger scheint die Einsicht Epikurs verinnerlicht zu haben: »Wir sind ein einziges Mal geboren; zweimal geboren zu werden, ist nicht möglich; eine ganze Ewigkeit hindurch werden wir nicht mehr sein dürfen, Und da schiebst du das, was Freude macht, auf, obwohl du nicht einmal Herr bist über das Morgen? Über dem Aufschieben schwindet das Leben dahin, und so mancher von uns stirbt, ohne sich jemals Muße gegönnt zu haben.«

Gregorius dreht am Radio herum und sucht einen Sender, der zur Wärme der Nacht passt. Als er wieder sitzt, sagt er: »Wir gehen zum Garten von Epikur, ich muss ihn dir zeigen.«

Ich stimme ihm zu. Voller Vorfreude weiß ich: Die große, ruhelose, immer wühlende und niemals zur Ruhe kommende Stadt, diese endlos ins Weiter geratene Bewegung – sie hat viele Gärten zu bieten, und ich soll sie alle zu Gesicht bekommen. Aber zunächst werde ich mir einen lebenslangen Traum erfüllen und morgen früh in den Bus steigen. Delphi ist nur ein paar Stunden entfernt. Hier oben habe ich das Gefühl, es bereits hinter der Stadt leuchten zu sehen.

Delphi

Athen gehört den Tauben. Ungestört picken sie durch die Straßen und flanieren mit breit aufgestellter Brust über die Marktplätze. Es sind Hunderttausende, die um den Schlaf der Häuser kreisen und solange den Erdboden der Stadt bevölkern, bis der homo sapiens erwacht und sie erneut auf die Dachrinnen verdrängt.

Es ist sechs Uhr.

Durchsichtig hängt der Mond am Himmel.

In der Nähe des Busbahnhofs sitzt ein Mann im Kreise seiner leeren Bierdosen, matt glitzernde Amulette seiner abklingenden Stunden. Sein Bart ist klebrig und feucht. Trotz der Wärme ist er in eine dicke Decke gewickelt. Geschlafen hat er nicht. Blutrote Augen flimmern durch sein eingefrorenes Gesicht, entzündet von den Geschichten der Nacht; zwischen seinen Ohren verglimmen die letzten Sterne, die sich noch an seinen Namen erinnern. Wie lange wird es dauern, bis er merkt, dass ihm ein neuer Morgen dämmert, den er nicht erwartet hat? Was wird er tun, wenn er nicht glauben kann, dass sich die Welt, ihn inbegriffen, weiterhin erzählen muss?

Die Hügel und das Immergrün warten direkt hinter der Stadt. Kaum hat der Bus Athen verlassen, scheint es, als habe es diese in Grau gemeißelte Monstrosität nie gegeben. Ein großer Atem schluckt Licht in die Reben. Die Morgendämmerung bringt die Farben zurück und legt sich über die großzügige Fruchtbarkeit Attikas, eine wieder weich gewordene Welt, durchzogen von Kiefern, Kaffeebuden, glattgestrichenen Äckern, liegengelassenen Tankstellen und Anhänger-*Kantinas*, in denen man seit Jahrzehnten die Ellbogen in die Plastiktischdecken drückt.

Die kommenden Stunden döse ich mit offenen Augen an der Fensterscheibe. Außer dass eine meiner Mitreisenden erschrocken in ihrem Sitz hochfährt, als sie zu schnarchen beginnt, geschieht nichts.

Kurz vor Delphi aber macht sich schlagartig Nervosität breit. Jeder rutscht auf seinem Sitz hin und her und fummelt nach der Kamera. Als wir das Dorf erreichen und an der winzigen Bushaltestelle halten, die für die normalen Linienbusse bestimmt ist – die riesigen, blitzeblanken Touristenkreuzer parken weiter unten direkt an der Ausgrabungsstätte –, strömen die meisten sofort die Straße herunter zur archäologischen Stätte. Neben mir sind es eine Handvoll Leute, die sich, keine fünf Meter von der Bushaltestelle entfernt, auf die Leitplanken hocken und in das überwältigende Tal hinabschauen. Man hätte es sich denken können: Natürlich muss die Sinnlichkeit der Landschaft dem historischen Gewicht des Ortes standhalten, natürlich ist das Zentrum der bereisbaren Welt nicht in eine stumme, unerhebliche Landschaft gebaut worden.

Kilometerweit sieht man nach Ost und West. An den Ausläufern der mit sorgfältiger Hand gezogenen Berge – so mächtig und

schwer, dass sie ehrfürchtig machen, und so weich und harmo-
nisch, dass sie an Eleganz nicht zu überbieten sind – schlagen
Abertausende Ölbäume eine breite Trasse bis an den Golf von Ko-
rinth. Zaghaft drückt sich dort das Meer ins Auge und setzt einen
winzigen blauen Tropfen in die benjamingrüne Landschaft, die
sich bis zu unseren Füßen heraufzieht. Es ist ein majestätischer
Anblick, in dem wir schweigend versinken.

Ein Losverkäufer reißt uns aus unseren Träumereien. Lauthals
humpelt er, ein Glöckchen um die linke Hand gespannt, die Landstraße hinauf. Er bimmelt und singt und bleibt immer wieder stehen, um sich mit den Sandalen des einen Fußes die Zehen des anderen zu kratzen. Seine dicken Finger klauben Tabak aus den
Hosentaschen. Die Hälfte bröselt in den Wind. In den Falten seiner tief verrunzelten Stirn steht die Sonne und strotzt vor Gesundheit. Um sich auszuruhen, das Glöckchen abzunehmen und
ein Zigarettenpapier aneinanderzupappen, setzt er sich auf die
Terrasse eines der Touristencafés. Dort widmet er sich mit aller
Konzentration seiner feinmotorischen Aufgabe. Die Belohnung
ist eine dünne, zerknitterte, dampfende Zigarette, die in seinem
Mundwinkel verschwindet.

Ich suche mir das beste Café und lasse mir Zeit. Die Katzen
sitzen stumm und schön unter dem Tisch und warten auf Krumen.
Der Inhaber, der sich mir als Joannis vorstellt, sieht aus wie der
Sohn des Losverkäufers. Ich frage nicht nach. In dreißig Jahren
könnte man wiederkommen, da wird er womöglich unten auf der
Terrasse sitzen und rauchen und manchmal ein Los verkaufen, da
es sonst nicht mehr viel zu tun gibt.

Ein dicker Mann mit zerschlissenen Hosen trägt zwei Mandarinen durch den Tag. Als er Joannis und mich sieht, schenkt er sie
uns. Die Mandarinen sind süß und zerplatzen im Mund. Ich biete
ihm einen Stuhl an, aber er hat seinen Stammplatz und hockt sich
an die Wand, direkt unter die uralte Schwarz-Weiß-Fotografie
eines nicht mehr existierenden Dorfes. Das keine einhundert

242 ÜBER ALLEM LICHT

Häuser starke Kastria hatte man – zufällig! – genau dort gebaut,
wo einst das Delphi-Imperium strahlte und verlorenging. Es ist
bis heute kaum zu glauben, wie solch ein Wunder von einem Ort
in Vergessenheit geraten konnte! Zuerst kommen die Menschen
jahrhundertelang gebeugten Hauptes aus Nah und Fern, um dem
einmaligen Heiligtum des Apollon Ehre zu erweisen, dann zieht
man an all den Schätzen, die hier stehen, gedankenlos vorbei, bis
alle Erinnerung erloschen ist. Das Absinken in die Bedeutungslo-
sigkeit hat natürlich viele Gründe. Nach der ersten Erbauung der
Tempelanlage im 8. Jahrhundert v. Chr. und einer gewaltigen Blü-
tezeit kam Schritt für Schritt alles zusammen, um Delphi schick-
salsgemäß untergehen zu lassen: (Heilige) Kriege, Machtspiele,
Intrigen, verheerende Brände und das Römische Reich. Vor allem aber lässt sich auch hier die Evolution der Religiosität bestens
aufzeigen. Denn der Apollon-Tempel wurde zunächst über einer
Verehrungsstätte der Gaia gebaut, dann gingen Apollon und das
Orakel in der Weltgeschichte verloren, als der römische Kaiser
Theodosius Ende des 4. Jahrhunderts die Praktiken des Panhelle-
nismus durch das Christentum ersetzte. Er ließ alles zerstören,
was hier jemals gestanden hat.

Einige Christen, die sich bald darauf zwischen den Bergen an-
siedelten, waren froh über all den Marmor und die Ruinen, aus denen sie sich ein neues Dorf bauten: Kastri.

Delphi verschwand. Aber man fand es erneut. Nach rund tau-
sendjähriger Vergessenheit kamen immer wieder Menschen nach
Kastri, flammende Europäer, die an einigen Stellen herumbuddel-
ten und schließlich zu Beginn des 19. Jahrhunderts die Vermutun-
gen bestätigten, dass im Erdreich dieses unscheinbaren Dorfes die
alten delphischen Schätze und Tempel lagerten. Aus Geld- und In-
itiativenmangel musste man jedoch warten, bis sich Natur und
Mensch zusammentaten. Nach einem Erdrutsch im Jahre 1880, der
das halbe Dorf unter sich begrub, waren die Einwohner bereit, mit
sich reden zu lassen. Gut, dass ein französisch-griechisches Archäo-

logen-Team zu diesem Zeitpunkt gerade so viel Geld aufgetrieben hatte, um die Umsiedlung des Dorfes zu veranlassen. Die Einwohner von Kastria bauten sich unweit ihres alten Dorfes ein neues, das heute wieder Delphi heißt. Und dort, wo noch die Betten der Urgroßmütter von Joannis und dem Mandarinenmann auf der nackten Erde standen, ist Apollon heute von den Toten auferstanden.

Joannis pfeffert die Teller auf den Tisch, dass es scheppert. Es gibt Fawa, Souvlaki, Brot und Öl und einen Teller voll Weintrauben. Der Kaffee ist hervorragend und stammt aus modernen Espressomaschinen und nicht von angerosteten Herdplatten, auf denen der typisch griechische und nach modrigen Erbsenschalen schmeckende Kaffee aufgekocht wird. Eine moderne Zubereitung in einem modernen Dorf, in dem man vergeblich die bewährten Szenen des traditionellen Landlebens sucht. Dafür ist es zu neu, dafür spülen zu viele Touristen und zu viel Aufmerksamkeit ordentlich Rendite in die Kassen.

Ich lade den Mandarinenmann zu einem Glas Wein ein. Er lehnt ab. Der erste Grieche also, der keinen Alkohol trinkt! Joannis bringt ihm tatsächlich einen Kamillentee. Vom Nachbartisch – ein flattriger Rentner hat seine Zeitung auf den Tisch geschmissen und uns alle mit einer großen Handbewegung begrüßt – kommt der Einwurf, das mit dem Trinken und dem Wein sei gar nicht so übel, es halte Geist und Körper gesund. Das wussten selbst die alten Götter und die neuen sowieso. Vielleicht, sagt der Alte und meint Mister Mandarine, muss man Schlückchen für Schlückchen anfangen. Jeden Tag ein Glas. Dann irgendwann zwei. Oder sich einfach vorstellen, der Wein sei Saft oder Traubenwasser oder alkoholfreier Wein.

»Der erste Grieche«, flüstert Joannis, »der alkoholfreien Wein herstellt, wird zusammen mit den Banken-Managern standesrechtlich erschossen.«

Wir lachen.

Wissen aber: Unser Wirt sagt die Wahrheit.

Es ist schon bereits Mittag geworden, als ich endlich meinen Beutel packe und mich aufmache ins alte Delphi. Eingeschlossen in Busladungen von Sonnencreme triefender Menschen warte ich am dichtumlagerten Eingang, wo eine überforderte Mitarbeiterin versucht, die verschiedenen Gruppen auseinanderzuhalten.

Sobald ich das Drehkreuz passiere, merke ich, dass ich überhaupt keine Lust habe, die strikt ausgewiesenen Pfade hinaufzusteigen. Ich setze mich ab. Hinter dem Toilettenhäuschen mühe ich mich einen steilen Hang loser Erde hinauf. Im Rücken des Wachpersonals, welches genau für Leute wie mich eingestellt worden ist, krabbele ich so langsam wie möglich, um ja nicht aufzufallen, zurückgepfiffen und rausgeschmissen zu werden.

Es funktioniert. Im blinden Fleck der Security-Häuschen lehne ich mich an einen breiten Nadelbaum und habe einen guten Ausblick auf all das, was durch Millionen Spatenstiche wieder dem Sonnenlicht anheimgegeben worden ist, das »Energiezentrum der Welt«, wie Joseph es nannte: Hier trafen sich die beiden Adler, die Zeus aus Osten und Westen lossandte, um den Mittelpunkt, ja um den Nabel der Welt zu finden. Hierhin kamen Kaiser und Könige, um die Reise ihres Lebens zu absolvieren. Eingeschlossen zwischen den Felsen der großen Berge war Delphi schon immer ein Ort, den man hat suchen müssen.

In langsamen Bahnen ziehen sich die bunten Besucher durch die alten Tempel, Theater, Sportstätten und Schatzhäuser. Ich wasche mir die Hände und packe meine Erdnussrationen aus. Delphi schweigt. Mein Kauen ist das lauteste Geräusch der Welt. Stolz ragen die Säulen des Apollon-Tempels in den blauen Himmel und genügen sich, nach all den Jahrhunderten auf und unter der Erde, anscheinend noch immer.

Ich denke an die Worte des großen Gottes, die hier einst geschrieben standen: *Erkenne dich selbst* und *Nichts im Übermaß*. In diesem Tempel hat das berühmteste Orakel der Welt einen gewissen Sokrates, also denjenigen, der wusste, dass er nichts weiß,

als den weisesten aller Menschen ausgerufen. Selbst der große
Plato war davon überzeugt, dass an den visionären Worten der
Pythia, der Priesterin, die als Orakel fungierte, niemals zu zwei-
feln war. Aber was waren das eigentlich für »Prophezeiungen«, die
die Bittsteller hier erwarteten? Immerhin musste sich die Pythia
in einen Rauschzustand und in Trance versetzen, um die Botschaf-
ten des Apollon empfangen und wiedergeben zu können.

Heute geht man davon aus, dass es aus einem Felsspalt ausge-
tretene Gase waren, die für den übernatürlichen Rausch der Priesterin sorgten. So oder so: Es ist einerseits bezeichnend, dass es am
Nabel der Welt einer dionysischen Betäubung, eines Verlassens
des gewöhnlichen Aufenthalts auf Erden bedurfte, um mit dem
Gott des Lichts und der ordnenden Vernunft in Kontakt zu treten. Zum anderen erhielt man vom außergewöhnlichsten Orakel
der Weltgeschichte keine klare Anweisung und keine eindeutige
Antwort. Die Inschrift über der Eingangspforte ist eindeutig. *Erkenne dich selbst.* So musste man die oft zweideutigen Worte des
Orakels nicht nur zu hören bekommen, sondern auch zu interpretieren wissen. Diese Interpretation konnte über Krieg und Frieden, Liebe und Hass, Glück oder Unglück entscheiden. Die Priesterin des Apollon: Letztendlich sprach sie zu einem inhärenten
Wissen, das jeder jederzeit in sich trägt. Sie konnte nur auf eine
Quelle verweisen, von deren Wasser der Einzelne bereits gekos-
tet hatte. Hier zeigte sich das Wesen aller Verehrung in all seiner
Pracht: Egal an wen oder was man sich wendet, letztendlich hat
man doch keine andere Wahl, als sich, in den orphischen Worten
von Karl Kraus, im Zweifelsfall für das Richtige zu entscheiden.

Ich schließe die Augen und nicke kurz ein.

Als ich aufwache, ist alles derart still geworden, dass ich nur
noch die Nadeln unter meinem Hintern rascheln höre. Das Bild des
alten Delphi wirkt wie eine vor die wirkliche Welt gespannte Foto-
grafie. Von einem Feigenbaum voll reifer Früchte angelockt, klettere ich ein Stück höher und stopfe mir die Taschen voll. Von hier

aus werfe ich einen letzten Blick auf den Tempel, rutsche hinunter zum Ausgang, überquere die Straße und laufe ziellos stadtauswärts. Nach einem Kilometer sehe ich in der Böschung unter mir einige Ruinen auftauchen. Ich steige die wenigen Meter hinunter und ziehe mich auf die Mauer eines wurzelüberwucherten Hauses.

Die Feigen verschwinden in meinem Mund. Was ich nicht mehr schaffe, werfe ich den Hang hinunter zu Wurm, Wildschwein und Vogel. Gegenüber strecken die Berge ihre graumelierten Felsen ins gleißende Licht. Der Himmel ist ein Haus aus hellblauen Wänden. Er vollendet die Erde und das Meer und bereichert sie um ihre eigene Weite, so wie Uranos einst Gaia komplementierte und so für das Wunder der Entstehung sorgte.

Ein Wunder, das in Griechenland gewöhnlich geworden ist.

Angetrieben von den Strömungen des Meeres flattert der Wind durch die Haine und treibt den Sommer übers Land. Zitronen brechen von den Zweigen. Sie zerplatzen in der Luft und werden zu einem Schwarm gelber Schmetterlinge, die mir wie wild gegen die Stirn klatschen. Eine große Sonne macht die Augen weiß. Delphi erhebt sich in eine Anwesenheit, die so zerbrechlich ist, dass sie der Erde kaum standhält. Die Berge und das Tal sind bereits so weich geworden, es genügte ein einziger Atemstoß, um sie fortzupusten.

Alles verspricht, dass die Tage reichen. Es ist für alles gesorgt. Käme ein Mensch, man müsste ihm sagen: Diese ganze Glut, das ist deine schöpferische Erde, dein Fernweh und Nachhausekommen, das ist sie, Kumpel, deine einzige Erde, dein bester Freund. Denn was tut der Mensch mit all dieser Schönheit! Er hat nur die Wahl, selber schön zu werden, sonst folgt ihm das Elend auf jeden Schritt. Dies ist die Lehre Griechenlands: Wer in dieser Welt nicht als Mensch, nicht als übriggebliebener Gott besteht, ist verloren.

Ich bin am Ende meiner Reise angelangt und habe keine Ahnung, wo es nach meiner Rückkehr nach Athen hingehen wird. Ich denke an all die großartigen Menschen, die meine Reise begleiteten, an Heinz, Timon und Eva, Lisa, Stavros, Paulus, den traurigen Pfau und Eugenia, an Joseph, Gregorius, Andrei, Amelia, Billy und Vassili und Maria und Thomas und all die Joannise und Joannis Kondilla, an die Wirte und Wirtinnen aus Trachea, Pigi, Milea, Zaros, Volax oder Duo Horia, an die Fischer von Agios Nikolaos und Panormos, an die Freunde und Freundinnen in Platsa, Sfakia oder Triandaros. Wenn ich in diesem nicht enden wollenden Sommer eines gelernt habe, dann dies: Um Griechenland zu verstehen und seiner Essenz nahezukommen, bedarf es keiner Geschichtsbücher. Der Besucher dieses einzigartigen Landes benötigt weder ein Wissen um die großen Mythologien noch einen Fremdenführer der Philosophie und auch keine Tageszeitung.

Das amphibe, stets zwischen den großen Dualitäten, zwischen Orient und Okzident vermittelnde Griechenland zeigt sich vor allem im Zauber seiner einzigartigen Landschaft und in den Herzen seiner Bewohner. Auf diesen beiden Parametern gründet die wahre Philosophie Griechenlands. Sie haben ewig Bestand. Die Natur zaubert eine sichtbare Wahrheit in das Antlitz der Erde und stattet das Diesseits mit so viel Licht, Schönheit und Wonne aus, dass keine andere Welt mehr notwendig ist. Um dem Überirdischen nahe zu sein, braucht der Grieche lediglich eine über den Knochen pulsierende Haut, Zunge und Ohren und das blanke Licht seiner Augen. Goethe schrieb einst, dass von allen Völkern die Griechen den Traum des Lebens am besten geträumt hätten. Aber wie gelingt eine derartige Träumerei? Im Endeffekt sind die Antworten einfacher, als es unserer Vernunft lieb sein kann:

Indem die Tragik und Absurdität des Lebens nicht verbittert, sondern stolz macht. Indem man den Ernst des Lebens mit Humor verrechnet.

Indem man das Licht lobt und die Nacht akzeptiert.

Indem man die Aufrichtigkeit genauso hoch schätzt wie die Freundschaft.

Ja, die Olivenbauer, Fischer, Walfänger, Klempner, Yoga-Lehrer, Wirtshausbesitzer, Kapernpflücker, Musiker, Arbeitslosen, Trinker, Karrenbauer und Landwirte, die Väter und Mütter von Söhnen und Töchtern, die mich begleiteten – sie haben bewiesen, dass Gregorius wohl recht hatte, als er Epikur als den eigentlichen Philosophen seines Volkes ausrief, einen weisen Lehrer, der seine Mitmenschen in Autarkie, in der Lehre des Einklangs unterrichtete. Denn selbst die höchste Erkenntnis hilft nichts, wenn sie nicht mit Freuden auf Erden verbunden ist, und was sind schon Tanz und Sinnlichkeit, wenn in ihnen keine große Seele zu wohnen vermag.

Das sinnstiftende Ideal greift immer nach den Sternen. Aus den Griechen wollte man Götter schaffen, aber es sind nur Menschen geworden.

Ein Glück, dass das reicht.

Epilog

Ich halte den Fuß auf der Bremse, trete die Kupplung durch und haue den ersten Gang bis in den letzten Millimeter des Schaltungsgehäuses. Emma steht. Unter der Motorhaube rattert und ruckelt der Motor. Links unter mir, inmitten der leergewachsenen Terrassenfelder, liegt die Kapelle.

Ungezählte Male bin ich diese Straße hinauf- und hinuntergefahren, habe immer nach ihr Ausschau gehalten und doch nie angehalten. Von den Hunderten pittoresken, halbzerfallenen, bauchigen Kapellen der Insel ist sie auf ihre Art die außergewöhnlichste. Ganz in ihrer Nähe, auf der Nordseite Richtung Triandaros, hatte man mittlerweile ein paar Häuser gebaut und dem Tal einige Menschenseelen eingehaucht – ansonsten steht sie einsam auf der weiten Flur, in der sie sich zu verstecken sucht. Ungünstig nur, dass die beiden hohen Zypressen, die wie

ÜBER ALLEM LICHT

zwei Hände direkt an ihrer Stirnseite aufragen, wie Ausrufezeichen in der Landschaft stehen.

Die beiden Bäume erzählen eine traurig-schöne Geschichte.

Denn wie fast jeder griechische Gott sah sich Apollon nicht nur gerne von Frauen, sondern auch von schönen Männern und Jünglingen umgeben. Unter ihnen hatte er einen Liebling, den Knaben Kyparissos, in dem er sich und seine überweltlichen Eigenschaften am meisten wiedererkannte. Kyparissos besaß wie Apollon und Artemis eine ausgeprägte Vorliebe für ein ganz besonderes Wesen: den Hirsch. Der Knabe verbrachte so viel Zeit mit seinem Lieblingstier, wie er nur konnte, schmückte ihn, der bereits mit einem goldenen Geweih zur Welt kam, überaus glanzvoll und führte ihn nur zu den besten Quellen und Weiden von Hellas.

Auf einem dieser Ausflüge jedoch verwechselte Kyparissos seinen Hirsch mit dem Wild, das er gerade jagte. Als er seinen fatalen Irrtum erkannte, hatte der Speer bereits seine Hand verlassen. Er traf den Hals des geliebten Tieres und tötete es. Über seine Tat geriet der Knabe derart in Verzweiflung, dass er beschloss, entweder ebenfalls an Ort und Stelle zu sterben oder auf ewig um seinen geliebten Gefährten zu trauern. Apollon sah das entsetzte und sich selbst kasteiende Herz seines Kyparissos und kam ihm zu Hilfe. Er verwandelte ihn in einen trauernden Baum, in dem er ewig fortleben sollte, einen Baum, der alle Jahreszeiten grünt und ganz Griechenland noch heute von der Trauer des holden Jünglings erzählt: die Zypresse.

Ich parke Emma und steige den Hang herunter.

Das Grundstück ist winzig. Hinter einer hüfthohen Mauer zwänge ich mich an den beiden Stämmen vorbei, um den Eingang zu finden. Knarrend lässt sich die blaue Holztür aufdrücken. Im Inneren sieht es auf den ersten Blick aus wie in jeder anderen Kapelle Griechenlands. Von den Wänden blicken die üblichen Ikonen und Heiligenbildchen auf die Gläubigen herab, im

Sandbecken stecken die dünnen Kerzen, und auf den Tischen liegen Ölfläschchen, kaputte Feuerzeuge und Plastiktüten.

Ein Drittel des Raumes ist mit einer Stellwand abgetrennt. Dahinter befindet sich eine halbrunde Vertiefung in der Wand, in die ein Bild der Mutter Gottes gemalt ist. Das ist also der Schrein: Ihr barmherziges, wunderschönes Gesicht. Vor ihr der junge Jesus von Nazareth, Vater und Sohn in einer Gestalt, mit gleichfalls offenen Armen. Die Malerei wirkt dreidimensional, als würden die beiden ineinander verschwinden, um eins werden zu wollen. Diese Zweiheit, das ewig Weibliche und das Männliche, strahlt die Besucher an. Ich erinnere mich an die Worte, die ich von einem orthodoxen Priester in der Mani hörte: In unserer Tradition bedeutet die Auferstehung Christi nicht Auferstehung im Leben, sondern Vereinigung.

Ich bin in den letzten Monaten in vielen Kirchen, Kapellen und alten Tempeln gewesen und war meistens beeindruckt, überrascht oder entzückt. Hier aber bin ich ergriffen. Jesus schwebt vor der Brust seiner Mutter und trägt diese von Liebe erfüllten Augen, die auch den nackten Boden der Trauer kennen.

Ich denke an Sokrates und den Ritterschlag, den er vom Orakel in Delphi erhalten hat: der weiseste aller Menschen. Warum aber verehren die Menschen die Jungfrau Maria und vor allem Christus anstatt den so klugen Sokrates, der weise genannt wird, aber niemals heilig? Ist es, weil Letztgenannter die Stimme des Einhaltens und des Neins hörte, Christus aber zu einem Symbol für das unabdingbare Ja geworden ist? Fehlt Sokrates zur Heiligsprechung durch die Menschen eben der Mut, wie ein Dionysos auch das Nichtheilige in Kauf zu nehmen? Immerhin hat er aus dem Schierlingsbecher getrunken, um die bestehende Ordnung des Gesetzes zu akzeptieren, nicht weil er wusste, dass er immerzu eins ist mit dem Absoluten. Baut man ihm weder Tempel oder Kirchen, da er sich vehement der eigentlichen Tragik des Lebens verweigerte?

Emma kämpft sich den Hang hoch und schafft es. Strahlend ragt der Exobourgo aus der Insel. Um ihn herum sind die Berge in das Rubinlippenrot des späten Nachmittags getaucht. Ein großer Klang fällt von der Spitze des Felsens und wellt sich über ganz Tinos. In Duo Horia tippelt eine uralte Frau mit schwarzem Kopftuch aus ihrem Haus. Rechts stützt sie der Sohn, links die Tochter. Die Pupillen der Augen sind weiß, die Knochen zu einem aufrechten Meter zerbröselt.

»Siehst du«, sagt ihr Sohn, »hier gibt es nichts zu sehen.«

»Komm schon«, sagt die Tochter, »lass uns wieder hineingehen, wo man dich kennt.«

Die weißen Augen der Frau starren ins Leere. Aber noch will sie nicht wieder zurück. Stumm wird sie von ihren Kindern gehalten und wartet und stiert hinunter zum Wasser. Auch wenn sie es nicht mehr sehen oder hören kann, sie weiß, dass uns das Meer weiterhin hin und her spült in seinem großen, gemächlichen Schoß, der nirgendwo auf der Erde ein Ende findet.

Ich biege von der Hauptstraße und fahre nach Volax hinunter.

Fivos sabbert meine Hand voll und wartet, dass ich ihm Plastikspielkram hinwerfe, den er zerbeißen kann. Joseph empfängt mich mit einem herrlichen Grinsen und einer Selbstgedrehten. Obwohl ich ganz genau zwölf Tage weg war, schwört er, es sei erst vorgestern gewesen, als ich mit Andrei zum Salbeipflücken ausgerückt bin. Ich lasse es sein, ihn anderweitig überzeugen zu wollen. Zwei Tage oder zwei Wochen, was macht das schon aus hier zwischen den immerwährenden Felsen, die seit Äonen dieselbe Stille tragen.

Joseph stellt mir ein befreundetes Ehepaar vor, das angereist ist, damit ihr Hund Fivos besuchen und mit ihm spielen kann. Der Mann gesteht, dass er nicht mehr weiß, wie er seine Frau kennengelernt hat. »Achtunddreißig Ehejahre«, sagt er, »da kann man so was schon mal vergessen.« Seine Frau steht neben ihm, schüttelt den Kopf und küsst ihm liebevoll die Schläfe. Wir setzen uns in den Vorgarten des alten Wünschelhauses, damit Joseph an seinen Topfpflanzen gärtnern kann und seinen Stand noch im Blick hat. Er kratzt etwas Erde aus den Ritzen der Steinwand und sagt: »Noch unser größtes Haus ist auf einer endlichen Erde erbaut.«

Die Frau nickt.

Der Mann packt sich Josephs Joint und sagt stöhnend: »Warum nicht?«.

Ich rufe nach einer Runde Wein.

Es ist September geworden, man spürt, wie auf der ganzen Insel die Vorbereitungen für den Herbst und den Winter getroffen werden. Keine Paniyiris mehr, keine Besucher, keine Autos, keine lauten Tavernen die ganze Nacht, keine Badetemperaturen. Die ruhige, atmende Jahreszeit. Jorgos bringt uns eine Platte Käse, Wein und Brot aus der Taverne. Er sagt, er freue sich auf den Winter und die zurückgezogenen Monate im Haus, eine Zeit, in der man laut seiner Rechnung sehnsüchtig auf den Sommer wartet und wieder froh sein wird, wenn auch dieser erneut vorbei ist. Joseph schlägt die Beine übereinander und kann nicht anders, als an dieser Stelle darauf hinzuweisen, dass das Wort Planet aus dem Griechischem stammt.

Es bedeutet: Wandelstern.

Als ich hinter Falatados den Berg zum Highlands-Highway hinauffahre, verschwindet der letzte Dämmerungsring aus dem Volax-Tal und zieht sich an den rotgeschweiften, zitternden Horizont zurück. Tinos steckt in der Brusttasche der Nacht und rührt sich nicht. Über Mykonos schwebt der Mond am Himmel, der seinen Lichtkranz über die Insel schwemmt, neben ihm die Sternbilder Thymian, Rebstock und Tabak. Es ist spät, als ich neben Joannis Kondillas rotem Truck parke und hupe. Er steckt seinen Wuschelhaarkopf aus der Tür.

»AHHH«, macht er, kommt herangewackelt und schiebt das Tor auf.

Ein enttäuschter Blick auf den leeren Beifahrersitz.

»Amelia ist zurück in Athen«, sage ich, »die Badegäste gehen und ihr Sommerjob ist zu Ende.«

»Na, sie wird wohl wiederkommen«, quetscht er zwischen den Zähnen hindurch und geht mit mir ins Gästezimmer, wo er den Staub aus der Matratze klopft.

Der Staub erhebt sich über dem Bett und steht dort einige Sekunden im Raum.

Dann senkt er sich wieder auf die Matratze.

Auf das Schränkchen hat er mir schon Orangen und eine Flasche Wasser für das Frühstück gestellt.

Joannis Kondilla hustet.

Er holt zwei Gewehre von der Ablage, macht sich Hasenohren mit den Fingern und grinst, als hätten wir unseren Fang schon gemacht.

»Bereit?«

»Bereit.«

Quellennachweis

Die Mani. Peloponnes

S. 8: »Was ists denn, dass der Mensch ...«: Friedrich Hölderlin, *Hyperion*. Anaconda 2005, S. 46

S. 63: »Wie Orpheus spiel ich...«: Ingeborg Bachmann, *Werke*. Band 1. Piper 1982, S. 32

S. 66: »luftige Scharen bestatteter Totengebilde ...«: Ovid, *Metamorphosen*, Insel Verlag 1990

S. 77: »sich von nun an dem eigenen Leben gegenüber fremd ... «: Albert Camus, *Der Mythos des Sisyphos*. Rowohlt 2013, S. 72

Kreta

S. 93: »die bunte Mannigfaltigkeit der Farben und Formen«: Plotin, *Ausgewählte Schriften*. Reclam 1973, S. 38

S. 93: »auf seinem Fundament gegründet.«: Plotin, *Ausgewählte Schriften*. Reclam 1973, S. 24

S. 103: »Zeus ist der Grund der Erde und ...«: Karl Kerényi, *Die Mythologie der Griechen*, Klett-Cotta 2017, S. 89

S. 107: »eine Kunst neben und in der Poesie, ...«: Karl Kerenyi und C.G. Jung, *Das Göttliche Kind*. Patmos 1999, S. 14

S. 108: »erzählerische Kurzschrift kultischer Spiele«: Robert von Ranke-Graves, *Griechische Mythologie – Quellen und Deutung*. Rowohlt 1955, S. 10

S. 109: »eine Art von Kernatom zu sein«: Karl Kerenyi und C. G. Jung, *Das Göttliche Kind*. Patmos 1999, S. 25

S. 111: »Der Mensch ist aber ein Gott, ...«: Friedrich Hölderlin, *Hyperion*. Anaconda 2005, S. 88

Die Kykladen

S. 114: »– und einmal am Morgen, ...«: Christoph Meckel, *Tarnkappe – Gesammelte Gedichte*. Carl Hanser Verlag, S. 604

S. 150: »Nacht ist es, nun reden lauter ...«: Friedrich Nietzsche,
Also sprach Zarathustra. Insel 2000, S. 108

S. 194: »die endlose Selbstvervielfachung eines ...«: Sri Aurobindo,
Gedanken und Aphorismen. Sri Aurobindo Ashram 1976

S. 195: »Diese rieben sich den tiefen Schlaf ...«: Euripides, *Bakchen*.
Insel 1999, S. 56

S. 196: »Da hättest du sehen können, wie ...«: Euripides, *Bakchen*.
Insel 1999, S. 57

S. 197: »Die wohlgeratenste, schönste, bestbeneidete ...«: Friedrich
Nietzsche, *Die Geburt der Tragödie* aus dem Geiste der Musik.
Goldmann Klassiker. Ohne Jahresangabe, S. 5

S. 198: »Doppeltrieb der Natur«: Friedrich Nietzsche, *Die Geburt
der Tragödie aus dem Geiste der Musik*. Goldmann Klassiker.
Ohne Jahresangabe, S. 46

S. 198: »Apollo steht vor mir als der verklärende Genius ...«: Friedrich Nietzsche, *Die Geburt der Tragödie aus dem Geiste der Musik*.
Goldmann Klassiker. Ohne Jahresangabe, S. 103

S. 199: »Alles Vorhandene ist gerecht und ungerecht ...«: Friedrich
Nietzsche, *Die Geburt der Tragödie aus dem Geiste der Musik*.
Goldmann Klassiker. Ohne Jahresangabe, S. 70

S. 201: »Rüstet euch zu hartem Streit, ...«: Friedrich Nietzsche, *Die
Geburt der Tragödie aus dem Geiste der Musik*. Goldmann Klassiker. Ohne Jahresangabe, S. 133

Athen

S. 212: »Es ist niemals / Auf der Erde ...«: Sophokles, Ödipus auf
Kolonos. Insel 1996

S. 236: »Wir müssen gleichzeitig lachen ...«: Epikur, *Philosophie der Freude*. Insel 2018, S. 82

S. 236: »Man kann nicht in Freude leben, ...«: Epikur, *Philosophie der Freude*. Insel 2018, S. 64

S. 236: »Wir sind ein einziges Mal geboren; ...«: Epikur, *Philosophie der Freude*. Insel 2018, S. 77

Danksagung

Danke an alle Menschen, die meine Reise durch ihr Land beglei-
tet, mich in der Ferne beheimatet und dieses Buch mit unzähligen
Geschichten gefüllt haben. Unnötig, sie hier erneut zu erwähnen.
Ihnen gehört dieses Buch und mein ewiger Dank.

Danke zudem an Hannah Schievelkamp, Barbara und Hans-
Otto Freischlad, Baschti und Schwesterherz, Daniel Kriemler,
Anna Apergi, Tim »the Ruffnut« Grothaus, Rula Loucopoulos,
Johanna Smetty Heusser, Katarina van den Wouwer, Sarah Coss-
ham und Großfamilie, Pepe und Papa, Anna Boldt und Thorsten
Krämer.

Besonderen Dank an das DuMont-Team rund um Philip Lau-
bach, Maria Anna Hälker, Katrin Hasert, Svenja Heinle und meine
Lektorin Katharina Theml.